粤港澳大湾区
高水平人才高地建设研究

Research on Building the High Level Talent Highland in
the Guangdong-Hong Kong-Macao Greater Bay Area

郭跃文　游霭琼　周仲高　等/著

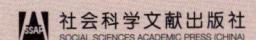

社会科学文献出版社
SOCIAL SCIENCES ACADEMIC PRESS (CHINA)

前　言

千秋基业，人才为先。党的十八大以来，以习近平同志为核心的党中央做出人才是衡量一个国家综合国力的重要指标，[1] 是实现民族振兴、赢得国际竞争主动的战略资源的重大判断，[2] 提出全面加强党对人才工作的领导，推动新时代人才工作取得历史性成就、发生历史性变革。站在新的历史起点上，2021年，习近平总书记在中央人才工作会议上提出，深入实施新时代人才强国战略，加快建设世界重要人才中心和创新高地，做出北京、上海、粤港澳大湾区建设高水平人才高地的战略布局，[3] 从战略高度为做好新时代人才工作指明了前进方向、提供了根本遵循。

粤港澳大湾区是全球最年轻、最具特色的湾区，以"一个国家、两种制度、三个关税区、三种货币"为特点，是中国开放程度高、经济活力强、创新动力足的区域之一，正处于高质量发展关键期。建设高水平人才高地，不仅是党中央赋予粤港澳大湾区的历史使命，还是粤港澳大湾区进一步提升国际竞争力，实现高质量发展，建设具有全球影响

---

[1] 习近平：《在欧美同学会成立100周年庆祝大会上的讲话》，《人民日报》2013年10月22日，第2版。
[2] 习近平：《决胜全面建成小康社会　夺取新时代中国特色社会主义伟大胜利——在中国共产党第十九次全国代表大会上的报告》，《人民日报》2017年10月28日，第5版。
[3] 《习近平出席中央人才工作会议并发表重要讲话》，中华人民共和国中央人民政府网站，2021年9月28日，https://www.gov.cn/xinwen/2021 - 09/28/content_5639868.htm？platform = win。

力的国际科技创新中心、国际一流湾区和世界级城市群的需要。

本书遵循历史逻辑、理论逻辑、实践逻辑，围绕"是什么""为什么""怎么做"来探究高水平人才高地的核心要素、建设高水平人才高地的历史机遇和时代意义、粤港澳大湾区建设高水平人才高地的基础和未来的着力点。本书首先遵循历史逻辑，在系统深入梳理人类文明演进过程中世界五大人才中心形成规律、转移轨迹的基础上，提炼出世界人才中心共性核心元素，借此科学认识人才高地内涵和关键要素、中国成为世界重要人才中心和创新高地的历史必然性、粤港澳大湾区建设高水平人才高地的重大历史机遇。其次遵循理论逻辑，基于"两条规律、八大支撑"构建高水平人才高地指标体系。利用构建的指标体系对粤港澳大湾区高水平人才高地现状进行测度，科学分析粤港澳大湾区建设高水平人才高地的基础条件。最后遵循实践逻辑，从空间结构视角深入分析粤港澳大湾区人才空间分布特征和空间相关性的演化趋势，提出优化人才空间分布、打造粤港澳大湾区高水平人才雁阵格局的思路。围绕粤港澳大湾区制造业高质量发展、国际科技创新中心建设以及人才发展体制机制的关键环节，深入开展产才融合、创新人才队伍建设，深化人才发展体制机制综合改革，推进人才治理现代化等方面研究，并提出一系列可供参考的建议。

全书共分六章。

第一章以近代世界人才中心为研究对象，通过对意大利、英国、法国、德国和美国等世界人才中心的形成条件、转移动因等进行分析，总结世界人才中心形成的规律，并结合全球发展态势，研判世界人才中心的发展趋势，预测中国或将成为下一个世界人才中心，粤港澳大湾区可能成为下一个世界人才中心的重要支点。

第二章借鉴国内外人才指数计量方法，构建出基于"两条规律、八大支撑"的高水平人才高地指标体系，即遵循人才发展的内部规律和外部规律，实现人才的高水平发展和高水平平衡，从人才规模、人才结构、人才质量、人才分布、创新能力、经济水平、服务环境、治理能力八个维度来衡量高水平人才高地。基于指数形成的高水平人才高地计量结果表明，在中国三大高水平人才高地中，粤港澳大湾区的指数增幅最大，在人才规模和治理能力上具有显著优势，在创新能力和人才分布方面保持相对优势，在人才质量、人才结构、经济水平和服务环境方面存在短板。

第三章立足国家高水平科技自立自强的战略需求，围绕粤港澳大湾区科技创新中心的战略定位，以创新人才队伍为研究对象，提出打造高水平创新人才队伍是建设粤港澳大湾区高水平人才高地的重要支撑。当前，粤港澳大湾区创新人才发展还存在创新人才结构性短缺、空间分布不均衡、国际流动尚不充分，创新人才政策有待优化，科技创新成果国际影响力不突出，创新链产业链资金链人才链协同效应尚未形成等不足。为此，粤港澳大湾区要借鉴世界三大湾区创新人才发展的经验，在加强创新人才梯队建设、实施更加开放的人才引进政策、完善创新人才评价激励机制、加快建设高端创新平台载体、全方位推进创新人才培养体系建设、加强科技创新服务体系建设等方面加大力度。

第四章在系统梳理产业链、产业集群、产业集聚、人才集聚、产才融合等理论的基础上，尝试构建产才融合分析框架。梳理大湾区产才融合的发展脉络及现状，并对全球三个著名湾区（旧金山湾区、纽约湾区、东京湾区）的发展经验进行总结提炼，探讨推动粤港澳大湾区产才融合深度发展的着力点。

第五章从空间结构视角深入分析了粤港澳大湾区人才空间分布特征和空间相关性的演化趋势、存在问题，提出粤港澳大湾区高水平人才高地建设应当促进人才良性有序流动，实现产业集聚人才、人才促进产业的良性互动；增强人才中心集聚地的辐射能力，提升湾区人才整体发展水平；加强粤港澳三地政府制度和政策对接，深入推进区域人才协同发展；统筹规划各城市的人才发展战略和目标，制定差异化的人才政策，促进区域人才一体化，形成错位发展、人才空间布局与区域协调发展良性互促雁阵格局。

第六章坚持需求导向、问题导向，提出粤港澳大湾区建设高水平人才高地，要借鉴人类文明演进历程中全球五大人才中心的经验，坚持党管人才，发挥"一国两制"独特制度优势，做到有为政府和有效市场有机结合，立足国情、区情，对标全球最好最优，守正创新，向用人主体授权，积极为人才松绑，完善人才评价体系，持续在人才培养、使用、评价、服务、支持、激励等机制改革方面下功夫，全力解决一直带来困扰、反映强烈的突出问题，争创既有湾区特色又有国际竞争优势的人才发展制度机制，推进人才治理现代化，充分激发人才发展活力。

目 录

第一章 世界人才中心：转移轨迹、形成规律与发展趋势 …… 1
 第一节 世界人才中心转移轨迹 …… 2
 第二节 世界人才中心形成规律 …… 10
 第三节 中国或将成为下一个世界人才中心 …… 14

第二章 高水平人才高地的基本内涵与实证分析 …… 33
 第一节 高水平人才高地的基本内涵 …… 33
 第二节 高水平人才高地指数测算 …… 41
 第三节 粤港澳大湾区高水平人才高地指数分析 …… 61

第三章 面向科技前沿，推动创新人才发展 …… 83
 第一节 推动创新人才发展的重要意义 …… 84
 第二节 粤港澳大湾区创新人才发展现状 …… 85
 第三节 粤港澳大湾区创新人才发展的短板与不足 …… 106
 第四节 创新人才发展的国际经验与启示 …… 109
 第五节 推动粤港澳大湾区创新人才发展的对策建议 …… 115

第四章 面向经济主战场，推进产才深度融合发展 …… 123
 第一节 产才融合的理论基础与分析框架 …… 123
 第二节 粤港澳大湾区的产业结构优化升级与人才集聚 …… 132
 第三节 湾区产才融合的国际经验 …… 150

第四节　推进粤港澳大湾区产才深度融合发展的着力点……… 165

第五章　优化人才空间布局，打造高水平人才雁阵格局……… 170
　　第一节　人才空间布局与人才高地建设……………………… 171
　　第二节　粤港澳大湾区人才空间布局特征…………………… 176
　　第三节　粤港澳大湾区人才空间布局存在的问题…………… 191
　　第四节　优化粤港澳大湾区人才空间布局的对策建议……… 194

第六章　全面深化综合改革，推进人才治理现代化…………… 198
　　第一节　坚持党的全面领导，创新完善人才工作机制……… 199
　　第二节　聚焦人才供给自主可控，创新完善人才培养支持
　　　　　　制度机制………………………………………………… 204
　　第三节　聚焦高水平聚天下英才，创新完善人才开放制度
　　　　　　机制………………………………………………………… 214
　　第四节　突出实效激发活力，创新完善人才使用制度机制…… 220
　　第五节　"雁阵"引领功能区支撑，构建区域人才发展
　　　　　　新格局…………………………………………………… 227
　　第六节　聚焦人才生态优化，创新完善人才综合
　　　　　　服务制度机制…………………………………………… 234
　　第七节　聚焦人才治理效能，构建新时代人才发展治理
　　　　　　法治化体系……………………………………………… 239

参考文献……………………………………………………………… 246

后　　记……………………………………………………………… 254

第一章
世界人才中心：转移轨迹、形成规律与发展趋势

人才作为能力和素质较高的人力资源，是累积创新动能、推动社会变革以及促进产业结构升级的关键要素，是经济增长和社会发展的重要引擎。① 当前，全球经济社会发展中出现诸多不确定因素，全球人才竞争进入"白热化"阶段。各国高度重视人才的战略性地位，纷纷出台人才政策，开启新一轮的人才争夺战。比如，英国在2020年7月提出设立国家"人才办公室"，设立了3亿英镑基金支持各类研发机构，开放了无限额的"全球人才签证"，推出超常规的人才新政，不要求申请者来英前就有工作机会，简化一切繁文缛节，大力延揽全球最优秀的科学家、研究人员和企业家。② 在新一轮的全球人才战中，人才竞争激烈或将成为常态，人才流动的方向、速度将发生新的变化，英国、美国等传统移民国家将不再是人才的首选地，这意味着世界人才中心可能会向其他区域转移。

纵观近代以来世界人才中心的演变发展，可以发现世界人才中心的形成并非一蹴而就，而是经济、社会、文化等多种因素综合影响的结果。因此，世界人才中心形成后并非一成不变，随着经济的发展、社会

---

① 张颖莉：《粤港澳大湾区人才集聚与空间分布格局研究》，《探求》2020年第4期。
② 陈丽君：《如何迎接新一轮全球人才竞争》，《光明日报》2021年2月21日，第7版。

的变革、文化的冲击等内外部环境的改变，世界人才中心可能发生转移。鉴往知来，我们需要从历史的角度理解世界人才中心是如何形成的，更需要从现实的角度去把握未来世界人才中心的发展趋势，以更好地发挥人才作为第一资源的作用。本章以近代世界人才中心为研究对象，通过对意大利、英国、法国、德国和美国等世界人才中心的形成条件、转移动因等进行分析，总结世界人才中心形成的规律，并结合全球发展态势，研判世界人才中心的发展趋势，预测中国或将成为下一个世界人才中心，粤港澳大湾区可能成为下一个世界人才中心的重要支点。

第一节　世界人才中心转移轨迹

16世纪以来，全球先后形成意大利、英国、法国、德国和美国等世界人才中心。

一　16世纪的世界人才中心

16世纪的世界人才中心主要在意大利。意大利是欧洲文艺复兴运动的发源地。14~15世纪的意大利工商业发展迅速，出现了资本主义萌芽。新兴资产阶级为了维护其经济、政治利益，要求在意识形态上打破教会的精神统治，主张建立和发展世俗性质的资产阶级新文化，一场以复兴希腊、罗马古典文化为名的文艺复兴运动由此兴起。[1] 15~16世纪，意大利的文化发展进入鼎盛时期，其成为欧洲文艺复兴的中心，由此掀起了欧洲思想解放运动的高潮。文艺复兴运动充分肯定了人的价值，人文主义是其核心思想，主张以人为中心，赞美人与自然，提倡以人性反神性，反对宗教，反对迷信，是一次思想大解放。文艺复兴运动不仅使新兴资产阶级在经济利益和政治利益上取得了暂时的胜利，而且为意大利成为世界人才中心厚植了思想文化沃土。为了进一步稳固统

---

[1] 郭建新：《世界科学中心转移的文化因素分析》，《咸阳师范学院学报》2018年第4期。

治、快速增强经济实力,资产阶级必须改良完善生产技术、学习科学知识、改革工具,这就需要大量人才。① 在此背景下,一批闻名世界的思想家、艺术家和科学家应运而生,如薄伽丘、但丁、彼得拉克、达·芬奇、拉斐尔、米开朗琪罗、哥白尼、伽利略等,随之而来的是一批优秀的艺术品、名著、科学发现与发明的产生,它们推动了意大利文艺、科学、经济等领域的快速发展。文艺复兴时期既是一个思想解放的时代,也是一个尊重知识、追求知识、获取知识和知识大发展的时代,② 宽松的环境更是吸引了大批人才聚集。在大批人才的助推下,从1540年开始,到1610年为止,意大利成为世界经济的中心。③

自11世纪起,欧洲第一批大学逐步建立起来,到中世纪末期,欧洲已有80多所大学,法国和意大利占2/3,④ 其中意大利的波伦亚大学、帕多瓦大学是当时的世界学术中心,吸引了许多人才前来留学、工作。随着意大利文化科学的蓬勃发展,意大利一些思想贵族开始出资支持建立科学社团、实验室和天文台,比如菲·凯亚公爵资助了"林琴(Lincei)学院",托斯坎尼大公费迪南二世等为托里拆利"齐曼托(Cimento)学院"提供了支持,⑤ 意大利成为世界文化科技中心,招引了许多非意大利的人才。

16世纪前后,在全球范围内,意大利在思想、文化、经济、高等教育等方面处于领先地位,形成了综合优势,集聚了大批的优秀人才,因而成为世界人才中心。反过来,意大利成为世界人才中心,集聚了众

---

① 黄迪:《雅各布·布克哈特:文艺复兴为什么首先出现在意大利及其负面影响》,《陶瓷研究》2021年第4期。
② 沈之兴:《尊重知识、尊重人才与意大利文艺复兴》,《暨南学报》(哲学社会科学)1992年第4期。
③ 潘君镇、刘剑锋、陈雅莉:《浅谈世界科技中心转移对中国专利发展的启示》,《中国发明与专利》2017年第1期。
④ 赵兴太、王国领主编《世界科学活动中心转移与21世纪的中国科技》,河南人民出版社,2007,第11页。
⑤ 张云龙、马淑欣:《论科技发展与人文精神的内在勾连——基于世界科学中心转移的视角》,《自然辩证法研究》2022年第2期。

多精英，产生了众多成果，对意大利的经济、科技、文化等领域产生巨大影响，推动意大利成为世界经济中心、科技文化中心。

然而，到 17 世纪初期，意大利政治动荡、经济衰败、文化僵硬、人口增长缓慢。① 1630 年和 1657 年的瘟疫，更是使意大利减少了 1/3 的人口。② 进入 17 世纪中期，还发生了布鲁诺被教会送上火刑柱、伽利略去世等重大的社会事件，③ 而同一时期英、法等国得到迅速发展，意大利的优势逐渐丧失，世界人才中心逐渐向英国转移。

二 17 世纪的世界人才中心

17 世纪的世界人才中心主要在英国。16 世纪末，先进的德国爆发内战，先进的意大利分裂为许多小国，为英国的发展创造了外部条件。④ 早在 17 世纪 40 年代，英国就确立了资本主义制度。经济的发展与资本主义生产方式的确立，使 17 世纪的英国成为欧洲最富庶的国家之一。⑤

趁欧洲混战之机，英国充分发挥其在当时比较先进的君主立宪制和资本主义经济的优势，打开了民主和自由的大门，⑥ 吸引了大批人才。早在 16 世纪中后期，因欧洲大陆发生宗教迫害和宗教战争，就有德国等国的大批人才移民到英国，其中不乏德国工匠；到 17 世纪中期，英国再次出现了外来移民高潮，以法国胡格诺难民为主，同时还吸引了一

---

① 张云龙、马淑欣：《论科技发展与人文精神的内在勾连——基于世界科学中心转移的视角》，《自然辩证法研究》2022 年第 2 期。
② C. M. Cipolla, "The Decline of Italy: The Case of a Fully Matured Economy," *The Economic History Review* 5(1952): 178 – 184.
③ 吕有勇：《世界科学中心转移轨迹的启迪：科技创新与人才团队培育问题浅析》，《中国基础科学》2014 年第 4 期。
④ 程耿东：《世界科技、经济中心的转移及留给我们的思考》，《科学中国人》1999 年第 1 期。
⑤ 〔美〕R. K. 默顿：《十七世纪英国的科学、技术与社会》，范岱年、吴忠、蒋效东译，四川人民出版社，1986，第 77~89 页。
⑥ 王昌林、姜江、盛朝讯、韩祺：《大国崛起与科技创新——英国、德国、美国和日本的经验与启示》，《全球化》2015 年第 9 期。

批犹太人、荷兰人。① 外来移民的到来，为英国带来许多新技术、新工艺、新发明。这极大地促进了英国工业技术水平的提高，推动了手工业的迅速发展，为工业革命的发展奠定了基础。

17世纪初，在弗兰西斯·培根科学思想的影响下，英国形成了热爱科学、尊重科学、注重科学的社会氛围。英国政府也意识到科学技术的重要性，非常重视科学技术的发展，鼓励建立学术活动中心，并大力支持鼓励研究发明。其中，英国皇家学会是英国政府批准成立的一个重要的学术活动中心，是近代科学的摇篮，是世界上第一个真正的国家科学院，② 这对英国培养、集聚人才起到积极作用。高端的发展平台、良好的科学技术发展氛围，使英国集聚了牛顿、波义耳、哈雷等一大批卓越的科学家和发明家，一系列重大科学理论、科学发明、科学技术涌现出来，不仅有力地推动了英国科学技术的发展，也催生了许多新兴行业。

除了重视科学技术的发展，英国还高度重视教育，大力兴办教育，不仅改革了牛津大学、剑桥大学的课程内容，而且于1597年成立了格雷山姆学院，并使之成为科学家活动和自由论谈的场所。③ 到17世纪中叶，英国成为继意大利之后第二个世界高等教育中心，其中牛津大学和剑桥大学起到了关键作用，培育了大量优秀人才。

17世纪，英国步入人才辈出时期，取代意大利成为世界人才中心。正是因为世界人才中心集聚了大量优秀人才，有效地推动了科技、经济等领域的快速发展，英国的科学技术水平和经济发展水平得到不断提升。在很长一段时间内，英国在欧洲乃至世界范围内都处于领先地位。然而，随着法国、德国等国家的强势崛起，英国集聚人才的优势被削弱，逐步失去了世界人才中心的地位。

---

① 刘景华：《外来移民和外国商人：英国崛起的外来因素》，《历史研究》2010年第1期。
② 许晓琪：《简析近代欧洲哲学与科技中心的转移》，《边疆经济与文化》2011年第5期。
③ 张文彦、支继军、张继光主编《自然科学大事典》，科学技术文献出版社，1992。

三 18世纪的世界人才中心

18世纪的世界人才中心主要在法国。17世纪下半叶，法国封建专制统治日益加强，但封建经济逐渐走向崩溃。到18世纪初，法国封建经济已经处于崩溃的边缘，而资产阶级力量则迅速崛起，资本主义得到发展。与此同时，一场反封建、反教会的思想文化运动兴起，欧洲迎来继文艺复兴之后的第二次思想解放运动——启蒙运动。法国成为启蒙运动的中心，涌现了伏尔泰、孟德斯鸠、卢梭、狄德罗等一批思想巨人。

以狄德罗为首的一批启蒙运动哲学家形成了法国百科全书派，他们宣传自由平等和人道主义，提倡民主和科学。[1] 在启蒙运动的影响下，法国政府高度重视科学技术的发展，尤其是在拿破仑时期，政府采取一系列措施推动科学技术发展，如创办科学院、制定科学奖金制度等，吸引了大批人才云集法国。在这种浓郁的创新氛围和自由解放的环境中，出现了拉格朗日、拉普拉斯、拉瓦锡等一大批卓越的科学家，产生了一系列重要的科学成果，使法国成为当时的世界科学中心。[2]

18世纪初，法国对外扩张，急需一批军事与专业技术人员，于是在1720年创办了炮兵学院。[3] 随后，法国积极兴办教育，在巴黎大学等传统大学的基础上，创办了一批以培养工程技术人才为主的学院，建立了一种新型的高水平大学——"大学校"。"大学校"聘请了一流的人才任教，吸引了大批的外国留学生。由此，法国成为18世纪中叶至19世纪初的世界高等教育中心，教育、科学空前繁荣，[4] 培养了大量的高端人才，如科学家、工程师、数学家、哲学家等。

---

[1] 程耿东：《世界科技、经济中心的转移及留给我们的思考》，《科学中国人》1999年第1期。
[2] 吕勇：《世界科学中心转移轨迹的启迪：科技创新与人才团队培育问题浅析》，《中国基础科学》2014年第4期。
[3] 于黎明、陈辉、王乐梅、张巍：《法国工程师学历教育解读——基于工业革命和社会变革分析》，《北京航空航天大学学报》（社会科学版）2013年第2期。
[4] 徐海军：《科技传播与世界科学中心转移》，《云南科技管理》2006年第2期。

人才的大量引进和培育，尤其是高端人才的云集，使18世纪的法国成为世界人才中心。大批卓越人才使法国的自然科学、哲学、政治学、历史学、文学、教育学等快速发展，也促进了资本主义的发展，为建立资产阶级政体奠定了基础。因此，在18世纪，法国成为欧洲大陆比较强大的国家，巴黎成为欧洲的文化中心。

然而，从19世纪中期开始，法国经济进入缓慢发展状态，国家发展动力不断下降，加之社会对最优政治体制的无休止争论，法国进入一个动荡时期，对人才的吸引力逐渐下降，法国世界人才中心的地位有所动摇，并逐步被德国取代。

四 19世纪的世界人才中心

19世纪的世界人才中心主要在德国。19世纪初，德国是一个四分五裂、贫穷落后的农业国，经过1806年在普法战争中的失败后，开始进行经济、政治和社会改革。[①] 经过全面的改革，德国在短时间内快速崛起。德国经济上的工业化、政治上的统一和社会的城市化，为人才发展营造了良好的社会环境，为世界人才中心的形成奠定了坚实的基础。

德国长期有尊重知识、尊重科学、尊重人才的传统，[②] 加之德国政府高度重视科研和教育，通过改革建立了全新的科研体制和教育体制，德国培育、集聚了大批优秀的人才。一方面，德国政府斥巨资建立起从基础理论到应用研究的科研体系，包括国立科学院、研究所和国家扶持的各种学术团体，以大学为基础建立起来的科研中心，由企业家创办的研究所和实验室。[③] 多元化的创新发展平台催生了大批的优秀人才，如爱因斯坦、高斯、霍夫曼等。另一方面，受新人文主义运动、宗教改革

---

① 宋荣：《19世纪科学中心在德国形成的原因初探》，《求实》2002年第S2期。
② 王先国：《从世界科学中心的转移看尊重知识尊重人才的战略意义》，《南昌航空工业学院学报》（社会科学版）2000年第1期。
③ 宋荣：《19世纪科学中心在德国形成的原因初探》，《求实》2002年第S2期。

等影响,德国政府认识到教育对国家发展的重要性,确立了以科技与教育推动国家发展的战略。在19世纪初,德国创办柏林大学,以"教学与研究相统一"为办学原则,并以此为模板改造老牌大学、创设新大学,开了现代大学的先河,成了世界高等教育的中心,这为德国培养了源源不断的人才。① 到19世纪后半期,德国政府又建立了11所高等技术院校,为德国培养了大批科技专门人才。②

良好的社会环境、自由的文化氛围和学术生态,使19世纪的德国涌现了赫尔姆霍兹、爱因斯坦、普朗克等一大批著名的科学家和哲学家,成为世界人才中心。世界人才中心集聚的大批卓越人才,产生了众多的科学发现和发明。据统计,1864~1869年,在全世界100项生理学重大发现中,德国占89项。③ 诸多的科学发现和发明,产生了巨大的生产力,有力地推动德国成为科技文化大国、世界经济强国。

然而,20世纪,德国发动或参与发动两次世界大战,帝国主义侵略政策、法西斯主义的泛滥使大批人才外流,如爱因斯坦就逃离了德国。特别是希特勒上台后屠杀犹太人并控制教育,使德国高等教育走向衰败。加之两次世界大战给德国经济社会带来的严重损伤,不少优秀人才逃离,德国逐渐丧失世界人才中心的地位。

五 20世纪以来的世界人才中心

20世纪以来的世界人才中心主要在美国。20世纪上半叶,美国第二次工业革命爆发,对经济社会发展产生重大影响,美国一跃成为世界第一强国。在这种有利的经济社会环境下,美国成为全球精英集聚的高地。

美国在独立后,高度重视教育,视教育为国家发展的基础和人才培

---

① 徐海军:《科技传播与世界科学中心转移》,《云南科技管理》2006年第2期。
② 宋荣:《19世纪科学中心在德国形成的原因初探》,《求实》2002年第S2期。
③ 李建军、王添:《汇聚高端创新人才建设国家科技创新中心的历史经验》,《山东科技大学学报》(社会科学版)2018年第5期。

养的关键，把教育立国作为追赶英国等先进国家的首要战略。① 20 世纪以来，美国坚持教育优先发展战略，先后颁布了《1963 年职业教育法案》《1964 年研究生公共教育与培训修正案》《1965 年高等教育法》《1965 年中小学教育法》。② 随着全球竞争的加剧，从 20 世纪末开始，美国加快教育改革步伐，连续出台了《美国教育部 1998—2002 战略规划》（1998 年）、《美国教育部 2001—2005 战略规划》（2001 年）和《美国教育部 2002—2007 战略规划》（2002 年），并学习德国的做法，强调教育与科研结合，发展现代大学，建立了世界上规模最大、水平最高的教育体系，培养了一大批优秀的人才。2022 年 QS 世界大学排名显示，美国 5 所高校进入世界大学排名前 10 位，其中，麻省理工学院连续多年位居榜首。③ 优质的高等教育体系不仅为美国源源不断地培育优秀人才，还成为吸引人才的重要法宝。

除了高度重视培养人才，美国还重视引进人才。美国通过不断完善面向全球的开放人才制度，主动吸收和网罗全球的精英人才，吸引到了众多的诺贝尔奖获得者。④ 一方面，美国实施灵活的移民政策，通过技术移民、H-1B 临时工作签证与学生交换签证等移民政策吸引全球各地一大批人才转移到美国，如德国原子能专家哈恩、火箭专家冯·布劳恩。⑤ 特别是在两次世界大战的背景下，战时、战后美国适时颁布新移民政策，集聚了大批来自欧洲的掌握大量现代科学技术的科技人员和管理人才。⑥ 另一方面，美国重视吸引全球学生到美国留学，除了优质的

---

① 秦剑军：《美国的人才强国之路及其启示》，《三峡大学学报》（人文社会科学版）2014 年第 5 期。
② 蓝志勇、刘洋：《美国人才战略的回顾及启示》，《国家行政学院学报》2017 年第 1 期。
③ 《2022 年 QS 世界大学排名（QS World University Rankings 2022）》，http://rankings.betteredu.net/qs/world-university-rankings/latest/2022.html，最后访问日期：2023 年 7 月 13 日。
④ 张瑾：《20 世纪上半叶美国科技人才资源与人才环境管窥》，《湖南工业大学学报》（社会科学版）2021 年第 5 期。
⑤ 秦剑军：《美国的人才强国之路及其启示》，《三峡大学学报》（人文社会科学版）2014 年第 5 期。
⑥ 徐海军：《科技传播与世界科学中心转移》，《云南科技管理》2006 年第 2 期。

高等教育之外，还通过一系列利好政策吸引留学生。1946年，美国开始推行"富布赖特计划"（Fulbright Program），旨在通过提供奖助学金的方式资助各国留学生和学者赴美学习，开了大规模国际教育交流资助的先河。[①] 此外，美国的洛克菲勒基金会、福特基金会等设立了各类奖学金项目资助发展中国家留学生，吸引了一批批留学生。同时，美国还建立了完善的科技发展体制机制和高端平台，如政府持续提供大量财政资金支持基础研究、重要产业关键共性及前沿性共性技术研究和军用科技研究等项目，[②] 建立众多的科研机构、科研中心、世界一流的实验室并制造现代化的实验设备等，集聚了贝尔、爱因斯坦、费米、弗兰克、西拉德、爱迪生等大批顶尖科学家。

此外，美国开放、包容、进取的文化、良好的资源环境、对人基本权益的重视、完善的市场机制和社会保障制度等"软件"更是吸引了全球各地的人才和精英。20世纪以来，美国取代德国成为世界人才中心，至今仍保持作为世界人才中心的领先地位。世界人才中心的建立，极大地推动了美国科学和文化的发展，推动了美国的资本化、市场化和国际化进程，支撑了美国的迅速崛起、快速发展和持续繁荣。[③]

第二节　世界人才中心形成规律

人类历史上，科技和人才总是向发展势头好、文明程度高、创新最活跃的地方集聚，[④] 世界人才中心的形成与思想文化、科技创新发展、经济社会发展等密切相关。

[①] 李昆明主编《大国策：通向大国之路的中国人才发展战略》，华文出版社，2009，第41页。
[②] 王昌林、姜江、盛朝讯、韩祺：《大国崛起与科技创新——英国、德国、美国和日本的经验与启示》，《全球化》2015年第9期。
[③] 程贤泽、宋斌：《美国崛起的国家人才战略》，《国际人才交流》2007年第3期。
[④] 中共中央宣传部、国家发展和改革委员会编《习近平经济思想学习纲要》，人民出版社、学习出版社，2022，第112页。

一 思想文化是世界人才中心形成的重要驱动力

历史经验表明,世界人才中心的孕育、形成和发展离不开思想文化的浸润和牵引。文艺复兴、启蒙运动等欧洲近代思想解放运动,为世界人才中心的形成奠定了至关重要的基础。其中,16世纪意大利的文艺复兴运动,核心是强调人的作用,倡导关怀和重视人。在这种思潮和宽松的文化氛围的影响下,人才的潜能得到前所未有的释放和激发,催生了一大批文学巨匠、艺术大师。18世纪法国的启蒙运动主张自由平等和人道主义,倡导民主和科学,"法国的启蒙思想家尽管在细节方面彼此不同,他们却一致认为,自然现象,无论是物理现象还是精神现象都为规律所制约,人类的精神生活和道德生活都是自然的必然产物"①。在启蒙思想的影响下,法国形成了浓厚的研究氛围,促进了大批人才开展科学研究,涌现了一大批闻名世界的思想家、科学家。美国基于开放包容的移民文化、宽容失败的创新文化,兼收并蓄来自全球各地的多样化人才,使美国世界人才中心的地位在短时间内无法撼动。

二 世界人才中心与科技创新中心同频共振

世界人才中心的形成与发展,与该国家或地区的科技创新发展密切相关。科技创新发展水平较高的国家或地区,往往拥有丰富的创新资源和优越的经济社会发展环境,吸引人才的相对优势突出,极易聚集一大批出类拔萃的人才。反过来,优秀人才的集聚也会进一步加速科学技术创新。实践证明,世界人才中心与科技创新中心往往相伴相生。例如,17世纪蒸汽动力时代的英国伦敦、18世纪重工业时代的法国巴黎,都是在成为科技创新中心的同时形成人才高地的。② 又如,美国是全球科

---

① 〔美〕梯利著,伍德增补《西方哲学史》(增补修订版),葛力译,商务印书馆,1995,第398页。
② 王子丹、袁永、邱丹逸、胡海鹏、廖晓东:《人才高地形成发展特点与国际经验研究》,《特区经济》2018年第12期。

技创新中心，拥有劳伦斯伯克利国家实验室、劳伦斯利弗莫尔国家实验室等众多科研机构，以及各类孵化器、加速器等创新创业平台，集聚了大批来自世界各地的优秀科技人才，形成了世界人才中心；反过来，美国集聚的大量的优秀人才，进一步巩固了其世界科技创新中心的地位。

三 世界人才中心的形成与经济发展相适应

生产力决定生产关系，生产关系反作用于生产力。人才是第一资源，经济的发展离不开人才，人才的发展同样离不开经济，人才与经济发展共融互生。这一点从不同时期世界人才中心的发展历程中就可见一斑，世界人才中心的形成是与经济发展相适应的。17世纪，英国完成了资产阶级革命，大力发展手工业，积极开拓海外市场，资本主义得到充分发展，英国成为欧洲生产方式较为先进、经济实力较强的国家。基于经济发展需要，尤其是产业发展的需求，英国引入了大批的人才，造就了世界人才中心。19世纪中后期，德国完成了产业革命，产业革命改变了原有的生产方式，形成了适应经济高速发展的新型产业结构。① 到19世纪末期，德国经济实力明显增强，成为欧洲第一强国。为了加速发展，尤其是第二次工业革命的发展，德国培养、吸纳了大量优秀的人才，形成世界人才中心。得益于第二次工业革命，20世纪，美国形成了独立和完善的工业体系，经济得到快速发展，一跃成为世界第一强国，大量的留学生和科学家流入美国，美国集聚了来自全球各地的精英，形成世界人才中心。持续出现的重大发明和创新，催生了新产业、新模式、新业态，进一步增强了美国的经济实力。

四 优质高等教育是世界人才中心形成的必要条件

高质量的教育体系可以为人才培养、人才储备提供至关重要的保

---

① 王志乐：《用系统论方法对十九世纪后半期德国经济迅速发展原因的再探讨》，《世界历史》1984年第3期。

障。研究发现，世界人才中心的历次形成都与优质的高等教育密不可分。可以说，高质量的高等教育是世界人才中心形成的必要条件。例如，从16世纪中叶到17世纪中叶，英国是世界高等教育的中心，[①] 正是优质教育的保障，才使17世纪的英国形成世界人才中心成为必然；18世纪上半叶，法国建立了一种新型的高水平大学——"大学校"，培育了一批适应当时经济社会发展状况的人才，世界人才中心向法国转移；早在19世纪初，德国就开创了现代大学模式，到19世纪中叶，德国成为世界高等教育中心，培养了一批批高素质的人才；美国效仿德国高等教育的发展模式，建立现代大学，到20世纪初，美国取代德国成为世界高等教育中心，集聚世界顶尖人才，培养大批精英，成为世界人才中心。

五 良好的社会环境是世界人才中心形成的重要保障

人力资源理论表明，人才会朝对自己发展有利的环境迁移。[②] 良好的社会环境，能够为人才提供更为丰富的物质保障和更为有利的发展条件。从不同时期世界人才中心的情况看，经过社会变革形成良好发展环境的国家具有独特优势，往往具有集聚人才、留住人才的势能，能够吸引、集聚并留住大批优秀、卓越的人才，最终形成世界人才中心。无论是意大利、英国、法国，还是德国、美国，在形成世界人才中心前，均经过社会变革，社会发展均处于较好的阶段，而当发生社会动乱时，该国世界人才中心的地位也逐步被取代。例如，在资产阶级革命后，英国政治局面相对稳定，政府规定外来的技术人员为英国培养几个学徒即可在英国定居，并给予其优厚的待遇和许多关照，这一政策吸引西班牙、

---

① 潘教峰、刘益东、陈光华、张秋菊：《世界科技中心转移的钻石模型——基于经济繁荣、思想解放、教育兴盛、政府支持、科技革命的历史分析与前瞻》，《中国科学院院刊》2019年第1期。
② 王子丹、袁永、邱丹逸、胡海鹏、廖晓东：《人才高地形成发展特点与国际经验研究》，《特区经济》2018年第12期。

法国等受政治动乱和宗教迫害影响的技术人员来到英国;①1789年,法国爆发资产阶级革命,此后形成了在当时最为先进的资本主义制度,相对优越的制度留住了大批的人才。相反,由于20世纪两次世界大战对德国经济社会发展造成的严重冲击,加之纳粹对犹太人的迫害,大批人才外流,德国世界人才中心地位被取代。

第三节　中国或将成为下一个世界人才中心

世界人才中心的发展演变表明,世界人才中心形成后并非一成不变,外部环境的改变势必会影响世界人才中心的未来发展。不论是从世界人才中心的转移规律看,还是从世界人才中心未来发展趋势看,中国都已具备成为世界人才中心的条件和基础,或将成为下一个世界人才中心。

一　世界人才中心未来发展趋势

随着全球经济社会环境的不断变化,世界人才中心将发生转移,并呈现新发展趋势。

(一) 世界人才中心发展将呈多中心并进局面

当前,美国世界第一强国的地位在短时间内不可撼动,对人才的吸引力依旧,未来很长一段时间仍将是世界人才中心,但可能不是世界唯一的人才中心。世界多极化和经济全球化呈现不断深入发展的趋势,世界经济格局正在发生深刻变化。2020年,金砖国家(巴西、俄罗斯、印度、中国和南非)的经济总量在全球经济总量中的比重达24.29%②。2021年,中国经济总量达17.7万亿美元(按年平均汇率折算),在世界经济总量中的比重超过18%,对世界经济增长的贡献率达到25%左右。③

---

① 郭建新:《世界科学中心转移的文化因素分析》,《咸阳师范学院学报》2018年第4期。
② 根据《中国统计年鉴2021》相关数据测算。
③ 《2021年中国全年GDP破110万亿 人均GDP突破8万元 超世界人均水平》,中国网,2022年2月28日,http://henan.china.com.cn/m/2022-02/28/content_41888532.html。

预计到 2030 年，新兴市场和发展中经济体将贡献全球 GDP 的 50%～55%。① 新兴市场国家和发展中国家群体性崛起，全球经济重心向东转移的趋势越发明显。为了获得更好的发展机会和发展平台，全球人才出现由发达国家向新兴市场和发展中经济体流动的趋势，发展中国家将成为全球人才特别是创新型人才的蓄水池。《全球人才流动趋势与发展报告（2022）》显示，在世界主要国家的人才竞争力指数前 10 名中，有 5 个欧美国家，即美国、丹麦、英国、瑞典、瑞士，有 5 个亚洲国家，即韩国、新加坡、日本、以色列、中国，世界人才中心正在从欧美向亚洲扩散。② 综合来看，未来世界人才中心发展将呈多中心并进的局面，即由发达国家向发展中国家、由欧美地区向亚太地区扩散。

（二）世界人才中心朝虚拟化、共享化发展

随着数字化、信息化和知识经济在全球的深入发展，人才的流动、使用等方面发生了根本性变化。人才的流动跨越了物理条件的限制，从地理空间部分转向虚拟空间，工作的模式更加灵活，借助虚拟科研组织、远程实验室、网络会议可快速进行全球化人才、智力交流，③ 世界人才中心的形成和发展规律或将被打破。加之全球资源的自由流动和全球分工的细化，全球人才流动和分布呈现新格局，人才在国家间有形的物理流动显著减少，线上人才流动呈几何级数增长。④ 根据相关调查研究，到 2024 年，全球远程工作者将占全球工作者总数的 30%，达到 6 亿人左右。⑤ 世界人才中心将朝虚拟化方向发展，人才共享将成为不可阻挡的新趋势。

---

① 张赛赛、梁一新、关兵：《未来十年全球经济五大发展趋势展望》，《数字经济》2021 年第 3 期。
② 《〈全球人才流动趋势与发展报告（2022）〉：构建人才竞争力指数，剖析全球人才流动趋势》，"全球化智库 CCG"网易号，2022 年 11 月 7 日，https://www.163.com/dy/article/HLJQEM1O0519PJJ6.html。
③ 李学明：《新发展格局下我国人才流动的发展趋势》，《中国人事科学》2021 年第 9 期。
④ 陈丽君：《如何迎接新一轮全球人才竞争》，《光明日报》2021 年 2 月 21 日，第 7 版。
⑤ "Invest Implications: Forecast Analysis: Remote Workers Forecast, Worldwide," Accessed August 26, 2020. https://www.gartner.com/en/documents/3989492.

（三）世界人才中心转移迭代速度将加快

世界人才中心的形成与发展是一项复杂的系统性工程，涉及经济社会方方面面，受诸多因素影响。这些因素相互联系、相互影响，共同作用于世界人才中心的发展和转移。随着全球新一轮科技革命与产业变革加速演进以及全球经济的一体化发展，人才、资金、技术、商品等生产要素在全球范围内大规模迅速流动。[1] 按照联合国的统计，全世界有两亿多人不是在他们的出生国工作，而是在出生国以外的国家工作和生活，这些人占到世界总人口的3%以上。[2] 根据国际移民组织（IOM）发布的《2022年世界移民报告》可知，截至2020年，全球移民总数达到2.81亿人，比1990年的1.53亿人多了约1.28亿人（见图1-1），占全球人口的3.6%，相当于每不到30个人中就有一位移民。[3] 从区域分布看，欧洲是最大的移民目的地，2020年的移民人数达到8700万，其次是亚洲，人数达到8600万，北美大陆居第三位；从国家分布看，美国仍是主要的移民流入国。[4] 虽然新冠疫情在一定程度上限制了全球人口的流动，但是随着全球疫情形势的好转，全球移民、留学人口流动将进一步加速。此外，受乌克兰危机的影响，俄罗斯和乌克兰的人才也急剧外流。从宏观层面上看，人才跨国流动的速率在不断加快，全球人才竞争激烈将成为常态，这将极大地推动人才在全球范围内的配置，改变全球人才的分布状况。预计未来世界人才中心转移迭代的速度将比以往任何时候都要快。

（四）政府将成为推动世界人才中心发展的主力

学者通常认为有两种力量（看得见的手——行政力量、看不见的

---

[1] 王培君：《我国人才高地建设的理论创新与路径选择》，《江海学刊》2011年第6期。
[2] 何勇、姜乾之、李凌：《未来30年全球城市人才流动与集聚的趋势预测》，《中国人力资源开发》2015年第1期。
[3] 《2022世界移民报告：国际移民2.81亿，中国人最爱移民美国……》，搜狐网，2022年7月21日，https://gov.sohu.com/a/569864582_120791595。
[4] 《2022世界移民报告：国际移民2.81亿，中国人最爱移民美国……》，搜狐网，2022年7月21日，https://gov.sohu.com/a/569864582_120791595。

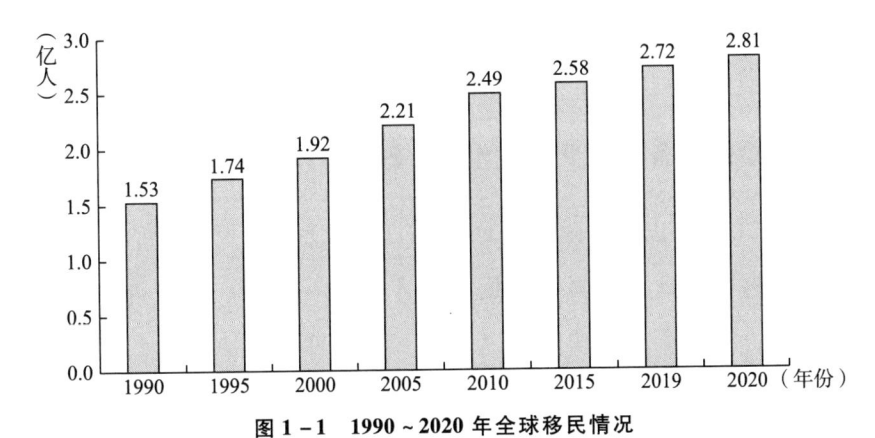

图 1-1 1990～2020 年全球移民情况

资料来源：《2020 年世界移民报告：中国成为世界第三大移民来源国！》，"胤善实业海外实业"网易号，2021 年 1 月 19 日，https://www.163.com/dy/article/G0MRUE650516QDIH.html；《2022 世界移民报告：国际移民 2.81 亿，中国人最爱移民美国……》，搜狐网，2022 年 7 月 21 日，https://gov.sohu.com/a/569864582_120791595。

手——市场力量）在引导人才的流向与流量，行政力量即政府的政策与引导，市场力量即价格信号（工资率）的引导。此外，战争、气候、地缘、个人偏好等因素，也会直接、间接地影响人才的流向与流量。[①] 过去的世界人才中心的形成，部分与政府的重视有关，但更多的是思想文化、科技发展、社会变革等因素推动自发形成的。当前，全球发展面临前所未有的挑战，经济社会发展的不确定性因素增多，人才在综合国力竞争中的地位和作用更加凸显，世界各国政府纷纷主动出击，制定人才发展战略，竞相出台人才政策，不遗余力地吸引本国人才回流或外国人才移民，这将有力地推动世界人才中心的形成和发展。例如，欧盟推出第八个科研框架计划——"地平线 2020"，旨在通过人才重组、联动和 ERA（European Research Area，欧洲研究区）计划等实施新的人才凝聚工程。又如，美国改革 H-1B 签证方式，以高技能、高收入人才优先签证的方式替代随机抽签方式，加大对 STEM 领域高技能、高收入人才的吸引力度；以色列专门成立移民吸收部以吸收安置科技移

---

① 王通讯：《人才高地建设的理论与途径》，《中国人才》2008 年第 3 期。

民，运用科学家资助项目等政策措施鼓励海外科研人员尤其是犹太人返回以色列。

二 中国具备成为世界人才中心的基础和条件

进入21世纪以来，随着全球竞争日趋激烈，人才在综合国力竞争中的作用越发凸显。中国明确提出人才是第一资源。2002年，中共中央办公厅、国务院办公厅印发《2002—2005年全国人才队伍建设规划纲要》，提出实施人才强国战略。2010年，国家出台并实施了《国家中长期人才发展规划纲要（2010—2020年）》。2021年9月召开的中央人才工作会议提出，"深入实施新时代人才强国战略，全方位培养、引进、用好人才，加快建设世界重要人才中心和创新高地"。党的二十大报告再次强调，要"深入实施人才强国战略"，"加快建设世界重要人才中心和创新高地，促进人才区域合理布局和协调发展，着力形成人才国际竞争的比较优势"。人才中心和创新高地建设是人才强国战略的最新发展动态，是一项复杂的战略系统工程，不是一朝一夕就可以实现的，必须有一个厚积薄发、渐进式的发展过程，还需要满足一定的基础条件并有适宜的外部环境作为支撑。① 当前，中国正处于政治最稳定、经济最繁荣、创新最活跃的时期。② 根据世界人才中心的形成和发展规律，中国已具备成为世界人才中心的条件和基础。

（一）中国正处于政治最稳定时期

政治稳定是一个国家或地区稳健发展的重要保障。政治稳定最基本的特征是：国家根本制度稳固，大政方针具有相对的连续性、一贯性，利益群体之间无根本冲突和明显对抗，社会生活、社会治安正常有序。③

---

① 周江林：《加快建设世界重要人才中心和创新高地》，《中国社会科学报》2022年7月8日，第4版。
② 《深入实施新时代人才强国战略 加快建设世界重要人才中心和创新高地》，"国际在线"网易号，2021年12月15日，https://www.163.com/dy/article/GR9DKBOF051497H3.html。
③ 臧乃康：《论市场经济过程中的政治稳定与政治发展》，《理论与改革》1999年第3期。

党的十八大以来，中国始终坚持和发展中国特色社会主义制度。中国特色社会主义制度是当代中国发展进步的根本制度保障，是具有鲜明中国特色、明显制度优势、强大自我完善能力的先进制度，[1] 是中国政治稳定的根本保障。其中，中国共产党领导是中国特色社会主义最本质的特征，是中国特色社会主义制度的最大优势。[2] 保持政治的稳定，必须做出最符合本国人民利益的决定。中国共产党始终坚持全心全意为人民服务的宗旨，践行以人民为中心的发展思想。在中国共产党的带领下，中国全面建成小康社会，迎来了从站起来、富起来到强起来的伟大飞跃，为中国政治稳定奠定了坚实的基础。同时，中国持续推进全面深化改革，加快推进国家治理体系和治理能力现代化，有效地保障了国家政治的稳定。

此外，中国坚持独立自主的和平外交政策，坚持走和平发展道路，始终是世界和平的建设者、全球发展的贡献者、国际秩序的维护者。[3] 中国倡导人类命运共同体意识，反对冷战思维和零和博弈，积极推动构建以合作共赢为核心的新型国际关系，推动形成人类命运共同体和利益共同体。[4]

（二）中国正处于创新最活跃时期

党的十八大以来，中国全面实施创新驱动战略。经过不懈努力，中国成功跻身创新型国家行列。在世界知识产权组织（WIPO）发布的全球创新指数排名中，2021年，中国创新指数排在世界第12位，比2012年（第34位）上升了22位。[5] 中国作为全球第二大研发投入经济体，

---

[1] 刘国强：《发挥新型政党制度作用 推进国家治理现代化》，《山东省社会主义学院学报》2020年第5期。
[2] 《习近平：在庆祝中国共产党成立一百周年大会上的讲话》，中国青年网，2021年7月1日，http://news.youth.cn/sz/202107/t20210701_13062547.htm。
[3] 《习近平：在庆祝中国共产党成立一百周年大会上的讲话》，中国青年网，2021年7月1日，http://news.youth.cn/sz/202107/t20210701_13062547.htm。
[4] 刘国强：《发挥新型政党制度作用 推进国家治理现代化》，《山东省社会主义学院学报》2020年第5期。
[5] 佘惠敏：《我国成功跻身创新型国家行列》，《经济日报》2022年8月31日，第9版。

研发投入截至 2021 年已连续 6 年保持两位数增长。2021 年，中国研究与试验发展（R&D）经费支出达 27864 亿元，较 2020 年增长 14.6%，占国内生产总值的 2.44%，这一投入强度排在世界第 13 位。① 2021 年，国家财政科学技术支出达 10766.7 亿元，比 2020 年增长 6.7%。② 截至 2021 年底，有正在运行的国家重点实验室 533 个、纳入新序列管理的国家工程研究中心 191 个、国家企业技术中心 1636 家、大众创业万众创新示范基地 212 家③、国家自主创新示范区 23 个、高新技术企业 33 万家。④ 2021 年，中国授权发明专利 69.6 万件，每万人口高价值发明专利拥有量达到 7.5 件；技术市场成交合同额达 37294.3 亿元，比 2020 年增长 32%；⑤ 2021 年，中国申请人通过《专利合作条约》（PCT）途径提交的国际专利申请达 6.95 万件，连续第三年位居申请量排行榜第一位，⑥ 科技创新成果转移转化成效显著。

从总体上看，中国创新能力明显增强，创新活力持续迸发，全社会形成了大众创业、万众创新的新局面，中国公民具备科学素质的比例从 2015 年的 6.2% 提高至 2020 年的 10.56%。⑦

（三）中国正处于经济最繁荣时期

党的十八大以来，中国发展势头良好，经济保持持续稳健增长，对全球经济增长的贡献越来越大，在世界经济中扮演着越来越重要的角色。2013~2021 年，中国经济年均增长率达 6.6%，大大高于 2.6% 的

---

① 佘惠敏：《连续 6 年保持两位数增长——我国研发投入何以再创新高》，《经济日报》2022 年 9 月 5 日，第 1 版。
② 佘惠敏：《连续 6 年保持两位数增长——我国研发投入何以再创新高》，《经济日报》2022 年 9 月 5 日，第 1 版。
③ 《中华人民共和国 2021 年国民经济和社会发展统计公报》，国家统计局网站，2022 年 2 月 28 日，http://www.stats.gov.cn/xxgk/sjfb/zxfb2020/202202/t20220228_1827971.html。
④ 佘惠敏：《我国成功跻身创新型国家行列》，《经济日报》2022 年 8 月 31 日，第 9 版。
⑤ 司晋丽：《我国经济活力不断提升创新能力进一步增强》，《人民政协报》2022 年 9 月 1 日，第 1 版。
⑥ 《我国 PCT 国际专利申请量连续三年第一》，中华人民共和国中央人民政府网站，2022 年 2 月 11 日，https://www.gov.cn/xinwen/2022-02/11/content_5673183.htm。
⑦ 佘惠敏：《我国成功跻身创新型国家行列》，《经济日报》2022 年 8 月 31 日，第 9 版。

同期世界平均增速，也高于 3.7% 的发展中经济体平均增速。2013～2021 年，中国对世界经济增长的平均贡献率达 38.6%，超过 G7 国家（美国、英国、德国、法国、日本、意大利、加拿大）贡献率的总和。① 其中，2021 年，中国国内生产总值突破 110 万亿元，达到 114.4 万亿元，稳居全球第二大经济体宝座；按年平均汇率折算，中国经济总量达到 17.7 万亿美元，占世界经济总量的比重超过 18%，对世界经济增长的贡献率达到 25% 左右。②

以新产业、新业态、新模式为主要内容的新动能实现稳步成长，为中国经济高质量发展持续注入新动力。2021 年，中国经济发展新动能指数（以 2014 年为 100）为 598.8，比上年增长 35.4%。③ 其中，网络经济指数增长最快，对总指数增长的贡献最大。④ 中国数字经济发展势头强劲，数字经济规模连续多年稳居世界第二位，从 2012 年的 11 万亿元增长到 2021 年的 45.5 万亿元，占 GDP 比重由 21.6% 提升到 39.8%，电商交易额、移动支付交易规模全球第一。⑤ 与此同时，新兴产业发展加快，2021 年，战略性新兴产业增加值占 GDP 比重为 13.4%，比上年提高 1.7 个百分点，其中，规模以上工业战略性新兴产业增加值比上年增长 16.8%，高技术制造业增加值比上年增长 18.2%。⑥ 此外，中国市场主体活力不断增强，2021 年，全国新登记注册市场主体数量为 2887.2 万户，

---

① 《世行报告：中国经济十年对世界经济增长贡献率超 G7 总和》，新华网，2022 年 10 月 26 日，http://www.news.cn/fortune/2022-10/26/c_1129080437.htm。
② 《2021 年中国全年 GDP 破 110 万亿 人均 GDP 突破 8 万元 超世界人均水平》，中国网，2022 年 2 月 28 日，http://henan.china.com.cn/m/2022-02/28/content_41888532.html。
③ 张翼：《2021 年我国经济发展新动能指数同比增长 35.4%》，《光明日报》2022 年 9 月 1 日，第 10 版。
④ 张翼：《2021 年我国经济发展新动能指数同比增长 35.4%》，《光明日报》2022 年 9 月 1 日，第 10 版。
⑤ 李雁争：《我国数字经济规模稳居世界第二 正向网络强国阔步迈进》，《上海证券报》2022 年 8 月 20 日，第 1 版。
⑥ 张翼：《2021 年我国经济发展新动能指数同比增长 35.4%》，《光明日报》2022 年 9 月 1 日，第 10 版。

日均新登记企业2.5万户,年末市场主体总数达1.5亿户。①

(四) 中国高等教育正迈进高质量发展时代

改革开放以来,中国高度重视高等教育的发展。经过40多年的发展和积淀,中国建成了全球规模最大的高等教育体系。截至2022年,在学总人数达到4655万人;2012~2021年,高等教育毛入学率从30%提高至57.8%,提高27.8个百分点。② 党的十八大以来,中国高等教育不仅在"量"上有所突破,也在"质"上有所进步。2012~2021年,教育部以一流专业和一流课程建设"双万计划"为牵引,共认定8031个国家级、8632个省级一流专业建设点,遴选认定首批3559门国家级一流课程,全国60%以上的基础研究、80%以上的国家自然科学基金项目由高校承担。③ 此外,中国还形成了一套中国范式的慕课体系。截至2022年2月底,上线慕课数量超过5.25万门,注册用户达3.7亿,已经有超过3.3亿人次在校大学生获得慕课学分,慕课数量和应用规模均居世界第一。④

通过"211""985"工程和"双一流"建设计划,一批大学和学科已经跻身世界先进水平,中国高等教育整体水平进入世界第一方阵。⑤ 在2022年度泰晤士高等教育(THE)世界大学排名中,中国(包括大陆、港澳台)共有37所高校进入世界大学500强,其中,北京大学、清华大学、香港大学、香港中文大学、复旦大学、香港科技大学、浙江大学、上海交通大学、中国科学技术大学、香港理工大学等10所高校进入世界大学100强。⑥ 值得一提的是,清华大学、北京大学并列第16名,与2021年THE世界大学排名相比,北京大学排名提升了7位,清华大学提

---

① 司晋丽:《我国经济活力不断提升创新能力进一步增强》,《人民政协报》2022年9月1日,第1版。
② 闫伊乔:《我国接受高等教育人口达2.4亿》,《人民日报》2022年5月21日,第1版。
③ 闫伊乔:《我国接受高等教育人口达2.4亿》,《人民日报》2022年5月21日,第1版。
④ 周宛霖:《我国高等教育进入普及化发展阶段》,《中国民族报》2022年5月31日,第3版。
⑤ 周宛霖:《我国高等教育进入普及化发展阶段》,《中国民族报》2022年5月31日,第3版。
⑥ 《2022年度泰晤士高等教育(THE)世界大学排名》,http://www.betteredu.net/rankings/THE/2021-2022/top-1600.html,最后访问日期:2023年7月13日。

升了4位。在THE发布的2022年度全球国际化大学榜单中,香港大学、香港科技大学和香港中文大学进入榜单前10名,其中,香港大学位居榜首。①

无论是办学模式的探索还是体制机制的创新,都体现出中国高等教育正朝高质量发展的方向迈进,为中国建设世界人才中心提供了有力的支撑和重要保障。

(五) 中国具有深厚的优秀传统文化积淀

在5000多年文明发展中孕育的中华优秀传统文化,在党和人民伟大斗争中孕育的革命文化和社会主义先进文化,积淀着中华民族最深层的精神追求,代表着中华民族独特的精神标识。② 中华优秀传统文化是多元文化融合的产物,不仅吸收了全国各族人民的文化,也兼容并包外来文化。因此,中华优秀传统文化形成了包容、开放、和平等核心思想。其中,从儒家的关注人性、把人当人看,墨家的分工理论、职业无差别,到道家的由小及大、从自己做起,春秋战国诸子百家思想体现的是一种伟大的人文关怀精神,③ 以人为本,对人包容、尊重的传统文化思想至今仍得到弘扬,讲究以德立人、以诚待人、任人唯贤、选贤与能的用人标准等思想便是对传统思想文化的传承和延续。此外,中华文明推崇"以和邦国""四海之内皆兄弟""远亲不如近邻""国虽大,好战必亡"等和平和谐思想,以及"大道之行,天下为公""天下兴亡,匹夫有责"的理念和节操。④ 长久以来,中国形成了开放、和平的外交思想,这也为中国营造良好、稳定的社会环境奠定了坚实的基础。

从总体上看,中华优秀传统文化蕴含的思想观念、人文精神、道德规范等文化精髓历久弥新,⑤ 对中国思想文化影响深远,为中国集聚人

---

① 《泰晤士高等教育发布2022年度全球国际化大学榜单!英美霸榜的时代结束了?》,新航道,2022年1月24日,https://liuxue. hnxhd. cn/3452. html。
② 习近平:《在庆祝中国共产党成立95周年大会上的讲话》,《人民日报》2016年7月2日,第2版。
③ 于少青、刘霞:《包容、活力、开放与幸福中国——多元思想的春秋战国时期对我国建设文化强国的启示》,《山东行政学院学报》2013年第5期。
④ 卫灵:《传承和弘扬中华优秀传统文化》,《红旗文稿》2022年第5期。
⑤ 徐广友:《大力传承和弘扬中华优秀传统文化》,《学习时报》2019年4月17日,第1版。

才提供了"最深厚的软实力"①。

（六）中国人才竞争力和人才吸引力与日俱增

《2021年全球人才竞争力指数》显示，2021年，中国人才竞争力跃升至全球第37位，首次进入前40位，较2020年提升5位，领先于俄罗斯（第45位）、南非（第67位）、巴西（第75位）、印度（第88位）等金砖国家，在中等收入国家中位列第2。② 中国人才竞争力的跃升，也就意味着人才吸引力的提升。根据英国汇丰银行对全球近100个国家的7000名移居者的调查研究，2013年，中国凭借较高的"经济收入"和良好的"生活体验"排名第1，成为全球最受欢迎的移居地。③ 2017年10月，汇丰银行发布的"全球移居人士年度调查"显示，中国内地作为移居目的地，职业发展机会吸引力排名全球第2，仅次于美国。④ 教育部数据显示，在2020年前，中国出国留学人数远大于留学回国人数，除了个别年份外，二者的差距基本在12万人左右，到2020年，出国留学人数明显下降，回落到2014年的水平，而留学回国人数陡增，2021年达到104.9万人，比2020年增长35.0%（见图1-2），人才回流趋势明显。显然，这在一定程度上受新冠疫情的影响，但也从侧面反映了中国的人才吸引力在逐步增强。同样，近年来，越来越多的海外华人科学家、留学生回流。2021年，超过1400名华人科学家放弃了在美国学术单位或企业的工作而回国工作，比前一年增加了22%，从英国、日本等地来到中国的顶尖学者也不少。⑤ 2021年，回

---

① 习近平：《弘扬主旋律 传播正能量》，《党建》2013年第11期。
② 刘永子：《建设粤港澳大湾区高水平人才高地的经验借鉴——基于〈2021年全球人才竞争力指数〉分析》，《广东科技》2022年第7期。
③ 何勇、姜乾之、李凌：《未来30年全球城市人才流动与集聚的趋势预测》，《中国人力资源开发》2015年第1期。
④ 《汇丰调查：中国内地职业发展机会对外籍人士吸引力仅次美国》，中国质量新闻网，2017年10月27日，https://www.cqn.com.cn/cj/content/2017-10/27/content_5034111.htm。
⑤ 《环时锐评：欢迎颜宁回国，并祝她成功》，新浪财经网，2022年11月2日，https://finance.sina.com.cn/review/jcgc/2022-11-02/doc-imqmmthc3049914.shtml。

国创新创业的留学人员首次超过100万人,累计发放外国人来华工作许可118万份。①

图 1-2　2009~2021年中国出国留学与留学回国人数

资料来源:《九成留学生选择回国发展,2018-2021年我国留学大数据发布!》,搜狐网,2021年8月16日,https://www.sohu.com/a/483787896_120863305。

从总体上看,经过多年的探索和发展,中国人才资源在"量""质"上均显著提升,逐步实现由人口大国向人才大国、人才强国迈进。2010年,中国拥有人才资源1.2亿人,到2019年增长到2.2亿人,共增长了1亿人,其中专业技术人才从5550.4万人增长到7839.8万人。② 2019年,中国各类研发人员全时当量达到480万人年,居世界首位。③ 目前,中国正处于世界一流人才培养孕育、创造产出的质变临界点、爆发点,这为新时代实施人才强国战略提供了新的基础。④ 这意味着中国已进入建设人才强国的时代,并正加速形成建设世界人才中心的先发优势和有利条件,或将成为下一个世界人才中心。

---

① 《中国科技部:2021年归国创新创业留学人员首次超过百万》,搜狐网,2022年6月13日,https://www.sohu.com/a/556690311_120918610。
② 《深入实施新时代人才强国战略 加快建设世界重要人才中心和创新高地》,"国际在线"网易号,2021年12月15日,https://www.163.com/dy/article/GR9DKBOF051497H3.html。
③ 《深入实施新时代人才强国战略 加快建设世界重要人才中心和创新高地》,"国际在线"网易号,2021年12月15日,https://www.163.com/dy/article/GR9DKBOF051497H3.html。
④ 孙锐:《新时代人才工作新在哪儿》,《人民论坛》2021年第30期。

三 粤港澳大湾区将成为世界人才中心的重要支点

中国人才分布中心的历史可追溯到公元前 1900 年，其首先诞生于黄河流域。虽然中国经历了夏、商、周、秦、汉、隋、唐等朝代的更替，但是全国人才中心并没有转移，一直停留在黄河流域。简单而言，在中国文明史的前 3000 年，全国人才中心在黄河流域。随着北宋的灭亡，宋室南迁，人才中心由黄河流域向长江流域转移，长江流域成为中国人才分布的中心。苏、浙、沪、皖在经历明、清而形成的人才传统优势的基础上，以强劲的势头继续向前发展，而在长江中游地区的湘、鄂两地，由于近代革命风云和人文思潮的涌起，产生了一大批革命家和具有 20 世纪风格的文化、科技、经济人才。与此同时，在长江上游的四川和重庆地区，溯江而上的 20 世纪新思潮深深地影响着这个偏居内陆的盆地，从而使这里涌现了一批高水平的近现代各类人才。[①] 此外，在同一时期，南部和东南沿海的广东、福建等地也得到快速发展，涌现了一大批人才。经过近一个世纪的发展，到 20 世纪，长江流域人才全面崛起，进入鼎盛时期，自东向西形成了江浙、湘鄂、巴蜀三个人才圈。如果说过去 2700 年间黄河流域人才分布的空间转移表现为先是自东向西，继而由西向东稳定在中原，最后转向东北方向的话，那么长江流域则是先起自中游的楚国，继而稳定于下游江浙，最后又以江浙为基地溯江而上，自东向西逐步向中、上游发展的。[②] 总的来看，中国人才高地是从北方逐步转移到南方的，并以宋室南迁为转移契机，其移动轨迹大致呈现一个 S 形。这形象地表明了中国人才高地的动态发展过程，[③] 也说明一个国家或区域的人才高地或人才中心并非固定不变，而是不断移动变化的。

进入 21 世纪，中国高度重视人才的发展。2003 年，全国人才工作会议明确提出实施人才强国战略。2007 年，党的十七大将人才强国战

---

① 王会昌、王云海、余意峰：《长江流域人才地理》，湖北教育出版社，2005，第 149 页。
② 王会昌、王云海、余意峰：《长江流域人才地理》，湖北教育出版社，2005，第 157 页。
③ 王通讯：《人才高地建设的理论与途径》，《中国人才》2008 年第 3 期。

略提升到国家战略层面，并写进了党章。党的十八大以来，以习近平同志为核心的党中央全面深入推进人才强国战略。人才强国的基础是人才高地建设，要先有一个个人才高地的隆起，才能使国家整体发展成为人才强国，①继而形成世界人才中心。2021年9月召开的中央人才工作会议提出，坚持"四个面向"，深入实施新时代人才强国战略，加快建设世界重要人才中心和创新高地，并明确做出在北京、上海、粤港澳大湾区建设高水平人才高地的战略布局。将粤港澳大湾区建设成为高水平人才高地，不仅是中国建成世界重要人才中心和创新高地的内在要求，也是粤港澳大湾区高质量发展的重要保障。

粤港澳大湾区是由香港、澳门两个特别行政区以及广州、深圳、佛山、肇庆、东莞、惠州、珠海、中山、江门等珠三角9市组成的城市群。推动粤港澳大湾区建设，是习近平总书记亲自谋划、亲自部署、亲自推动的重大国家战略。2017年7月1日，《深化粤港澳合作 推进大湾区建设框架协议》签署；2019年2月18日，《粤港澳大湾区发展规划纲要》印发；2021年9月，《横琴粤澳深度合作区建设总体方案》和《全面深化前海深港现代服务业合作区改革开放方案》发布；2022年6月14日，《广州南沙深化面向世界的粤港澳全面合作总体方案》公布；2023年8月8日，《河套深港科技创新合作区深圳园区发展规划》公布。经过5年左右的建设和发展，粤港澳大湾区建设取得显著成效，发展形势总体向好，具备了建成世界人才中心重要支点的先发优势和有利条件。

（一）大湾区正加速打造全球科技创新高地

2021年，粤港澳大湾区研发费用投入超过2755亿元，约占GDP的2.7%。②粤港澳大湾区2017~2021年PCT专利公开总量为13.68万件，仅次于东京湾区，是纽约湾区和旧金山湾区的3.19倍和3.81倍。③截

---

① 王培君：《我国人才高地建设的理论创新与路径选择》，《江海学刊》2011年第6期。
② 陈文玲：《粤港澳大湾区：打造世界级战略性创新高地》，《开放导报》2022年第3期。
③ 《粤港澳大湾区发明专利公开量年均增长位列四大湾区首位》，南方网，2023年3月17日，https://news.southcn.com/node_54a44f01a2/b949e4fb6a.shtml。

至 2022 年 5 月 5 日,粤港澳大湾区已布局国家实验室 2 家、广东省实验室 10 家、国家重点实验室 30 家以及香港、澳门联合实验室 20 家,聚集了众多具备国际顶尖水平的国内外院士科学家以及港澳科研机构,粤港澳科技创新体系逐步建立。① 2021 年 9 月以来,《横琴粤澳深度合作区建设总体方案》《全面深化前海深港现代服务业合作区改革开放方案》《广州南沙深化面向世界的粤港澳全面合作总体方案》《河套深港科技创新合作区深圳园区发展规划》相继发布,依托前海、横琴、河套三个合作区以及南沙合作平台,以广深港、广珠澳科技创新走廊为主干架的区域创新格局初步形成,大湾区正加速打造成为全球科技创新高地和新兴产业重要策源地。② 世界知识产权组织发布的《2022 年全球创新指数》报告显示,2022 年,深圳－香港－广州科技集群在全球科技集群 100 强中排名第 2,仅次于日本的东京－横滨,已连续 3 年位居全球第 2。③

(二) 大湾区是中国经济活力最强的区域之一

2021 年,粤港澳大湾区经济总量约为 12.6 万亿元,比 2017 年增长约 2.4 万亿元。④ 具体来看,香港地区生产总值约为 2.5 万亿元,人口约为 743 万人,澳门地区生产总值约为 2000 亿元,人口约为 68 万人;⑤ 广东省地区生产总值达 12.4 万亿元,超过韩国、加拿大,略逊于在全球主要经济体 GDP 排行榜中排名第 8 的意大利,⑥ 人口约为 1.26 亿人,

---

① 唐子湉、吴哲:《粤港澳携手共建世界级湾区》,南方网,2022 年 5 月 5 日,https://news.southcn.com/node_54a44f01a2/9ab38b04ad.shtml。
② 《打造高质量发展典范 粤港澳大湾区建设"成绩单"亮眼》,光明网时政频道,2022 年 7 月 7 日,https://politics.gmw.cn/2022-07/07/content_35866869.htm。
③ 《发布丨全球创新指数 2022(中文版)》,搜狐网,2022 年 10 月 8 日,http://news.sohu.com/a/591125916_121123527。
④ 《打造高质量发展典范 粤港澳大湾区建设"成绩单"亮眼》,光明网时政频道,2022 年 7 月 7 日,https://politics.gmw.cn/2022-07/07/content_35866869.htm。
⑤ 万晓琼、王少龙:《数字经济对粤港澳大湾区高质量发展的驱动》,《武汉大学学报》(哲学社会科学版)2022 年第 3 期。
⑥ 《GDP12 万亿!广东省首超韩国加拿大,距全球第八意大利一步之遥》,搜狐网,2022 年 1 月 20 日,https://www.sohu.com/a/517912632_115479。

其中珠三角9市地区生产总值约占全省的81%，人口约占全省的62%。①
2021年，粤港澳大湾区进入世界500强企业达25家，拥有独角兽企业超50家、产业孵化器1000多个、投资机构近1.5万家。② 可以说，粤港澳大湾区是中国开放程度最高、经济活力最强的区域之一。香港是国际金融中心、国际航运中心和国际贸易中心，澳门是国际自由港和世界旅游休闲中心，广东是具有全球影响力的先进制造业基地，粤港澳三地之间核心产业优势互补，形成较为完整的产业链，推动形成现代产业体系。2021年，粤港澳大湾区的新一代信息通信集群、电池材料集群、智能移动终端集群、超高清视频和智能家电集群、智能装备产业集群和高端医疗器械集群等6个产业集群入选工信部25个重点培育先进制造业集群。从新兴产业企业数量占企业总数的比重（根据截至2021年3月的全国工商登记数据，参照国家统计局发布的战略性新兴产业分类标准，利用大数据研究方法识别而得）来看，粤港澳大湾区的新兴产业企业数占企业总数的比重为23.2%。③

（三）大湾区拥有高质量的高等教育体系

目前，粤港澳大湾区内有各类高等院校170多所、科研院所800多家，相比于世界其他三大湾区，不仅科教力量的总体数量占优势，而且在数学、计算机科学、电子工程学等领域的水平也位于世界前列。④ 香港大学、香港科技大学、香港中文大学、香港城市大学、香港理工大学、香港浸会大学、岭南大学、澳门大学、澳门科技大学、中山大学、南方科技大学、华南理工大学、深圳大学、暨南大学等14所高校进入2022年QS世界大学排行榜。其中，香港大学、香港科技大学、香港中

---

① 万晓琼、王少龙：《数字经济对粤港澳大湾区高质量发展的驱动》，《武汉大学学报》（哲学社会科学版）2022年第3期。
② 《打造高质量发展典范 粤港澳大湾区建设"成绩单"亮眼》，光明网时政频道，2022年7月7日，https://politics.gmw.cn/2022-07/07/content_35866869.htm。
③ 王迎军、曾志敏、张龙鹏、胡燕娟：《中长期视角下粤港澳大湾区的全球创新与产业高地战略规划研究》，《中国工程科学》2021年第6期。
④ 叶玉瑶、王景诗、吴康敏、杜志威、王洋、何淑仪、刘郑倩：《粤港澳大湾区建设国际科技创新中心的战略思考》，《热带地理》2020年第1期。

文大学、香港城市大学、香港理工大学进入世界大学100强，① 大湾区高等教育逐步向一流高等教育靠拢。

（四）大湾区拥有良好的制度文化和社会环境

粤港澳大湾区属于开放包容的岭南文化圈。岭南文化兼具本土与外域特色，具有鲜明的多样性特征，这是粤港澳大湾区文化繁荣发展的独特优势，也是大湾区以"一国两制"之利打造高质量发展典范的重要支撑，② 更是大湾区集聚人才的重要引擎。正是在开放包容的文化、"一个国家、两种制度、三个关税区、三种货币"的制度优势的加持下，大湾区进行了前所未有的探索和创新，形成了良好的制度文化和发展环境。

一方面，不断深化三地规则衔接、机制对接。在金融创新领域，截至2021年底，"跨境理财通"业务共办理资金汇划5855笔，金额达4.86亿元，粤港澳大湾区共有超过60家银行参与试点，吸引投资者2.2万人。③ 在人才流通领域，截至2021年底，402名港澳医师获得内地医师资格证，707名港澳律师参加大湾区律师执业考试，推动金融、税务、建筑、规划及文化旅游、医疗卫生、律师、会计等16个领域的港澳专业人才享受跨境执业便利。④ 在规则对接领域，推动制定首批"湾区标准"清单，涵盖粤菜等23个领域的70项标准。⑤ 另一方面，宜居宜业宜游的优质生活圈逐步形成。为更好地让港澳青年在粤港澳大湾区就业、创业，广东省全面取消港澳居民在内地就业许可审批。截至2022

---

① 《2022年QS世界大学排名（QS World University Rankings 2022）》，http://rankings.betteredu.net/qs/world-university-rankings/latest/2022.html，最后访问日期：2023年7月13日。

② 阮春林：《夯实粤港澳大湾区建设的文化支撑》，中国经济网，2018年9月17日，http://views.ce.cn/view/ent/201809/17/t20180917_30316671.shtml。

③ 《打造高质量发展典范 粤港澳大湾区建设"成绩单"亮眼》，光明网时政频道，2022年7月7日，https://politics.gmw.cn/2022-07/07/content_35866869.htm。

④ 《昂扬奋进，大湾区建设动能澎湃》，新浪网，2022年3月7日，https://cj.sina.com.cn/articles/view/3057540037/b63e5bc502001ej26。

⑤ 《打造高质量发展典范 粤港澳大湾区建设"成绩单"亮眼》，光明网时政频道，2022年7月7日，https://politics.gmw.cn/2022-07/07/content_35866869.htm。

年5月，在粤纳入就业登记管理的港澳居民达8.51万余人。[1] 在教育领域，港澳居民及其随迁子女同等享受学前教育、义务教育、高中阶段教育等政策落地实施。在住房领域，港澳居民在大湾区中内地购房更便利，无须提供相关证明，可按规定通过港澳银行跨境按揭购房。在医疗卫生领域，"港澳药械通"试点实施，大湾区内地符合条件的医疗机构可按规定使用已在港澳上市的药品和医疗器械。在社会保障领域，"湾区社保通"政策落地。截至2021年底，港澳居民在粤参加养老、失业、工伤保险累计达27.92万人次。[2] 在税收优惠领域，广东省全面落实大湾区个人所得税优惠政策。[3] 截至2021年底，受理税收优惠申请人数累计超2万人，申请补贴金额超过55亿元。[4]

综上，粤港澳大湾区不仅综合实力雄厚、发展后劲充足，呈高质量协同发展态势，而且制度文化和发展环境较好，对人才的吸引力越来越强。特别是近年来粤港澳大湾区制定了一系列高质量的人才引进政策，如2019年深圳前海出台的《关于以全要素人才服务加快前海人才集聚发展的若干措施》、2021年广东出台的《关于推动港澳青年创新创业基地高质量发展的意见》等，对人才的虹吸效应愈发明显。2021年，在粤外国人才约占全国的1/5。[5] 2021年，在穗全职院士人数达64人，共有院士近200位、港澳科学家40余位在广东开展研发工作。[6] 截至2022年10月，深圳共有全职院士86人，高层次人才数量达2.2万人，

---

[1] 杭莹：《粤港澳深度融合 大湾区活力澎湃》，金羊网，2022年7月8日，https://news.ycwb.com/2022-07/08/content_40902735.htm。
[2] 《打造高质量发展典范 粤港澳大湾区建设"成绩单"亮眼》，光明网时政频道，2022年7月7日，https://politics.gmw.cn/2022-07/07/content_35866869.htm。
[3] 《打造高质量发展典范 粤港澳大湾区建设"成绩单"亮眼》，光明网时政频道，2022年7月7日，https://politics.gmw.cn/2022-07/07/content_35866869.htm。
[4] 《打造高质量发展典范 粤港澳大湾区建设"成绩单"亮眼》，光明网时政频道，2022年7月7日，https://politics.gmw.cn/2022-07/07/content_35866869.htm。
[5] 《高质量建设粤港澳大湾区取得阶段性成效》，中国经济网，2022年5月17日，http://district.ce.cn/newarea/roll/202205/17/t20220517_37588453.shtml。
[6] 陈文玲：《粤港澳大湾区：打造世界级战略性创新高地》，《开放导报》2022年第3期。

各类人才总量超 662 万人。① 《2021 全球人才竞争力指数》显示，香港、深圳、珠海、广州等城市的人才竞争力在全球主要城市中分别排在第 20 位、第 82 位、第 96 位和第 98 位，其中香港人才竞争力在中国城市中居于首位。②

粤港澳大湾区是中国高质量发展的排头兵。无论是从世界人才中心的转移规律看，还是从大湾区的时代使命看，粤港澳大湾区都有基础、有条件、有能力建成高水平人才高地，并可能成为下一个世界人才中心的重要支点。

---

① 《深圳人才总量超 662 万人》，人民网深圳频道，2022 年 11 月 1 日，http://sz.people.com.cn/n2/2022/1101/c202846-40176809.html。

② Bruno L. and Felipe M., eds., *The Global Talent Competitiveness Index 2021: Talent Competitiveness in Times of COVID* (Fontainebleau: INSEAD, 2021), pp. 68-79.

第二章
高水平人才高地的基本内涵与实证分析

当今世界百年未有之大变局加速演进，高端人才成为国际战略博弈的重中之重。建设高水平人才高地，是建设世界重要人才中心和创新高地的必然要求。建设粤港澳大湾区高水平人才高地，是国家赋予广东新的重大机遇、重大平台、重大使命。建成粤港澳大湾区高水平人才高地，将为广东推进新时代人才强省建设提供强大动力，为广东更好地实现高水平科技自立自强，在全面建设社会主义现代化国家新征程中走在全国前列、创造新的辉煌提供人才支撑。

人才发展是有规律的。建设高水平人才高地，既是人才发展基本规律的必然结果，也需遵循人才发展基本规律。本章梳理了学界对人才高地的认识脉络，对高水平人才高地的基本内涵进行界定。遵循人才发展的内部规律和外部规律，围绕"高水平发展"与"高水平平衡"，构建了高水平人才高地的指标体系。在此基础上，测算了北京、上海和粤港澳大湾区的高水平人才高地指数，也对粤港澳大湾区11个城市的高水平人才高地指数进行了实证分析。

第一节 高水平人才高地的基本内涵

明确概念是立论之基，也是确定研究范畴、避免观点分歧的基础工作。界定概念内涵与外延，既是学术研究的基本要求，也有利于提升研究的通约性，促进学术交流，增进学者共识。当前，人才研究中的部分概念仍较模糊，这容易造成每位研究者都有自己的"话语空间"。因此，梳理高水平人才高地的相关概念，明确高水平人才高地的基本内涵很有必要。

一 人才高地

人才高地作为政策目标最早由上海市提出。早在 20 世纪 90 年代初，上海市就提出了"要实现上海跨世纪发展目标，关键在于构筑上海人才资源高地"的战略设想。至于作为学术概念的人才高地，1996 年，叶忠海提出人才高地即人才发展的极核区、高势能区。[①] 之后，随着人才高地建设实践不断深入，学界对人才高地认识也不断完善。梳理学界对人才高地概念的认识脉络，发现其视角大致可分为三种。

（一）多学科的视角

从不同学科视角对人才高地进行阐释，是认识人才高地概念的重要基础。王通讯提出的四个学科维度的"人才资源高地"概念阐释最具代表性。一是语义学，"人才资源高地"是一种形象化的命名方法。"人才资源高地"应具有人才密度高、人才素质高、人才产出高、人才效益高以及人才流动率大、人才辐射力强、人才产业结构高度化发展等特征。"人才资源高地"的"高"，既具有相对意义，也具有绝对意义。二是历史学，"人才资源高地"是一个动态演变过程。所谓的"人才资源高地"并非固定不变，而是有其变迁过程、变迁规律的。三是经济学，"人才资源高地"是人力资本厚积之地。构筑"人才资源高地"的过程，乃是人力资本的积累过程。人力资本丰富的地域比人力资本薄弱的地域具备更强的竞争力。四是文化学，构筑"人才资源高地"实际上是构建科学文化重镇。着力于"人才资源高地"的构筑，是面向未

---

① 叶忠海主编《人才资源优化策略》，上海人民出版社，1996。

来的明智之举，是赢得未来的有力保证。①

(二)"静态+动态"结合的视角

从静动结合角度对人才高地概念进行界定也较普遍。从静态上看，主要是描述人才高地的内在特征，探讨人才高地本身包含哪些要素。例如，有学者提出，人才高地内涵体现在五个方面，即人才资源数量分布的高密度、人才资源素质的高标准、人才资源结构的高对应、人才资源流动的高活力和人才资源产出的高效益。② 有学者认为，人才高地是地理学上的"高地"概念与人力资源理论中的"人才"概念相结合的产物，它是指相对于经济空间场内某一参照系，因人才流动与聚集而形成的智力高势能区域，是经济社会系统演化与人才的自我价值实现共同作用下出现的人才资源"极化现象"，它的显著特征体现为人才存量方面的高密度、人才质量方面的高素质、人才结构方面的高对应以及人才效益方面的高产出等。③ 有学者认为，人才高地就是人才数量多、素质优、结构好、效益高的区域，其内涵主要体现在人才数量分布的高密度、人才素质的高标准、人才结构的高对应、人才流动的高活力和人才产出的高效益上。④ 也有学者认为，人才高地是指人才投入大、数量多、结构优、活力足、效益好的地区。⑤

从动态上看，主要是描述人才高地的外在特征，探讨怎样才能成为人才高地。例如，有观点认为：什么叫人才高地？人往高处走，"马"觅好"草"，"凤"占高"枝"。也就是说，人才高地是一个流动的概念，人才的"流向"才是"高地"的真正标志。⑥ 有学者认为，动态的人才高地指人才向往之地、人才价值最能实现之地，该地区机制活、平

---

① 王通讯：《论"人才资源高地"》，《党建与人才》1997年第3期。
② 叶忠海主编《人才资源优化策略》，上海人民出版社，1996。
③ 赵生龙、李继军：《西安构建西部人才高地的构想及对策》，《西安建筑科技大学学报》（社会科学版）2005年第4期。
④ 王培君：《我国人才高地建设的理论创新与路径选择》，《江海学刊》2011年第6期。
⑤ 王子丹、袁永、邱丹逸、胡海鹏、廖晓东：《人才高地形成发展特点与国际经验研究》，《特区经济》2018年第12期。
⑥ 《人才开发》评论部：《人才高地——一个流动的概念》，《人才开发》1999年第9期。

台高、环境好,具备吸引人才持续集聚的核心支撑要素,这些要素包括一流的高校院所和创新创业平台、优势的高科技产业、活跃的科技金融市场、良好的人才发展体制机制、适宜的人居生态环境、浓厚的创新文化氛围。①

(三)分阶段演进的视角

人才高地的内涵会随着时代变迁和发展要求改变而发生相应变化,不同阶段对人才高地建设有不同要求。有学者认为,人才高地要与区域经济社会发展的阶段性特征相适应,中国人才高地建设经历了国内人才集聚、海外华人人才集聚和国际人才集聚三个发展阶段。在国内人才集聚阶段,通过解决人才自由流动受限这个根本问题,大批人才实现从中西部流入东部地区,有力地支持了东部地区的发展。在海外华人人才集聚阶段,通过解决人才价值实现、人才评价和人才发展三方面问题,探索建设人才特区,大力引进海外高层次华人人才回国创新创业。国际人才集聚阶段的问题解决方案仍处于探索之中,有很多人才发展前瞻性理论需要研究。②

二 高水平人才高地

高水平人才高地于2021年在中央人才工作会议中被提出,学界对此问题的研究刚刚起步。目前,对于高水平人才高地的界定,其思路多数是沿袭人才高地概念的界定思路。例如,有学者采用"静态+动态"结合的视角,认为高水平人才高地有高质量人才供给、高能级人才平台、高成长人才机制、高品质人才环境、高效能人才治理等多个层面的内涵,在此基础上建设而成的高水平人才高地,应该最终成为全球各类卓越人才集聚之地、成长之地、向往之地,全球各类优秀人才与人才自身以及资本、技术、信息、空间、环境充分互动的交融之地、创造之

---

① 王子丹、袁永、邱丹逸、胡海鹏、廖晓东:《人才高地形成发展特点与国际经验研究》,《特区经济》2018年第12期。
② 王培君:《我国人才高地建设的理论创新与路径选择》,《江海学刊》2011年第6期。

地、发展之地，改变世界、创造未来的新知识、新技术、新流程、新模式、新产业、新文化的策源之地、发明之地、诞生之地、交汇之地。①也有学者从高水平人才角度出发，认为高水平人才高地指特定区域内通过系统规划与自主会聚而形成的以从业人口中占较高比例的一般高水平人才为基础，以各行业中大批高层次人才为骨干，以重点领域中杰出人才为引领，并以既符合国情又与国际人才惯例充分接轨的人才政策体系为保障，以从事创造性劳动为主的人才聚集载体和人才群体。②

可见，高水平人才高地概念是人才高地概念的延伸，高水平人才高地是人才高地的最高形态，其概念与人才高地一脉相承，差异主要体现在发展水平上。本书认为，人才高地具有人才集聚之意，即某个地区出现人才集聚并产生人才集聚效应。人才高地是指一定的区域，在这一区域内，人才内部要素之间、人才要素与经济社会发展诸要素之间的关系达到较优状态，这种状态有利于人成其才、人才荟萃和人尽其才、用有所成。高水平人才高地则是指发展层次处于最高位阶的人才高地。

三 科学把握高水平人才高地的基本内涵

为全面深入认识高水平人才高地基本内涵，需从更广视域分析高水平人才高地在人才学科建设与人才实践探索中的位置，科学认识和把握三对关系。

（一）高水平人才高地与人才发展基本规律

目前，学界对如何认识人才规律已有探讨。叶忠海认为，人才规律是指人才成长过程中在一定条件下可重复的一一对应及多一对应的变换关系或概率性重复的变换关系。概言之，人才规律是指人才成长过程中所存在的可重复的必然关系或概率性重复的概然关系。人才规律包含着

---

① 汪怿：《高水平人才高地建设：基本内涵、核心角色与发展对策》，《中国党政干部论坛》2021年第12期。
② 赵明仁、柏思琪、王晓芳：《粤港澳大湾区高水平人才高地制度体系建构研究》，《杭州师范大学学报》（社会科学版）2022年第3期。

自然规律性、社会规律性和思维规律性，具有综合性的特点。人才规律主要是社会性的规律。对于人才规律的体系，他认为人才规律是个复杂的体系，是一个多序列多层次的人才规律系统。从研究对象的范围看，人才规律分为社会人才总体运动规律、人才群体的成长规律、人才个体的成长规律，这三类规律也叫人才辈出规律、人尽其才规律和人成其才规律。政府更多关注总体运动规律，组织更多关注群体成长规律，个人更多关注个体成长规律。从规律的性质看，可以分为必然性规律和概率性规律。从人才规律作用和适用的范围看，可以分为一般规律（普遍规律）和特殊规律。从人才规律的内容和次序看，可分为人才结构规律、人才功能发挥规律和人才发展规律。[①] 除此之外，学界对人才规律的探讨总体来说是相对分散的，多见于分析具体人才问题或特定人才发展环节时，从特定维度反思背后人才规律的过程中，对人才规律的认识普遍缺少体系化思考。

人才规律是人才理论的基石，是人才学这门学科需要明确的根本问题。笔者认为，人才规律是指人才变动中内在的、本质的、必然的关系。人才变动包括人才内部变动和人才外部变动。人才内部变动是指人才变量及其派生变量的变动，包括人才个体成长，人才群体规模、结构、质量和分布等要素的变动。人才外部变动是指人才变量与经济社会发展诸变量之间关系的变动，在这种关系中，人才变量既可能是综合性的，也可能是派生的，经济社会发展变量众多且体系开放，并会随着时代发展及社会需求变化不断被纳入研究视野。

在人才规律体系中，人才发展基本规律是根本规律。笔者认为，人才发展基本规律包括人才发展内部规律和人才发展外部规律。人才发展内部规律是指人才变量及其派生变量的变动规律。就学科建设来说，人才发展内部规律是人才学的基本原理和学科本体，是学科建设的根基，也是人才学区别于其他学科的特色所在。当前，综合现有人才研究成

---

① 叶忠海主编《新编人才学通论》，党建读物出版社，2013。

果,构建人才学原理,形势迫切,意义重大。人才发展外部规律是指人才变量与经济社会发展诸变量之间的相互影响、相互适应规律。人才发展外部规律的研究范围是人才学科与其他学科的交叉地带,具有显著跨学科和交叉学科特征,这也是呼吁把人才学归为交叉学科门类的根本理由。当前,实施新时代人才强国战略,回应新时代的人才关切,都离不开对人才发展基本规律的研究和应用。

高水平人才高地研究和建设,都需要遵循人才发展基本规律,按规律办事,方向不会错,且能事半功倍。梳理人才高地概念演进过程,可以看到人才高地本质与人才发展基本规律紧密相连。从根本上来说,高水平人才高地,是人才发展内部规律和人才发展外部规律的运行结果,是人才高水平发展与人才高水平平衡的有机统一。

(二) 高水平发展与高水平平衡

遵循人才发展基本规律,理解和认识高水平人才高地,需要把人才发展内部规律与人才发展外部规律统一起来,把高水平人才高地的高水平发展与高水平平衡有机统一起来。建设高水平人才高地,既要实现人才内部要素的高水平发展,也要实现人才要素与经济社会发展诸要素的高水平平衡,这是建设高水平人才高地的根本遵循。

遵循人才发展基本规律,理解和认识高水平人才高地,需要把实现人才个体、人才群体和人才社会发展有机统一起来。建设高水平人才高地,既要遵循人才成长规律,营造有利于个体成长的环境,实现人成其才,也要遵循人才群体变动规律,集聚天下英才,实现人才荟萃,更要遵循人才发展外部规律,促进人才与经济社会平衡发展,实现人尽其才、才尽其用、用有所成。人成其才、人才荟萃、人尽其才、用有所成,四者缺一不可(见图2-1),它们共同构成建设高水平人才高地的根本目标。

(三) 人才理论与人才实践

党的十八大以来,党中央深刻回答了为什么建设人才强国、什么是人才强国、怎样建设人才强国的重大理论和实践问题,提出了一系列新

```
高水平人才高地 ┬ 高水平发展 ┬ 人成其才
              │          └ 人才荟萃
              └ 高水平平衡 ┬ 人尽其才
                          └ 用有所成
```

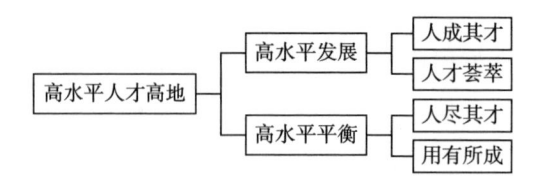

图 2-1　高水平人才高地的理论框架

理念、新战略、新举措。① 高水平人才高地概念的提出，是人才发展理论与实践的重大创新。在人才高地研究方面，国外虽有 talent highland 等类似表述，但研究旨趣与国内甚异。事实上，中国人才研究有独特话语体系，在国际上并不存在对应的学术体系。② 当前，人才工作实践呼唤人才理论创新，需要人才理论指导。人才高地理论是人才发展理论的重要组成部分，中国提出并建设高水平人才高地，反映了中国人才理论的不断丰富和完善，高水平人才高地建设也成为当前中国人才工作的重中之重。

一般而言，理论与实践是相互促进、共同发展的。但从中国人才发展来看，中国人才高地建设实践探索走在理论研究之前，有关人才高地建设的政策、载体、平台和措施不少，但关于人才高地概念、性质、特征和功能等的理论研究仍较薄弱。当前，建设世界重要人才中心和创新高地，既需要继续深化探索怎样建设高水平人才高地，也需要从理论上厘清何为高水平人才高地。研究发现，与改革开放以来中国多数创新实践类似，各地人才高地建设的实践探索是递进式前行的，即新的探索是站在先行者肩膀上开启的，这样既能科学借鉴吸纳先行者的有益经验，也能较有效地规避潜在风险，改革创新呈现递进式上升态势。实践证明，这种模式既省力省时，也十分有效。但我们也看到，随着发展阶段转换，这种基于既定框架的改进策略已较难适应新发展要求，打破旧框架、重构新范式变得越来越重要。当前，中国高水平人才高地建设就遇到类似情况，人才理论滞后于人才高地建设实践发展的问题十分明显。因此，如何打破

---

① 《习近平谈治国理政》（第四卷），外文出版社，2022，第 538 页。
② 侯建东：《中国人才学史（1979—2015）》，同济大学出版社，2017。

旧的思维框架，重构与世界重要人才中心和创新高地相适应的中国特色人才理论，是中国人才学科发展重点，也是回应时代之问的必然要求。

第二节 高水平人才高地指数测算

用指数形式来衡量特定对象的发展水平，揭示其发展的基本特征，是社会科学中普遍采用的方法。基于高水平人才高地的基本内涵，构建高水平人才高地指数，可以更好地反映高水平人才高地建设的进度和水平。

一 人才发展指数的研究现状

人才发展指数是衡量特定地区人才发展状况和水平的一种相对数。基于测度或评价取向的不同，对人才发展指数的测量维度也是多元的。例如，若把人才看成一种资源或资本，就形成人才资源指数或人才资本指数；若把人才看成一种竞争力，则形成人才竞争力指数；若侧重于测量人才吸引力，则形成人才吸引力指数。由于人才发展的复杂性，在测量人才发展指数时，一般是采用一套指标体系来进行综合测量。在构建人才发展指标体系时，不同维度指标的确定均基于所计量对象的理论逻辑体系，而非指标的简单堆积和随意组合。当前，国内外已构建出30多种人才发展指数，类型众多、取向各异。梳理当前国内外人才发展指数研究，有以下8种指数最具代表性（见表2-1）。

表2-1 最具代表性的国内外人才发展指数

名称	发布机构/团队	初始发布时间	发布频率（年/次）
人力资本指数	世界经济论坛	2013年	2
全球人才指数	英国经济学人智库、海德思哲国际咨询有限公司	2011年	不定期
全球人才竞争力指数	欧洲工商管理学院、新加坡人力资本领导能力研究院、德科集团等（历年发布机构可能不同）	2013年	1

续表

名称	发布机构	初始发布时间	发布频率（年/次）
全球领导力与人才指数	波士顿咨询公司	2015 年	2
中国人力资本指数	中央财经大学中国人力资本与劳动经济研究中心李海峥教授团队	2009 年	1
国际人才吸引力指数	上海社会科学院"海外人才研究"团队、上海浦东科创促进中心	2017 年	1
中国区域人才竞争力指数	全球化研究中心、中国·湖北·人才发展研究中心	2013 年	未更新
中国区域国际人才竞争力指数	西南财经大学发展研究院、全球化智库	2017 年	未更新

（一）人力资本指数

人力资本指数（Human Capital Index，HCI）由世界经济论坛（World Economic Forum，WEF）于2013年首次发布。《全球人力资本报告》（以下简称《报告》）公布人力资本指数，该报告每2年发布1次。《报告》通过这一指数对全球各经济体进行评估，旨在帮助各国评估政策和投资在教育和技能领域里所产生的成果，并针对劳动力满足未来全球经济发展需要提供指导建议。人力资本指数由四个维度指标构成：人力资本能力，主要关注劳动力的受教育程度；人力资本配置，即能力的积累与应用程度；人力资本开发，即对新型劳动力的培养投入；专业技能水平，即现有劳动力技能的广度和深度。在指数计算时，把人口按照年龄分为0～14岁、15～24岁、25～54岁、55～64岁、65岁及以上五个年龄组。根据2017年的报告排名，挪威、芬兰、瑞士分列前3位，中国居于第34位。

（二）全球人才指数

全球人才指数（Global Talent Index，GTI）由英国经济学人智库（Economist Intelligence Unit，EIU）与海德思哲国际咨询有限公司（Heidrick & Struggles）于2011年首次发布。在2011年发布的《全球人才指数报告：2015展望》（Global Talent Index Report：The Outlook to

2015）中，它们提出了全球人才指数。该报告从两个维度对全球人才趋势进行评估。一是在国际层面，对60个国家的人才环境指数进行测度，其测度指标有7个，分别是人口趋势、义务教育、大学教育、劳动力质量、人才环境、开放性、吸引人才的倾向。二是在企业层面，从企业执行人员的角度讨论企业需要如何吸引和留住人才。全球人才指数的计算利用的数据来源于公开数据和调查数据。在指标权重上，把"大学教育"和"劳动力质量"两个指标的权重定为其他指标权重的2倍，其他指标权重采用平均权重法确定。该指数属于预测指数，旨在为国家和商业领域提供人才变量的预测依据。在该报告中，中国2011年排在第33位，到2015年上升到第31位，对位序提升贡献最大的是中国越来越愿意接受外国员工，使外国员工进入了中国劳动力市场，解决了正在逼近的中国本土青年人口减少的问题。

（三）全球人才竞争力指数

全球人才竞争力指数（Global Talent Competitiveness Index，GTCI）由欧洲工商管理学院（European Institute of Business Administration，INSEAD）、新加坡人力资本领导能力研究院（Human Capital Leadership Institute，HCLI）、德科集团（Adecco Group）自2013年开始发布。在2013年发布的《全球人才竞争力指数》报告中，它们提出了全球人才竞争力指数。在发布单位上，不同年份联合发布单位会有变化，2021年的《全球人才竞争力指数2021：新冠病毒时代的人才竞争力》（The Global Talent Competitiveness Index 2021：Talent Competitiveness in Times of COVID）报告由欧洲工商管理学院和美国波特兰研究所（Portulans Institute）联合发布。在指数版本上，2021年报告发布的为第8版，由6个一级指标（国内环境、人才吸引、人才培养、人才保留、技术与职业技能、全球知识技能）和68个二级指标构成。2021年报告针对全球134个国家或地区进行了指数排名，瑞士、新加坡和美国占据前3位，中国排第37位。

（四）全球领导力与人才指数

全球领导力与人才指数（Global Leadership and Talent Index，GLTI）由波士顿咨询公司（Boston Consulting Group，BCG）于 2015 年首次发布。其在《全球领导力与人才指数报告》中公布全球领导力与人才指数。该指数评价主体为公司的首席执行官，评价指标包括 6 个一级指标、20 个二级指标。其中，6 个一级指标分别为人才战略、领导力和人才建模、人才发掘、人才发展、员工敬业度、文化。该指数属于企业层面的评估指数，通过指数分析，能够帮助企业精确评估自身的领导力与人才管理能力，也能量化评估企业领导力与人才能力提升对企业收入和利润的回报。

（五）中国人力资本指数

中国人力资本指数由中央财经大学中国人力资本与劳动经济研究中心李海峥教授团队于 2009 年首次发布。2009 年发布的中国人力资本指数采用 J-F（Jorgenson-Fraumeni）终生收入计算法，对 1985~2007 年中国人力资本指数和人力资本总量，中国人力资本在农村、城镇、男性和女性中的分布状况进行了计量，此后每年年度报告会发布最新的中国人力资本指数。根据《中国人力资本报告 2021》，2019 年，中国人力资本总量按当年价值计算为 2776.4 万亿元，其中，城镇为 2418.9 万亿元，农村为 357.5 万亿元，分别占人力资本总量的 87.1%和 12.9%。中国人均人力资本按当年价值计算为 248.6 万元，其中城镇为 334.3 万元，农村为 90.9 万元；男性为 314.6 万元，女性为 172.4 万元。2019 年人力资本总量排在前 5 位的省份分别为山东、江苏、河南、广东和河北，人均人力资本排在前五位的省市分别为北京、上海、天津、浙江和江苏。

（六）国际人才吸引力指数

国际人才吸引力指数由上海社会科学院"海外人才研究"团队编制，与上海浦东科创促进中心于 2017 年联合发布。该指数选择 45 个主权国家和 73 个（2019 年增至 150 个）区域创新中心为测评对象，分别为二者构建国际人才吸引力评价指标体系进行测算。在主权国家方面，一级指标包括政治稳定性、国家开放度、社会治理水平、经济发展态势、科技创新能力、人才发展状况、日常生活环境、精神文化环境8个维度;在区域创新中心方面,一级指标包括城市治理、经济发展、区域定位、科技创新、人才状况、生活环境6个维度。根据《国际人才吸引力指数报告(2019):全球大变局的视野》,2019年,在主权国家国际人才吸引力指数上,中国的国际人才吸引力指数为0.3791,排第9位,前3位国家依次为美国、新加坡和英国;在区域创新中心国际人才吸引力指数上,瑞士、新加坡和日本东京居前3位,中国北京、深圳和上海分别排第11位、第14位和第17位。

(七)中国区域人才竞争力指数

中国区域人才竞争力指数由全球化研究中心、中国·湖北·人才发展研究中心于2013年联合发布。在《中国区域人才竞争力报告No.1》中,它们把区域人才竞争力分为内在竞争力要素、外在竞争力要素和人才效能水平3个维度。其中,内在竞争力要素分为人才数量、人才质量和人才结构指标,外在竞争力要素分为人才投入、人才平台和人才生活及环境指标,人才效能水平分为人才创新、人才贡献和人才发展态势指标。在此框架下,对中国区域人才竞争力指数分别从省域和城市两个层面进行计量。在省域层面,形成了包含3个一级指标、9个二级指标和132个三级指标的省域人才竞争力指标体系;在城市层面,构建了包含3个一级指标、8个二级指标和104个三级指标的城市人才竞争力指标体系。在权重确定上,该指数采用层次分析法。经计算,2011年,省域人才竞争力指数居前4位的分别为北京、江苏、上海和广东。2010年,中国城市(32个省会城市及副省级城市)中人才竞争力指数居前4位的分别为深圳、广州、南京、杭州。

(八)中国区域国际人才竞争力指数

中国区域国际人才竞争力指数由西南财经大学发展研究院和全球化智库于2017年联合发布。在《中国区域国际人才竞争力报告(2017)》中,它们把区域国际人才竞争力分为国际人才规模、国际人才结构、国际人才创新、国际人才政策、国际人才发展和国际人才生活6个维度，在此框架下，又构建了包含13个二级指标、36个三级指标的区域国际人才竞争力指标体系。在权重确定上，该指数的三级指标权重采用德尔菲法确定，二级和一级指标权重由三级指标权重汇总求和获得，总指数最大值为6。中国区域国际人才竞争力居前4位的省市分别为上海、北京、广东和江苏。[①]

梳理国内外人才发展指数，它们有以下共同特征。一是任何一种人才发展指数的构建，都离不开人才发展理论的支撑。为何要衡量、如何去衡量，是人才发展指数构建必须回答的前置问题。当前，国内外围绕人才发展的不同维度（竞争力、人才资本、吸引力和国际化等）所构建的人才发展指数，都有各自的人才发展理论基础。二是人才发展指数的计量进一步提升了人才研究的科学化水平。人才发展指数本质上是人才发展的量化表达，以人才发展指数表征人才发展程度及水平，可以较综合地反映区域人才发展水平，使其便于比较、易于观察，已成为当前人才研究甚至是社会科学领域的一种普遍方法。三是指数的数据来源问题成为人才发展指数计量的重要制约因素。如何筛选指标是学理问题，而如何找到指标数据是现实问题。人才发展研究涉及领域广，人才统计指标来源多样，部分指标数据不连续，这些因素都会制约人才发展指数的计量。从实践来看，有不少指数对缺失值处理方法较粗糙，或采用类似指标进行替代，或采用统计方法进行估算，或存在不同年份数据混合使用现象，这些缺失值处理方法都在一定程度上降低了人才发展指数的准确性。

二 高水平人才高地指标的设计原则

高水平人才高地指标体系本质上是高水平人才高地理论的量化表达，指标设计既要遵循指标体系构建原理，又要发挥指标体系的计量效

[①] 此指数没有限定具体年份，原因是部分指标采用的数据年份不一致，指数所代表的是发布时的最新状况。

用，为更好地衡量和比较区域人才发展程度与水平提供方法依据。

（一）面向全球，瞄准一流

高水平人才高地是建设世界重要人才中心和创新高地的重要战略支点。衡量高水平人才高地发展水平，须从全球人才中心和创新高地的战略高度来思考。一方面，指标设计要有国际化视野。指标设计要借鉴吸纳国内外人才发展指数的有益经验，对目前较为权威的人才发展评价指标体系进行梳理，结合建设世界重要人才中心和创新高地的战略定位，科学筛选出有国际通约性的衡量指标。另一方面，指标设计要瞄准一流。高水平人才高地发展水平衡量与一般的人才发展评价的最大区别在于人才发展层次。高水平人才高地发展水平衡量的指标要瞄准一流目标进行设计，更多体现"高水平"特征。

（二）系统设计，彰显特色

高水平人才高地是一个大系统，设计高水平人才高地指标体系，既要遵循人才发展的内外部规律，体现指标设计的系统性和完整性，又要构建能衡量高水平人才高地发展水平、测度人才内部要素高水平发展状况和人才内外部要素关系高水平平衡状况的"大人才"指标体系。中国特色话语体系下的高水平人才高地指标体系，在指标设计时也要充分彰显高水平人才高地国际化、高端化及协同化等特色，体现高水平人才高地指标体系的创新性与独特性。

（三）科学可行，简明实用

高水平人才高地指标体系设计要遵循指标构建的一般原则，包括科学性、可行性、简明性和可比性等。一是科学性，即设计的指标体系应能客观、准确、全面地反映高水平人才高地的特质，指标框架在理论上有其科学依据，在指标选择、权重设计、数据收集、指标统计、指数计算等方面都要科学合理。二是可行性，即指标体系选取的指标对应的必须是公开的统计数据，满足代表性、可得性和敏感性等方面的条件，从而使整个指标体系更具客观性和可操作性。三是简明性，即指标体系设计要简单明了、重点突出、目标明确，具有简便性和实用性，力求用最简单的数据来最大限度地反映高水平人才高地的状况。四是可比性，即指标体系能用于测度不同时间或空间范围内的高水平人才高地发展水平，测度结果能够进行横向和纵向比较。可比性既体现为不同时间或空间范围内的测度结果具有可比性，也体现为指标体系具有重要的可复制可推广价值。

三　高水平人才高地指标体系的构建原理

（一）指标体系的内在逻辑

基于高水平人才高地的基本内涵，吸纳国内外人才发展指数的有益经验，用高水平发展和高水平平衡2个一级指标，人才规模、人才结构、人才质量、人才分布、创新能力、经济水平、服务环境、治理能力8个二级指标来评价高水平人才高地。

上述"2+8"个指标之间存在紧密的逻辑关系，可概括为"两条规律、八大支撑"：建设高水平人才高地，必须遵循人才发展的内部规律和外部规律，实现人才的高水平发展和高水平平衡；要实现人才高水平发展，需要从人才规模、人才结构、人才质量、人才分布等四大方面给以支撑，要实现人才高水平平衡，需要从创新能力、经济水平、服务环境、治理能力等四大方面给以支撑（见图2-2、表2-2）。

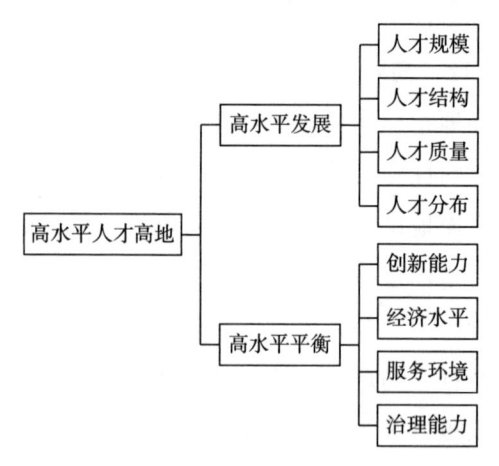

图 2-2　高水平人才高地指标体系结构

表 2-2　高水平人才高地的指标体系

一级指标	二级指标	三级指标	指标方向
高水平发展	人才规模	1. 人才资源总量（万人）	正
		2. 高等教育人口（万人）	正
		3. R&D 人员全时当量（人年）	正
	人才结构	4. 人才资源率（%）	正
		5. 高等教育人口比例（%）	正
		6. 15 岁及以上人才资源率（%）	正
		7. 15 岁及以上高等教育人口比例（%）	正
	人才质量	8. 每万人 R&D 人员全时当量（人年）	正
		9. 具有硕士及以上学历人才比例（%）	正
		10. 人才资本占人力资本比例（%）	正
	人才分布	11. 人才密度（人/公里²）	正
高水平平衡	创新能力	12. R&D 经费支出占 GDP 比重（%）	正
		13. R&D 经费支出（亿元）	正
		14. 每万人才三项专利授权量（件）	正
		15. 每万人才发明专利授权量（件）	正
		16. PCT 国际专利申请量（件）	正
		17. 国家级重大平台数量（个）	正
	经济水平	18. 人均 GDP（元）	正
		19. 人才经济密度（人/百万元）	逆
		20. 人均地方一般公共预算收入（元）	正
		21. 第三产业比重（%）	正
	服务环境	22. 每万人口基础教育专任教师数（人）	正
		23. 每千人口医疗卫生机构床位数（张）	正
		24. 房价收入比	逆
	治理能力	25. 人才治理能力评价（分）	正
		26. "××人才"全网搜索指数	正

（二）指标权重的计算方法

指标权重确定的实质，就是确定不同指标对测度目标的贡献度。当前，社会科学中计算指标权重的方法层出不穷，每种方法都有各自的优缺点，如何根据测评对象选择一种合理的赋权方法也就显得尤为重要。

依据指标数据来源和性质的不同,可以选择是使用主观赋权法还是客观赋权法。主观赋权法的特点在于集中专家的经验与意见,确定各指标的权重,该方法确定的权重是专家长期工作实践经验的反映。客观赋权法下的权重则是根据指标的统计性质(内在逻辑结构)计算获得的,它可完全根据指标数据演算得到。客观赋权法由于不需要征求专家意见,避免了人为因素的影响,在实践中得到广泛应用。本书在对高水平人才高地指标权重的计算中,由于指标涉及面较广、数据时间跨度较大、数据资料丰富,经多次模拟演算,采用客观赋权法(主成分方法)确定权重。

主成分确定权重方法是从所研究的全部指标中,通过探讨相关指标的内部逻辑结构,将有关主要信息集中在几个主成分上,再现指标与主成分的关系。其主要步骤分为四步:一是指标无量纲化,即实现所有数据的标准化;二是采用方差最大化旋转法求得主成分;三是求得主成分因子得分及每个主成分因子的方差贡献率;四是求出指标权重并进行归一化处理。按照上述方法,本书把 2010~2021 年粤港澳大湾区区域内 11 个城市、粤港澳大湾区、北京和上海合计 168 个样本的高水平人才高地指标数据(每个样本 26 个数据)纳入分析,得到 KMO 值为 0.68,通过了 Bartlett 球形度检验,证明适宜采用此方法来计算权重。经测算,得到高水平人才高地指标体系中各指标的权重(见表 2-3)。

表 2-3　高水平人才高地指标体系中各指标的权重

一级指标(权重)	二级指标(权重)	三级指标(权重)
高水平发展 (0.4675)	人才规模 (0.1368)	1. 人才资源总量(0.0428)
		2. 高等教育人口(0.0495)
		3. R&D 人员全时当量(0.0445)
	人才结构 (0.1728)	4. 人才资源率(0.0427)
		5. 高等教育人口比例(0.0435)
		6. 15 岁及以上人才资源率(0.0426)
		7. 15 岁及以上高等教育人口比例(0.0440)

续表

一级指标（权重）	二级指标（权重）	三级指标（权重）
高水平平衡（0.5325）	人才质量（0.1262）	8. 每万人 R&D 人员全时当量（0.0374）
		9. 具有硕士及以上学历人才比例（0.0472）
		10. 人才资本占人力资本比例（0.0416）
	人才分布（0.0317）	11. 人才密度（0.0317）
	创新能力（0.2695）	12. R&D 经费支出占 GDP 比重（0.0560）
		13. R&D 经费支出（0.0513）
		14. 每万人才三项专利授权量（0.0280）
		15. 每万人才发明专利授权量（0.0495）
		16. PCT 国际专利申请量（0.0338）
		17. 国家级重大平台数量（0.0510）
	经济水平（0.0931）	18. 人均 GDP（0.0287）
		19. 人才经济密度（0.0206）
		20. 人均地方一般公共预算收入（0.0378）
		21. 第三产业比重（0.0060）
	服务环境（0.1092）	22. 每万人口基础教育专任教师数（0.0219）
		23. 每千人口医疗卫生机构床位数（0.0544）
		24. 房价收入比（0.0328）
	治理能力（0.0607）	25. 人才治理能力评价（0.0227）
		26. "××人才"全网搜索指数（0.0380）

（三）指数的计算方法

高水平人才高地指数属于多指标的综合指数。构建指数是通过综合描述评价对象不同方面的多个指标的信息，得到一个综合指标，并依据一定的指数生成方法形成综合指数。综合指数生成方法的原理为：采集所有 n 个地区 t 时期内全部 k 个观测变量的原始值 $x_{ij}(t)$，$(1 \leqslant i \leqslant n, 1 \leqslant j \leqslant k)$，选择指标的无量纲化技术将原始值转化为相应的无量纲化值 $s_{ij}(t)$。然后，依据以下的计算公式对各指标的无量纲化值进行加总，最后生成可用于比较的综合指数。

$$QI(t) = \sum_{i,j} w_{ij} \times s_{ij}(t) \tag{2-1}$$

其中，w_{ij} 表示第 i 个地区第 j 个测度指标观测变量的相对权重，$s_{ij}(t)$ 表示第 i 个地区 t 时期第 j 个测度指标观测变量的无量纲化值。

在多指标测评体系中，由于各测度指标性质不同，其原始数据通常具有不同的量纲和数量级。有些指标的原始数据之间不能直接相加，如人才资源率与人才规模数就不能直接相加。同时，当各指标数值间相差很大时，如果直接用原始指标值进行分析，就会突出数值较高的指标在综合分析中的作用，相对削弱数值较低指标的作用。为了保证测评结果的可靠性，需要对原始指标数据进行无量纲化处理，即通过一定的数学公式转换，将各指标的原始数据转化为可直接相加的无量纲化数值。经比较，本书采用基于最大值、最小值的无量纲化方法，并根据实际比较需要，对无量纲化方法进行重新修正。修正的目标有二：一是使得测度结果简明易懂，二是保障指数在纵向和横向上可比较。修正后的无量纲化公式如下。

正向指标的标准值：

$$s_{ij}(t) = \frac{x_{ij}(t) - \min\limits_{1 \leq i \leq n} x_{ij}(t)}{\max\limits_{1 \leq i \leq n} x_{ij}(t) - \min\limits_{1 \leq i \leq n} x_{ij}(t)} \times 20 + 80 \qquad (2-2)$$

逆向指标的标准值：

$$s_{ij}(t) = \frac{\max\limits_{1 \leq i \leq n} x_{ij}(t) - x_{ij}(t)}{\max\limits_{1 \leq i \leq n} x_{ij}(t) - \min\limits_{1 \leq i \leq n} x_{ij}(t)} \times 20 + 80 \qquad (2-3)$$

按上述公式调整，粤港澳大湾区高水平人才高地指数下各指标值无量纲化后均在 80~100。

（四）具体指标的解释说明

1. 人才资源总量

指党政人才、企业经营管理人才、专业技术人才、高技能人才、农村实用人才、社会工作人才等人才资源的总量。该指标是衡量高水平人才高地人才数量方面发展水平的综合指标。计算公式如下：

$$x_{i1}(t) = a_{i1}(t) + b_{i1}(t) + \cdots + n_{i1}(t) \qquad (2-4)$$

其中，$a_{i1}(t)$，$b_{i1}(t)$，$\cdots$，$n_{i1}(t)$ 是指具体某一类别的人才资源总量。

数据来源：2010~2016 年数据根据《中国人才资源统计报告》中的人才资源总量数据推算，2017~2021 年数据通过搜集整理各地网络公开数据得到。

2. 高等教育人口

高等教育人口是对接受过高等教育的人口和正在接受高等教育的人口的总称。高等教育是指大学专科及以上层次的教育，包括普通高等教育和成人高等教育。该指标是衡量高水平人才高地人才数量方面发展水平的重要指标。计算公式如下：

$$x_{i2}(t) = a_{i2}(t) + b_{i2}(t) \quad (2-5)$$

其中，$a_{i2}(t)$ 是指接受过高等教育的人口，$b_{i2}(t)$ 是指正在接受高等教育的人口。

数据来源：第六次全国人口普查数据、第七次全国人口普查数据，历年统计年鉴等。对于非普查年份的高等教育人口数据，本书结合统计年鉴的数据进行推算。

3. R&D 人员全时当量

指 R&D 全时人员（全年从事 R&D 活动累积工作时间占全部工作时间 90% 及以上的人员）工作量与非全时人员按实际工作时间折算的工作量之和。该指标是用于衡量科技人力投入的国际通用指标。计算公式如下：

$$x_{i3}(t) = a_{i3}(t) + b_{i3}(t) \quad (2-6)$$

其中，$a_{i3}(t)$ 是指 R&D 全时人员工作量，$b_{i3}(t)$ 是指 R&D 非全时人员按实际工作时间折算的工作量。

数据来源：各地级市和北京、上海数据来自历年统计年鉴，香港数据来自历年《中国统计年鉴》，澳门数据来自世界银行数据库。

4. 人才资源率

人才资源率是指人才资源总量占常住人口的比重,该指标可以从人才结构角度较全面地衡量高水平人才高地人才的发展状况。计算公式如下:

$$x_{i4}(t) = \frac{a_{i4}(t) + b_{i4}(t) + \cdots + n_{i4}(t)}{p_{i4}(t)} \times 100\% \qquad (2-7)$$

其中,$a_{i4}(t)$,$b_{i4}(t)$,$\cdots$,$n_{i4}(t)$ 指具体某一类别的人才资源总量,$p_{i4}(t)$ 是指常住人口总量。

数据来源:人才资源总量数据来源与指标 1 相同,常住人口数据来自历年统计年鉴。

5. 高等教育人口比例

在人才统计方面,由于统计口径差异较大,有些地方人才资源总量大于高等教育人口,有些则小于高等教育人口,为减少统计误差,把人才资源率和高等教育人口比例都纳入指标体系。高等教育人口比例是高等教育人口在总人口中的比重,该指标可以从人才结构角度较全面地衡量高水平人才高地人才的发展状况。计算公式如下:

$$x_{i5}(t) = \frac{a_{i5}(t) + b_{i5}(t)}{p_{i5}(t)} \times 100\% \qquad (2-8)$$

其中,$a_{i5}(t)$ 是指接受过高等教育的人口,$b_{i5}(t)$ 是指正在接受高等教育的人口,$p_{i5}(t)$ 是指常住人口总量。

数据来源:高等教育人口数据来源与指标 2 相同,常住人口数据来源于历年统计年鉴。

6. 15 岁及以上人才资源率

15 岁及以上人才资源率是指在 15 岁及以上常住人口中的人才资源占比情况,该指标是对人才资源率指标的细化,增加了年龄结构因素。该指标可以从人才年龄结构角度较全面地衡量高水平人才高地人才的发展状况。计算公式如下:

$$x_{i6}(t) = \frac{a_{i6}(t) + b_{i6}(t) + \cdots + n_{i6}(t)}{p_{i6}(t)} \times 100\% \qquad (2-9)$$

其中，$a_{i6}(t)$，$b_{i6}(t)$，…，$n_{i6}(t)$ 指具体某一类别的人才资源总量，$p_{i6}(t)$ 是指 15 岁及以上常住人口总量。

数据来源：人才资源总量数据来源与指标 1 相同，15 岁及以上常住人口数据根据全国人口普查的长表数据进行推算。

7. 15 岁及以上高等教育人口比例

15 岁及以上高等教育人口比例是指在 15 岁及以上常住人口中的高等教育人口占比，该指标是对高等教育人口比例的细化，增加了年龄结构因素。该指标可以从人才年龄结构角度较全面地衡量高水平人才高地人才的发展状况。计算公式如下：

$$x_{i7}(t) = \frac{a_{i7}(t) + b_{i7}(t)}{p_{i7}(t)} \times 100\% \qquad (2-10)$$

其中，$a_{i7}(t)$ 是指接受过高等教育的人口，$b_{i7}(t)$ 是指正在接受高等教育的人口，$p_{i7}(t)$ 是指 15 岁及以上常住人口总量。

数据来源：高等教育人口数据来源与指标 2 相同；15 岁及以上常住人口数据根据全国人口普查的长表数据进行推算。

8. 每万人 R&D 人员全时当量

每万人 R&D 人员全时当量是每万常住人口对应的 R&D 人员全时当量。该指标反映了单位人口中从事 R&D 工作人员的全时当量，是衡量高水平人才高地中人才质量的重要指标。计算公式如下：

$$x_{i8}(t) = \frac{a_{i8}(t) + b_{i8}(t)}{p_{i8}(t)/10000} \qquad (2-11)$$

其中，$a_{i8}(t)$ 是指 R&D 全时人员工作量，$b_{i8}(t)$ 是指 R&D 非全时人员按实际工作时间折算的工作量，$p_{i8}(t)$ 是指常住人口总量。

数据来源：R&D 人员全时当量数据来源与指标 3 相同；常住人口数据来源于历年统计年鉴。

9. 具有硕士及以上学历人才比例

具有硕士及以上学历人才比例是指在高等教育人口中具有硕士和博士受教育程度人口的比例。该指标是衡量高水平人才高地中人才质量的重要指标。计算公式如下：

$$x_{i9}(t) = \frac{a_{i9}(t) + b_{i9}(t)}{p_{i9}(t)} \times 100\% \qquad (2-12)$$

其中，$a_{i9}(t)$ 是指具有硕士受教育程度人口总量，$b_{i9}(t)$ 是指具有博士受教育程度人口总量，$p_{i9}(t)$ 是指高等教育人口总量。

数据来源：2010 年和 2020 年的硕士和博士受教育程度人口通过整理 2010 年第六次全国人口普查和 2020 年第七次全国人口普查中的数据获得，2015 年的数据通过整理 2015 年 1% 人口抽样调查数据获得，其他年份估算；高等教育人口数据来源与指标 2 相同。

10. 人才资本占人力资本比例

人才资本占人力资本比例是指人才在就业人口中的占比。该指标是衡量高水平人才高地中人才质量的重要指标。计算公式如下：

$$x_{i10}(t) = \frac{a_{i10}(t) + b_{i10}(t) + \cdots + n_{i10}(t)}{p_{i10}(t)} \times 100\% \qquad (2-13)$$

其中，$a_{i10}(t)$，$b_{i10}(t)$，$\cdots$，$n_{i10}(t)$ 指具体某一类别的人才资源总量，$p_{i10}(t)$ 指就业人口总量。

数据来源：人才资源总量数据来源与指标 1 相同，上海、北京和珠三角 9 市的就业人口总量数据来源于历年统计年鉴，香港和澳门的就业人口总量数据来源于历年《中国劳动统计年鉴》。

11. 人才密度

人才密度是单位土地面积的人才资源情况。该指标是衡量高水平人才分布集聚度的重要指标。计算公式如下：

$$x_{i11}(t) = \frac{a_{i11}(t) + b_{i11}(t) + \cdots + n_{i11}(t)}{S_{i11}(t)} \qquad (2-14)$$

其中，$a_{i11}(t)$，$b_{i11}(t)$，…，$n_{i11}(t)$ 指具体某一类别的人才资源总量，$S_{i11}(t)$ 是指土地面积。

数据来源：人才资源总量数据来源与指标 1 相同，土地面积数据来自历年统计年鉴。

12. R&D 经费支出占 GDP 比重

R&D 经费支出占 GDP 比重是指用于 R&D 的经费支出占当年 GDP 的比重。该指标是衡量高水平人才高地的人才创新投入相对强度的重要指标。计算公式如下：

$$x_{i12}(t) = \frac{a_{i12}(t)}{e_{i12}(t)} \times 100\% \qquad (2-15)$$

其中，$a_{i12}(t)$ 是指 R&D 经费支出，$e_{i12}(t)$ 是指当年 GDP。

数据来源：北京、上海及各地级市数据来自历年统计年鉴，香港和澳门的数据源自世界银行数据库。

13. R&D 经费支出

R&D 经费支出是指当年用于 R&D 的经费总和。该指标是衡量高水平人才高地的人才创新投入绝对强度的重要指标。

数据来源：北京、上海及各地级市数据来自历年统计年鉴，香港和澳门的数据根据世界银行数据库相关指标进行推算。

14. 每万人才三项专利授权量

每万人才三项专利授权量是每 1 万名人才对应的发明专利、实用新型专利和外观设计专利这三项专利授权量之和。该指标是衡量高水平人才高地的人才创新成果总量的重要指标。计算公式如下：

$$x_{i14}(t) = \frac{a_{i14}(t) + b_{i14}(t) + c_{i14}(t)}{p_{i14}(t)/10000} \qquad (2-16)$$

其中，$a_{i14}(t)$ 指发明专利授权量，$b_{i14}(t)$ 指实用新型专利授权量，$c_{i14}(t)$ 指外观设计专利授权量，$p_{i14}(t)$ 指人才资源总量。

数据来源：三项专利授权量的数据来自历年统计年鉴，人才资源总量数据来源与指标 1 相同。

15. 每万人才发明专利授权量

每万人才发明专利授权量是指每 1 万名人才对应的发明专利授权量。该指标是衡量高水平人才高地的人才创新成果质量的重要指标。计算公式如下：

$$x_{i15}(t) = \frac{a_{i15}(t)}{p_{i15}(t)/10000} \qquad (2-17)$$

其中，$a_{i15}(t)$ 是指发明专利授权量，$p_{i15}(t)$ 是人才资源总量。

数据来源：发明专利授权量的数据来自历年统计年鉴，人才资源总量数据来源与指标 1 相同。

16. PCT 国际专利申请量

PCT 国际专利申请量是指国家知识产权局作为 PCT 专利申请受理局受理的 PCT 专利申请数量。PCT 是专利领域的一项国际合作条约。该指标是衡量高水平人才高地的人才创新国际影响度的重要指标。

数据来源：历年统计年鉴。

17. 国家级重大平台数量

国家级重大平台数量是指国家重点实验室数量和国家工程技术研究中心数量之和。国家重点实验室面向前沿科学、基础科学、工程科学等，开展基础研究、应用基础研究等，推动学科发展，促进技术进步，发挥原始创新能力的引领带动作用。国家工程技术研究中心主要依托于行业、领域科技实力雄厚的重点科研机构、科技型企业或高校，是具有自我良性循环发展机制的科研开发实体。该指标是衡量高水平人才高地的人才创新平台发展状况的重要指标。

数据来源：根据公布的国家重点实验室名单和国家工程技术研究中心名单整理。

18. 人均 GDP

人均 GDP 是用一个地区在核算期（通常是一年）内实现的地区生产总值除以这个地区的常住人口总量得到的，该指标是衡量各地区人民生活水平的一个标准,体现了地区经济发展程度,也是衡量高水平人才高地的经济发展水平的重要指标。

数据来源:历年统计年鉴。

19. 人才经济密度

人才经济密度是单位 GDP 的人才产出情况。该指标是衡量人才与经济关系的重要指标。整体来看,人才经济密度越低,代表着人才使用效益越高。对城市来说,分析人才经济密度需要有长周期眼光,在大力引育人才初期,人才经济密度可能会快速上升,但中后期随着人才发挥作用,人才经济密度可能会下降,因此,人才经济密度也可以作为衡量城市人才使用效益(用有所成的程度)的重要指标。计算公式如下:

$$x_{i19}(t) = \frac{a_{i19}(t) + b_{i19}(t) + \cdots + n_{i19}(t)}{e_{i19}(t)} \quad (2-18)$$

其中,$a_{i19}(t)$,$b_{i19}(t)$,$\cdots$,$n_{i19}(t)$ 指具体某一类别的人才资源总量,$e_{i19}(t)$ 是指 GDP。

数据来源:人才资源总量数据来源与指标1相同,GDP 数据来自历年统计年鉴。

20. 人均地方一般公共预算收入

人均地方一般公共预算收入是用地方财政参与社会产品分配所取得的收入除以这个地区的常住人口总量得到的,人均地方一般公共预算收入是地方政府行使职能的财力保证,也是衡量高水平人才高地的人才经济发展水平的重要指标。

数据来源:历年统计年鉴。

21. 第三产业比重

第三产业比重是指当年第三产业产值占 GDP 的比量。第三产业即服务业,是指除第一产业、第二产业以外的其他行业。该指标代表人才与产业之间的关联度,一般而言,第三产业比重越高,对人才的需求量相对越大。

数据来源：历年统计年鉴。

22. 每万人口基础教育专任教师数

每万人口基础教育专任教师数是指在每万常住人口中基础教育（学前、小学、初中）专任教师的数量。该指标代表着地方公共教育发展水平和能力，此指标值越高，代表着公共教育服务水平越高，对人才发展越有利。

数据来源：历年统计年鉴。

23. 每千人口医疗卫生机构床位数

每千人口医疗卫生机构床位数是指在每千常住人口中医疗卫生机构床位的数量。该指标代表着地方公共医疗卫生水平和能力，此指标值越高，代表着公共医疗卫生水平越高，对人才发展越有利。

数据来源：历年统计年鉴。

24. 房价收入比

房价收入比是国际上通用的用来衡量一个城市的房价高低的指标。该指标是用住宅套价的中值除以家庭年收入的中值得到的。在实际计算中，受数据来源的限制，一般采用平均房价与城镇人均可支配收入的比值来代替。该指标代表着城市房价与收入的关系，房价收入比越高，购房难度越大，人才居住成本越高，越不利于人才发展。

数据来源：历年统计年鉴。

25. 人才治理能力评价

人才治理能力评价综合反映城市对人才的"引育留用评"能力。本指标数值采用专家评分法获得。分数越高，人才治理能力越强，越有利于人才发展。

数据来源：专家评分。

26. "××人才"全网搜索指数

"××人才"全网搜索指数是基于大数据手段来衡量人才治理能力的重要指标。搜索指数越高，代表着城市人才受关注度越高，人才发展总体水平越高，越有利于人才发展。

数据来源：百度指数中的全网搜索指数。

第三节 粤港澳大湾区高水平人才高地指数分析

按前述计量方法，本节以指数形式全面描绘粤港澳大湾区及其区域内的 11 个城市的高水平人才高地发展情况。

一 粤港澳大湾区高水平人才高地指数

粤港澳大湾区高水平人才高地指数是一个综合指数，综合反映粤港澳大湾区人才内部发展水平和人才外部平衡水平。

（一）高水平人才高地指数几乎逐年提升

2010[①]~2021 年，粤港澳大湾区高水平人才高地指数几乎是逐年提升，人才整体发展情况不断得到优化。从计量结果看，高水平人才高地指数从 2010 年的 85.31 提升到 2021 年的 91.87，提高了 6.56。从变化趋势来看，除了 2017 年略有回落，粤港澳大湾区高水平人才高地指数整体呈稳定提升趋势（见图 2-3）。

（二）发展指数稳步提升

2010~2021 年，粤港澳大湾区高水平人才高地发展指数变化趋势与总指数相同，人才内部发展水平显著提升。从计量结果看，高水平人才高地发展指数从 2010 年的 40.05 提升到 2021 年的 43.40，提高了 3.35。从变化趋势来看，除了 2017 年略有回落，粤港澳大湾区高水平人才高地发展指数整体呈稳定提升趋势（见图 2-4）。

从发展指数的内部构成来看，对高水平人才高地人才内部发展水平

---

① 粤港澳大湾区作为一个区域概念虽然较早就有学者研究，但正式提出是在 2016 年前后。2019 年 2 月 18 日，中共中央、国务院印发《粤港澳大湾区发展规划纲要》，粤港澳大湾区概念正式成形。本书将粤港澳大湾区的历史数据追溯至 2010 年，是为了更好展现其演变过程。下同。

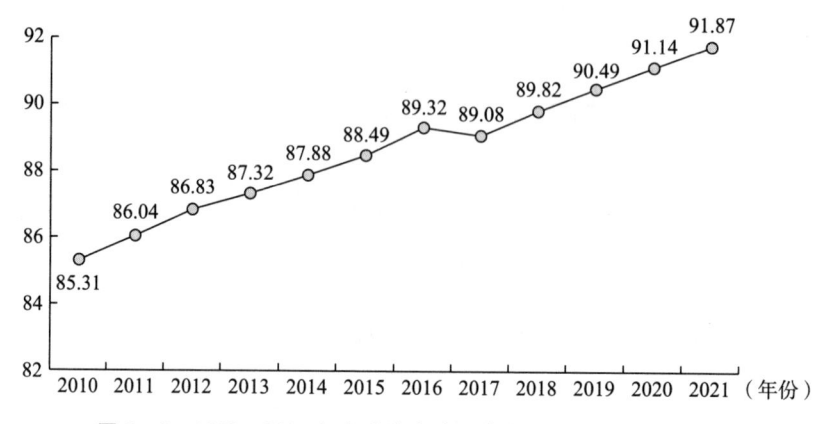

图 2-3 2010~2021 年粤港澳大湾区高水平人才高地指数变化

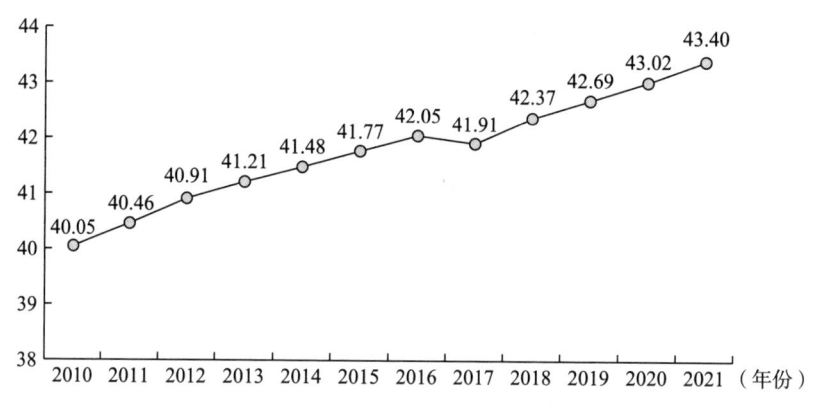

图 2-4 2010~2021 年粤港澳大湾区高水平人才高地发展指数变化

提升贡献较大的是人才规模指数和人才结构指数,2010~2021 年,这两个指数分别提升了 1.60 和 1.17。综合来看,粤港澳大湾区高水平人才高地的人才内部发展仍以规模扩大和结构优化为主导,人才质量提升和分布优化的进展不明显(见表 2-4、图 2-5)。

表 2-4 2010~2021 年粤港澳大湾区高水平人才高地发展指数及其内部构成指数情况

年份	发展指数	人才规模指数	人才结构指数	人才质量指数	人才分布指数
2010	40.05	12.08	14.75	10.66	2.55
2011	40.46	12.22	14.94	10.75	2.56

续表

年份	发展指数	人才规模指数	人才结构指数	人才质量指数	人才分布指数
2012	40.91	12.39	15.12	10.85	2.56
2013	41.21	12.50	15.30	10.86	2.56
2014	41.48	12.58	15.47	10.87	2.56
2015	41.77	12.69	15.62	10.90	2.56
2016	42.05	12.80	15.75	10.93	2.57
2017	41.91	12.94	15.47	10.93	2.57
2018	42.37	13.21	15.56	11.03	2.57
2019	42.69	13.35	15.68	11.08	2.57
2020	43.02	13.51	15.78	11.16	2.58
2021	43.40	13.68	15.92	11.22	2.58

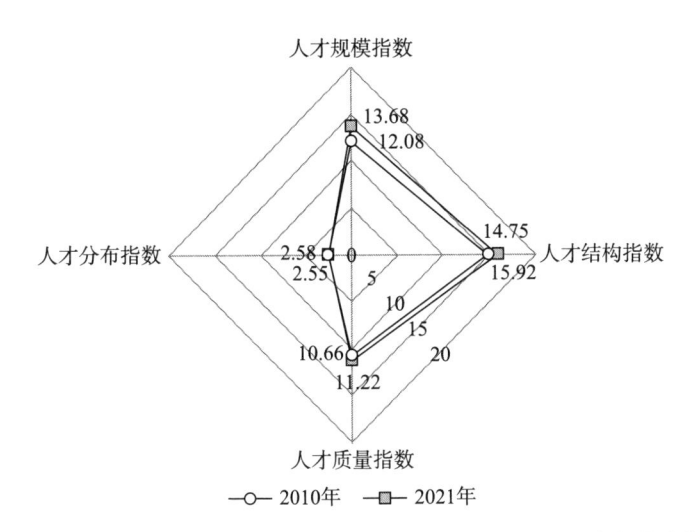

图 2-5 2010 年和 2021 年粤港澳大湾区高水平人才高地发展指数内部构成指数比较

（三）平衡指数稳步提升

2010~2021 年，粤港澳大湾区高水平人才高地平衡指数变化趋势与总指数相同，人才外部平衡水平显著提升。从计量结果看，高水平人才高地平衡指数从 2010 年的 45.26 提升到 2021 年的 48.47，提高了 3.21。从变化趋势来看，除了 2017 年略有回落，粤港澳大湾区高水平人才高地平衡指数整体呈稳定提升趋势（见图 2-6）。

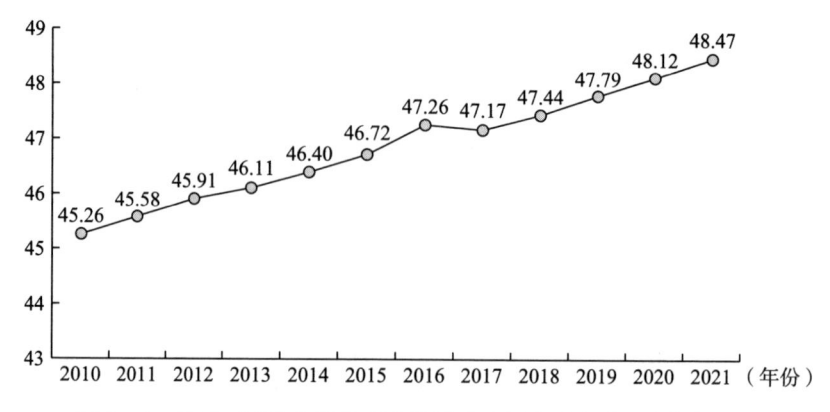

```
49 ┤
48 ┤                                                          48.12  48.47
47 ┤                                47.26  47.17  47.44  47.79
46 ┤              45.91  46.11  46.40  46.72
45 ┤  45.26  45.58
44 ┤
43 ┤
   2010  2011  2012  2013  2014  2015  2016  2017  2018  2019  2020  2021 （年份）
```

图 2-6　2010~2021 年粤港澳大湾区高水平人才高地平衡指数变化

从平衡指数的内部构成来看，对高水平人才高地的人才外部平衡水平提升贡献较大的是创新能力指数，2010~2021 年，该指数提升了 2.15。综合来看，粤港澳大湾区高水平人才高地的人才外部发展（表现为人才外部平衡水平提升）以创新能力提升为显著特征，2010~2021 年人才创新能力逐年提升，与高水平人才高地建设紧密相关的经济水平、服务环境和治理能力等要素支撑仍需强化（见表 2-5、图 2-7）。

表 2-5　2010~2021 年粤港澳大湾区高水平人才高地平衡指数及其内部构成指数情况

年份	平衡指数	创新能力指数	经济水平指数	服务环境指数	治理能力指数
2010	45.26	22.61	7.86	9.64	5.15
2011	45.58	22.77	7.87	9.72	5.22
2012	45.91	22.93	7.88	9.81	5.29
2013	46.11	23.00	7.90	9.84	5.37
2014	46.40	23.17	7.91	9.88	5.44
2015	46.72	23.37	7.91	9.92	5.52
2016	47.26	23.65	7.94	10.08	5.59
2017	47.17	23.87	7.93	9.71	5.67
2018	47.44	24.05	7.93	9.72	5.74
2019	47.79	24.26	7.94	9.77	5.82
2020	48.12	24.52	7.93	9.78	5.89
2021	48.47	24.76	7.95	9.80	5.97

创新能力指数
24.76
22.61

治理能力指数 5.97　　7.95 经济水平指数
5.15　　7.86

9.80　9.64

服务环境指数
—○— 2010年　—■— 2021年

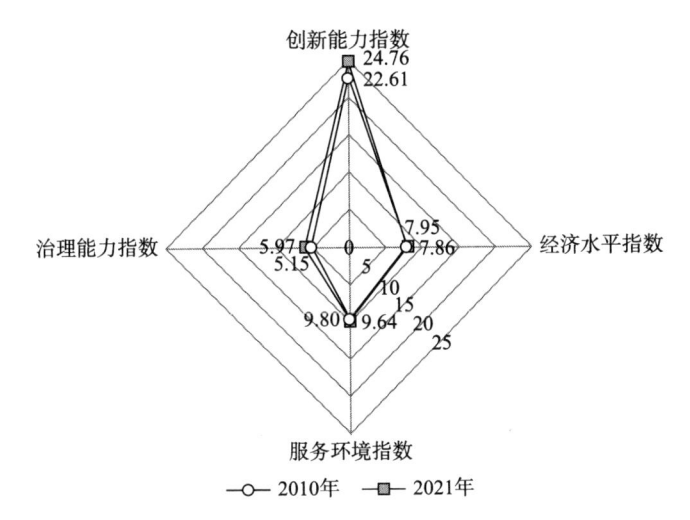

图 2-7　2010 年和 2021 年粤港澳大湾区高水平人才高地平衡指数内部构成指数比较

二　粤港澳大湾区各城市高水平人才高地指数

从粤港澳大湾区城市来看，高水平人才高地指数是反映区域内城市人才竞合关系的重要指数，也是动态反映区域内各城市高水平人才高地人才发展优劣势的重要指数。

（一）高水平人才高地指数的城市分布呈现圈层格局

从粤港澳大湾区高水平人才高地指数的城市分布来看，粤港澳大湾区城市人才分布与粤港澳大湾区城市空间布局基本吻合，呈现以广州、深圳、香港和澳门为中心城市，其他城市为重要节点城市的圈层格局。具体来看，2021 年，高水平人才高地指数的城市分布分为三个圈层。第一圈层包括深圳和广州 2 个城市，指数值大于 88，这个圈层发挥着"领头雁""火车头"作用。第二圈层包括珠海、香港、澳门、东莞、佛山、中山 6 个城市，指数值为 85~88，这个圈层的城市人才发展各具特色，是高水平人才高地的重要支撑。第三圈层包括惠州、江门和肇庆 3 个城市，指数值在 85 以下，人才发展水平相对较低（见图 2-8）。

（二）高水平人才高地指数的城市位序结构相对稳定

指数的位序结构是动态反映城市发展变化的重要指标。2010~2021

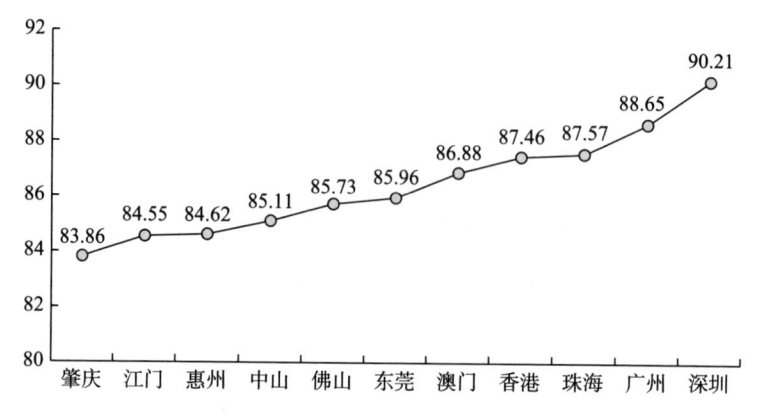

图 2-8 2021年粤港澳大湾区各城市高水平人才高地指数

年,粤港澳大湾区各城市高水平人才高地指数的位序结构总体保持相对稳定,部分城市有进退。计量结果表明,2010~2021年,高水平人才高地指数的相对位序上升的有深圳、珠海、东莞和惠州4个城市(见表2-6)。需要说明的是,部分城市位序下降,并非城市人才发展水平下降,而是相对于粤港澳大湾区内其他城市来说,其进步速度相对缓慢。

表 2-6 2010~2021年粤港澳大湾区各城市高水平人才高地指数的位序结构

年份	深圳	广州	珠海	香港	澳门	东莞	佛山	中山	惠州	江门	肇庆
2010	3	2	4	1	5	8	7	6	10	9	11
2011	1	2	4	3	5	8	7	6	9	10	11
2012	1	2	4	3	5	8	7	6	9	10	11
2013	1	2	4	3	5	8	7	6	9	10	11
2014	1	2	4	3	5	8	7	6	9	10	11
2015	1	2	3	4	5	8	7	6	9	10	11
2016	1	2	3	4	5	8	7	6	9	10	11
2017	1	2	4	3	5	8	6	7	9	10	11
2018	1	2	4	3	5	7	6	8	9	10	11
2019	1	2	5	3	4	6	7	8	10	9	11
2020	1	2	4	3	5	6	7	8	9	10	11
2021	1	2	3	4	5	6	7	8	9	10	11

(三) 高水平人才高地发展指数的城市差异扩大

从高水平人才高地发展指数来看，城市差异整体呈扩大趋势，城市人才内部发展水平的分化加剧。2010 年，粤港澳大湾区各城市的高水平人才高地发展指数方差为 1.18，到 2021 年增加到 1.92，虽然中间有明显波动，但 2017 年下降后立刻又开始持续提升（见图 2-9）。从变化量来看，发展指数增量较大的城市依次为深圳、澳门、东莞、广州、珠海和惠州，分别提升了 2.80、2.76、2.25、1.97、1.77 和 1.66（见表 2-7、图 2-10）。

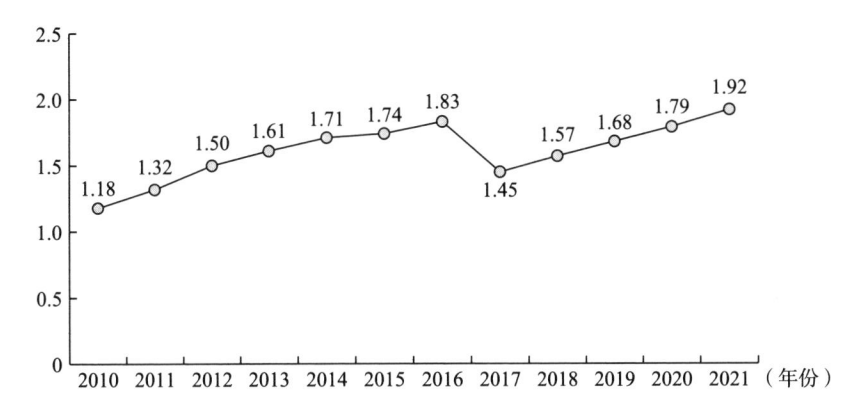

图 2-9　2010~2021 年粤港澳大湾区各城市高水平人才高地发展指数方差

表 2-7　2010~2021 年粤港澳大湾区各城市高水平人才高地发展指数

年份	深圳	广州	珠海	香港	澳门	东莞	佛山	中山	惠州	江门	肇庆
2010	40.07	40.26	39.29	40.39	39.00	38.09	38.07	38.37	37.69	37.47	37.78
2011	40.54	40.64	39.68	40.51	39.29	38.35	38.31	38.67	37.91	37.62	37.91
2012	41.16	40.99	40.02	40.62	39.55	38.62	38.56	38.99	38.13	37.77	38.04
2013	41.44	41.27	40.21	40.75	39.79	38.84	38.73	39.25	38.28	37.89	38.14
2014	41.73	41.50	40.47	40.88	40.02	39.05	38.88	39.45	38.43	38.04	38.26
2015	41.89	41.78	40.67	41.01	40.27	39.25	39.01	39.68	38.63	38.16	38.45
2016	42.22	41.86	40.83	41.14	40.55	39.48	39.14	39.86	38.88	38.25	38.47
2017	41.53	41.35	40.42	41.25	40.71	39.19	38.97	39.44	38.73	38.37	38.59
2018	42.01	41.52	40.59	41.36	40.96	39.51	39.11	39.54	38.91	38.53	38.70
2019	42.32	41.74	40.69	41.51	41.18	39.72	39.31	39.66	38.98	38.69	38.81

续表

年份	深圳	广州	珠海	香港	澳门	东莞	佛山	中山	惠州	江门	肇庆
2020	42.55	41.97	40.81	41.71	41.43	39.97	39.38	39.85	39.25	38.79	38.82
2021	42.87	42.23	41.06	41.87	41.76	40.34	39.53	40.01	39.35	38.96	39.05

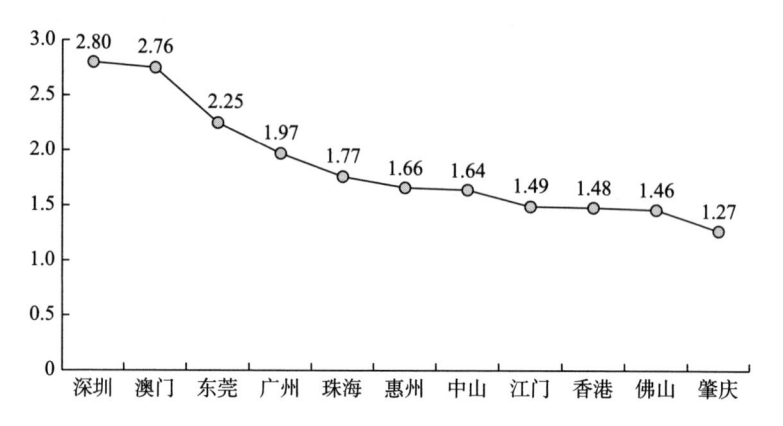

图 2-10　2010~2021 年粤港澳大湾区各城市高水平人才高地发展指数增量

（四）高水平人才高地平衡指数的城市差异较小

从高水平人才高地平衡指数来看，城市差异较小，且变动不大。2010 年，粤港澳大湾区区域内各城市的高水平人才高地平衡指数方差为 0.24，且一直保持类似水平到 2017 年，从 2018 年起方差变大，到 2021 年时增加到 0.58（见图 2-11）。综合比较城市的发展指数和平衡指数的离散程度可知，在 2018 年之前，城市间高水平人才高地指数的差异主要由发展指数贡献，平衡指数贡献较小，但从 2018 年起，平衡指数的贡献逐步增大，这种变化在实践中意味着城市人才综合发展正由人才发展内部规律主导向人才发展内外部规律协同推进转变，高水平人才高地建设正由"量的累积"走向"质的飞跃"，人才工作开始更多地关注人才创新、人才效益、人才服务和人才治理等。从变化量来看，平衡指数增量较大的城市依次为深圳、珠海、佛山、东莞、广州和江门，分别提升了 2.26、1.92、1.60、1.54、1.50 和 1.42（见表 2-8、图 2-12）。

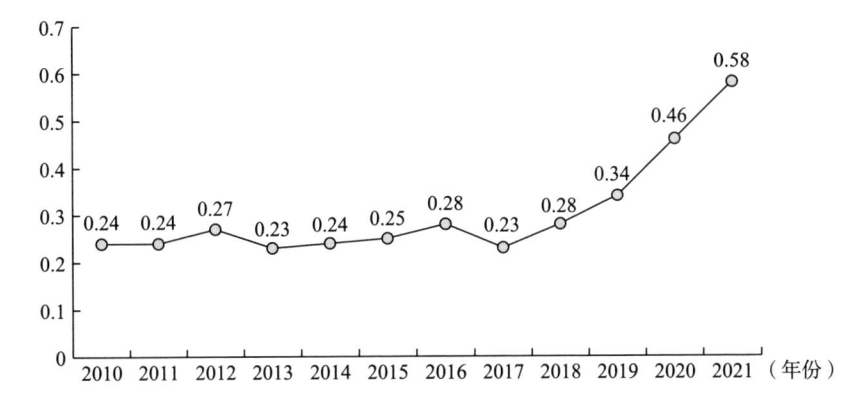

图 2-11　2010~2021 年粤港澳大湾区各城市高水平人才高地平衡指数方差

表 2-8　2010~2021 年粤港澳大湾区各城市高水平人才高地平衡指数

年份	深圳	广州	珠海	香港	澳门	东莞	佛山	中山	惠州	江门	肇庆
2010	45.08	44.92	44.60	45.11	44.78	44.08	44.60	44.38	43.91	44.17	43.63
2011	45.30	45.11	44.78	45.17	45.08	44.26	44.83	44.54	44.13	44.35	43.81
2012	45.64	45.29	45.14	45.26	45.41	44.42	44.89	44.67	44.50	44.50	43.94
2013	45.69	45.38	45.19	45.22	45.40	44.55	44.95	44.82	44.74	44.57	44.02
2014	45.83	45.54	45.36	45.22	45.47	44.59	45.12	44.91	44.80	44.67	44.13
2015	46.05	45.73	45.61	45.16	45.26	44.80	45.40	45.07	44.99	44.84	44.22
2016	46.41	46.04	45.93	45.18	45.35	45.03	45.66	45.30	45.31	45.10	44.54
2017	46.10	45.66	45.67	45.28	45.31	44.82	45.47	44.87	44.86	45.07	44.46
2018	46.31	45.84	45.96	45.25	45.12	45.66	44.91	44.87	45.22	44.52	
2019	46.66	45.96	45.99	45.47	45.51	45.28	45.67	44.86	44.97	45.32	44.61
2020	46.97	46.15	46.30	45.50	45.04	45.34	45.87	44.98	45.05	45.46	44.72
2021	47.34	46.42	46.52	45.58	45.13	45.62	46.20	45.10	45.27	45.59	44.81

综合来看，粤港澳大湾区高水平人才高地建设是一个动态累积过程，是遵循人才发展内外部基本规律的综合结果。从计量结果来看，2010~2021 年，粤港澳大湾区高水平人才高地建设进展良好，高水平人才高地指数从 2010 年的 85.31 提升到 2021 年的 91.87，提高了 6.56，呈稳定提升趋势。从区域内的城市人才发展水平来看，虽然部分城市位序有进有退，但总体格局保持稳定，呈现以深圳和广州为"领头雁"

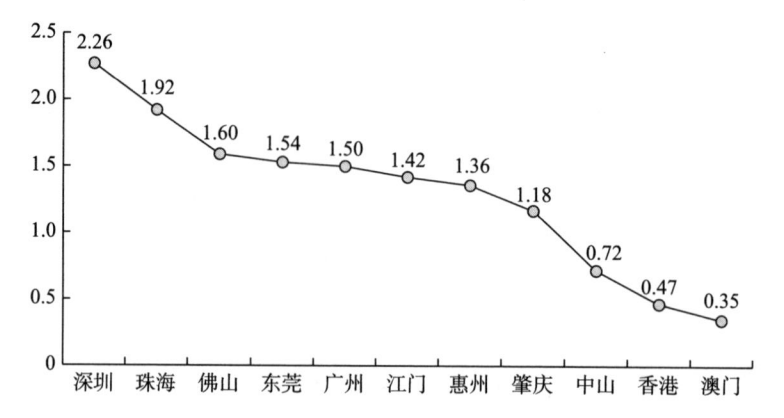

图2-12　2010~2021年粤港澳大湾区各城市高水平人才高地平衡指数增量

的圈层格局。从指数提升的贡献因素来看，粤港澳大湾区高水平人才高地的发展指数提升主要由人才规模扩大和人才结构优化贡献，高水平人才高地的人才内部发展仍以人才规模扩大和结构优化为主导，人才质量提升和分布优化的进展不明显；粤港澳大湾区高水平人才高地的平衡指数提升主要由创新能力提升贡献，高水平人才高地的人才外部发展以创新能力提升为显著特征，与高水平人才高地建设紧密相关的经济水平、服务环境和治理能力等要素支撑仍需强化。城市间高水平人才高地发展指数差异明显大于平衡指数差异，但从2018年起，平衡指数对差异的贡献逐步增大，城市人才综合发展正由人才发展内部规律主导向人才发展内外部规律协同推进转变，高水平人才高地建设正由"量的累积"走向"质的飞跃"。

三　粤港澳大湾区高水平人才高地的优势与不足

为更好地分析粤港澳大湾区高水平人才高地在中国三大高水平人才高地中的优劣势，本部分以指数形式对三大高水平人才高地进行比较，从比较中发现优势和不足，为深化推进粤港澳大湾区高水平人才高地建设提供参考。

（一）指数比较

从高水平人才高地指数（以下简称"总指数"）来看，2010~2021

年，中国三大高水平人才高地总指数整体均呈稳定上升态势，但增量不一（见表2-9）。粤港澳大湾区总指数增量最大，达到6.56，北京居第2位，为6.11，上海居第3位，为4.64（见图2-13）。

表2-9 2010~2021年中国三大高水平人才高地总指数

年份	粤港澳大湾区	北京	上海
2010	85.31	87.39	85.73
2011	86.04	87.95	86.07
2012	86.83	88.46	86.38
2013	87.32	88.85	86.59
2014	87.88	89.26	86.86
2015	88.49	89.92	87.24
2016	89.32	90.70	87.69
2017	89.08	90.97	88.16
2018	89.82	91.41	88.58
2019	90.49	92.39	89.35
2020	91.14	92.84	89.80
2021	91.87	93.50	90.37

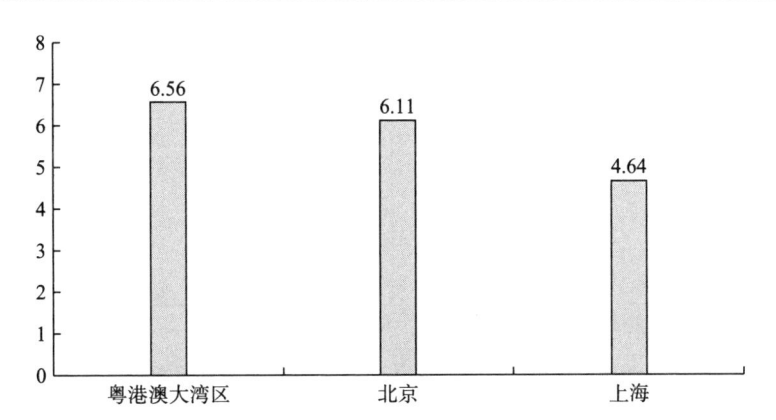

图2-13 2010~2021年中国三大高水平人才高地的总指数增量比较

从高水平人才高地发展指数来看，2010~2021年，中国三大高水平人才高地的发展指数整体均呈稳定上升态势，但增量不一（见表2-10）。北京发展指数增量最大，达到3.39，粤港澳大湾区居第2位，为3.35，上海居第 3 位，为 2.37（见图 2-14）。

表 2-10　2010~2021 年中国三大高水平人才高地的发展指数

年份	粤港澳大湾区	北京	上海
2010	40.05	40.69	40.30
2011	40.46	41.01	40.41
2012	40.91	41.31	40.54
2013	41.21	41.58	40.67
2014	41.48	41.86	40.79
2015	41.77	42.16	40.91
2016	42.05	42.92	41.16
2017	41.91	43.10	41.40
2018	42.37	43.27	41.64
2019	42.69	43.55	42.13
2020	43.02	43.87	42.42
2021	43.40	44.08	42.67

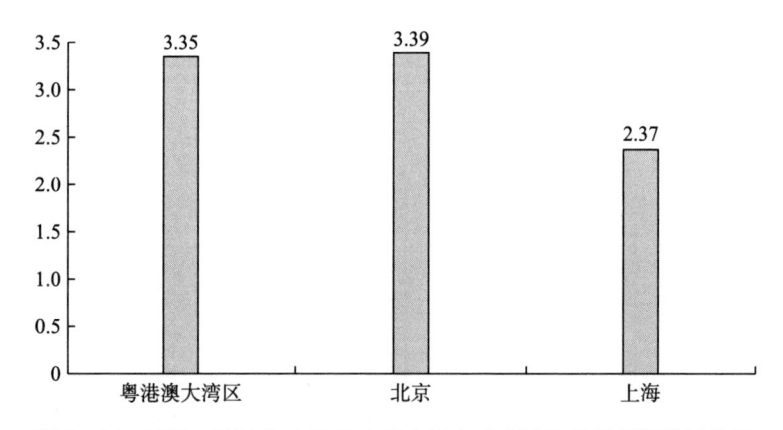

图 2-14　2010~2021 年中国三大高水平人才高地的发展指数增量比较

从高水平人才高地平衡指数来看，2010~2021 年，中国三大高水平人才高地的平衡指数整体均呈稳定上升态势，但增量不一（见表 2-11）。粤港澳大湾区平衡指数增量最大，达到 3.21，北京居第 2 位，为 2.72，上海居第 3 位，为 2.27（见图 2-15）。

表 2-11　2010~2021 年中国三大高水平人才高地的平衡指数

年份	粤港澳大湾区	北京	上海
2010	45.26	46.70	45.43
2011	45.58	46.95	45.66
2012	45.91	47.15	45.85
2013	46.11	47.26	45.92
2014	46.40	47.40	46.07
2015	46.72	47.76	46.34
2016	47.26	47.78	46.53
2017	47.17	47.87	46.76
2018	47.44	48.14	46.95
2019	47.79	48.84	47.22
2020	48.12	48.97	47.38
2021	48.47	49.42	47.70

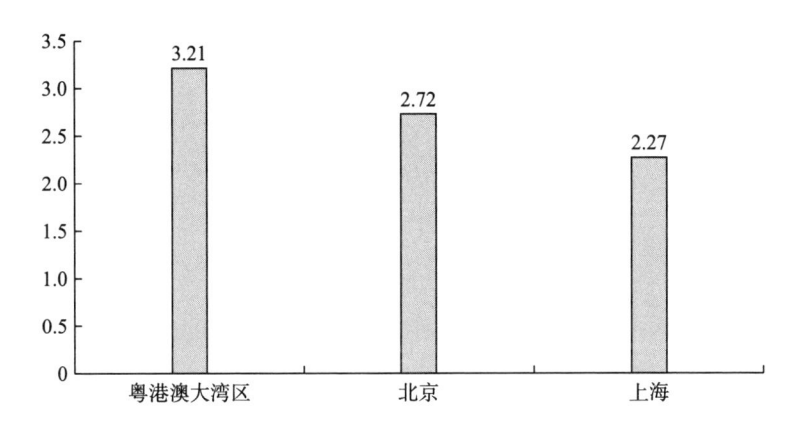

图 2-15　2010~2021 年中国三大高水平人才高地的平衡指数增量比较

（二）优势领域

1. 人才规模指数

2021 年，粤港澳大湾区人才规模指数为 13.68，明显高于北京的 12.02 和上海的 11.89。从演变过程来看，2010~2021 年，粤港澳大湾区人才规模指数一直居领先位置，且增量也最大，达到 1.60，各类人才向粤港澳大湾区集聚的态势明显（见表 2-12、图 2-16）。

表 2-12 2010~2021 年中国三大高水平人才高地的人才规模指数

年份	粤港澳大湾区	北京	上海
2010	12.08	11.53	11.47
2011	12.22	11.58	11.49
2012	12.39	11.63	11.52
2013	12.50	11.66	11.55
2014	12.58	11.70	11.57
2015	12.69	11.73	11.59
2016	12.80	11.80	11.62
2017	12.94	11.84	11.65
2018	13.21	11.86	11.68
2019	13.35	11.93	11.80
2020	13.51	11.98	11.85
2021	13.68	12.02	11.89

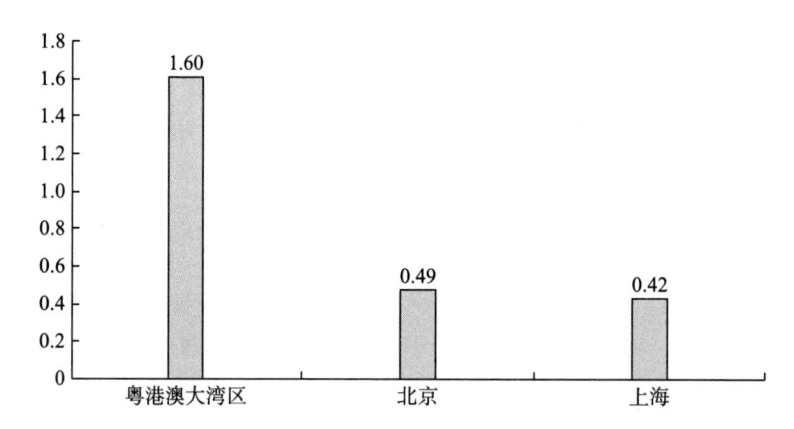

图 2-16 2010~2021 年中国三大高水平人才高地的人才规模指数增量比较

2. 治理能力指数

2021 年，粤港澳大湾区治理能力指数为 5.97，高于北京的 5.44 和上海的 5.53。从演变过程来看，2010~2021 年，粤港澳大湾区治理能力指数提升明显，增量最大，达到 0.82，粤港澳大湾区人才治理能力得到较大提升（见表 2-13、图 2-17）。

表 2-13　2010~2021 年中国三大高水平人才高地的治理能力指数

年份	粤港澳大湾区	北京	上海
2010	5.15	5.14	5.16
2011	5.22	5.17	5.19
2012	5.29	5.19	5.23
2013	5.37	5.22	5.26
2014	5.44	5.25	5.30
2015	5.52	5.28	5.33
2016	5.59	5.30	5.36
2017	5.67	5.33	5.40
2018	5.74	5.36	5.43
2019	5.82	5.39	5.47
2020	5.89	5.42	5.50
2021	5.97	5.44	5.53

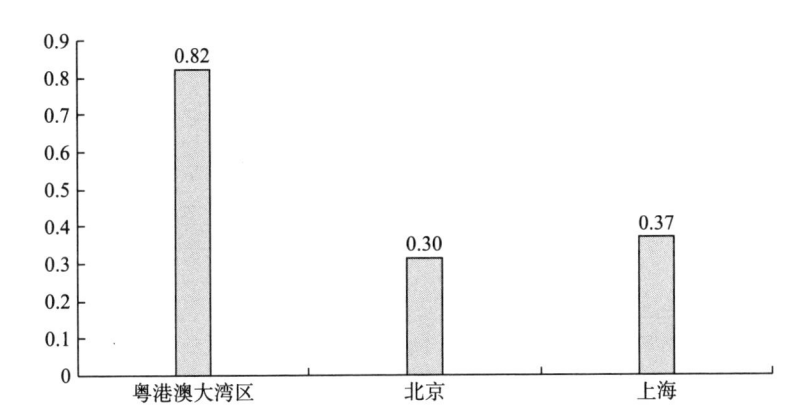

图 2-17　2010~2021 年中国三大高水平人才高地的治理能力指数增量比较

3. 创新能力指数

2021 年，粤港澳大湾区创新能力指数为 24.76，高于上海的 23.90，低于北京的 25.87。从演变过程来看，2010~2021 年，粤港澳大湾区创新能力指数提升明显，增量最大，达到 2.15，粤港澳大湾区人才创新能力得到明显提升（见表 2-14、图 2-18）。

表 2-14　2010~2021 年中国三大高水平人才高地的创新能力指数

年份	粤港澳大湾区	北京	上海
2010	22.61	23.95	22.68
2011	22.77	24.07	22.81
2012	22.93	24.19	22.91
2013	23.00	24.21	22.92
2014	23.17	24.25	22.97
2015	23.37	24.53	23.13
2016	23.65	24.54	23.21
2017	23.87	24.56	23.29
2018	24.05	24.72	23.40
2019	24.26	25.30	23.56
2020	24.52	25.51	23.68
2021	24.76	25.87	23.90

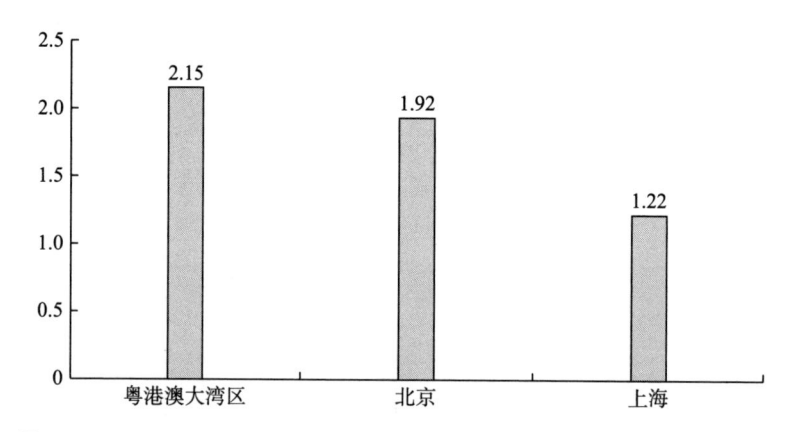

图 2-18　2010~2021 年中国三大高水平人才高地的创新能力指数增量比较

4. 人才分布指数

2021 年，粤港澳大湾区人才分布指数为 2.58，与北京持平，低于上海的 2.64。人才分布指数是衡量三大高水平人才高地内部人才分布均衡性的指标，人才分布指数越低，代表着内部人才分布越均衡，越有益于高水平人才高地建设。从演变过程来看，2010~2021 年，中国三大高水平人才高地的人才分布指数保持相对稳定，增量很小，仅为

0.03（见表2-15、图2-19）。

表2-15 2010~2021年中国三大高水平人才高地的人才分布指数

年份	粤港澳大湾区	北京	上海
2010	2.55	2.55	2.60
2011	2.56	2.55	2.60
2012	2.56	2.56	2.60
2013	2.56	2.56	2.61
2014	2.56	2.56	2.61
2015	2.56	2.56	2.61
2016	2.57	2.57	2.62
2017	2.57	2.57	2.62
2018	2.57	2.58	2.63
2019	2.57	2.58	2.63
2020	2.58	2.58	2.64
2021	2.58	2.58	2.64

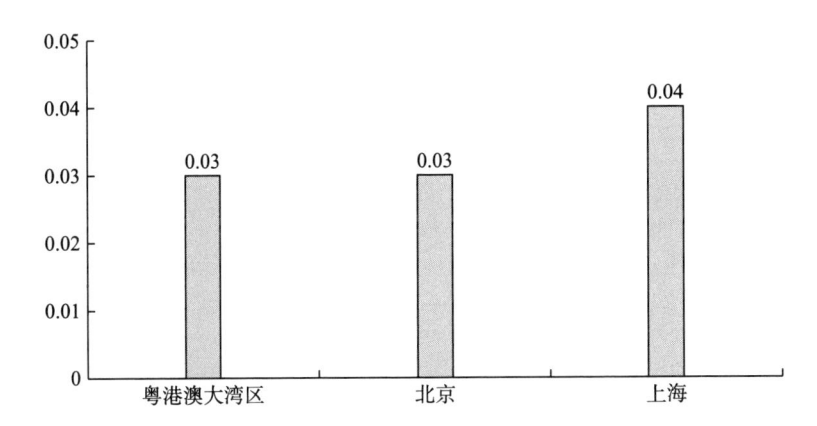

图2-19 2010~2021年中国三大高水平人才高地的人才分布指数增量比较

（三）短板领域

1. 人才质量指数

2021年，粤港澳大湾区人才质量指数为11.22，低于北京的12.30和上海的11.97。从演变过程来看，2010~2021年，粤港澳大湾区人才质量指数提升较缓慢，增量最小，仅为 0.56，人才质量短板亟待补齐（见表 2-16、图 2-20）。

表 2-16　2010~2021 年中国三大高水平人才高地的人才质量指数

年份	粤港澳大湾区	北京	上海
2010	10.66	11.21	11.05
2011	10.75	11.37	11.10
2012	10.85	11.51	11.15
2013	10.86	11.63	11.19
2014	10.87	11.74	11.22
2015	10.90	11.84	11.24
2016	10.93	12.01	11.34
2017	10.93	12.03	11.42
2018	11.03	12.04	11.51
2019	11.08	12.12	11.75
2020	11.16	12.25	11.86
2021	11.22	12.30	11.97

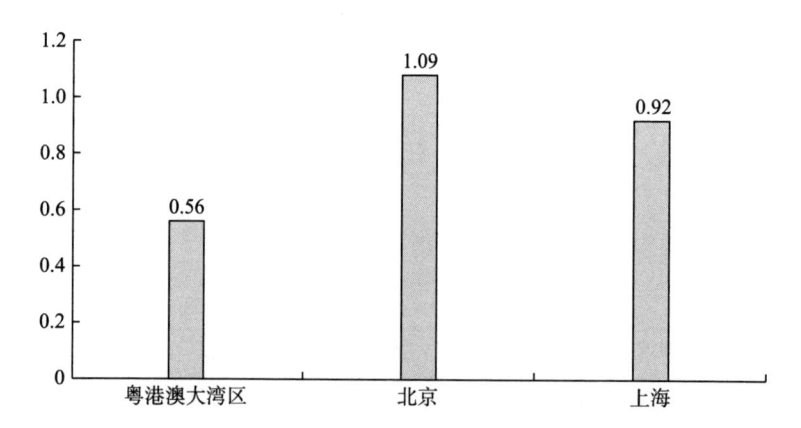

图 2-20　2010~2021 年中国三大高水平人才高地的人才质量指数增量比较

2. 人才结构指数

2021 年，粤港澳大湾区人才结构指数为 15.92，低于北京的 17.19 和上海的 16.16。从演变过程来看，2010~2021 年，粤港澳大湾区人才结构指数提升较快,增量为1.17,人才结构持续优化,但整体质量依然偏低(见表2-17、图2-21)。

表2-17 2010~2021年中国三大高水平人才高地的人才结构指数

年份	粤港澳大湾区	北京	上海
2010	14.75	15.39	15.18
2011	14.94	15.50	15.21
2012	15.12	15.62	15.27
2013	15.30	15.74	15.32
2014	15.47	15.87	15.39
2015	15.62	16.03	15.47
2016	15.75	16.53	15.58
2017	15.47	16.65	15.71
2018	15.56	16.79	15.82
2019	15.68	16.92	15.95
2020	15.78	17.06	16.07
2021	15.92	17.19	16.16

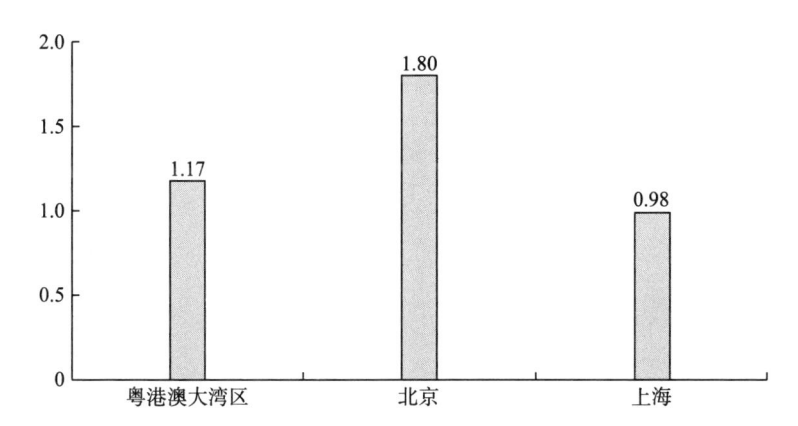

图2-21 2010~2021年中国三大高水平人才高地的人才结构指数增量比较

3. 经济水平指数

2021年,粤港澳大湾区经济水平指数为7.95,低于北京的8.06和上海的8.08。从演变过程来看,2010~2021年,粤港澳大湾区经济水平指数提升缓慢,增量最小,仅为0.09,人才发展的经济支撑相对较弱(见表2-18、图2-22)。

表2-18 2010~2021年中国三大高水平人才高地的经济水平指数

年份	粤港澳大湾区	北京	上海
2010	7.86	7.88	7.81
2011	7.87	7.91	7.84
2012	7.88	7.93	7.86
2013	7.90	7.93	7.88
2014	7.91	7.94	7.91
2015	7.91	7.96	7.94
2016	7.94	7.94	7.98
2017	7.93	7.97	8.01
2018	7.93	8.01	8.03
2019	7.94	8.03	8.04
2020	7.93	8.03	8.04
2021	7.95	8.06	8.08

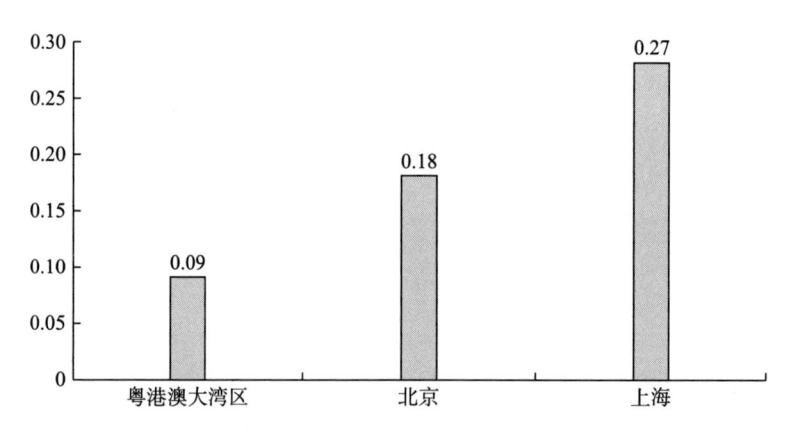

图2-22 2010~2021年中国三大高水平人才高地的经济水平指数增量比较

4. 服务环境指数

2021年,粤港澳大湾区服务环境指数为9.80,低于北京的10.04和上海的10.19。从演变过程来看,2010~2021年,粤港澳大湾区服务环境指数提升缓慢，增量最小，仅为 0.16，与人才发展紧密关联的公共服务供给仍需加强（见表 2-19、图 2-23）。

表 2-19　2010~2021 年中国三大高水平人才高地的服务环境指数

年份	粤港澳大湾区	北京	上海
2010	9.64	9.73	9.78
2011	9.72	9.80	9.82
2012	9.81	9.84	9.85
2013	9.84	9.90	9.85
2014	9.88	9.96	9.89
2015	9.92	9.99	9.94
2016	10.08	10.00	9.97
2017	9.71	10.01	10.07
2018	9.72	10.04	10.09
2019	9.77	10.12	10.15
2020	9.78	10.01	10.17
2021	9.80	10.04	10.19

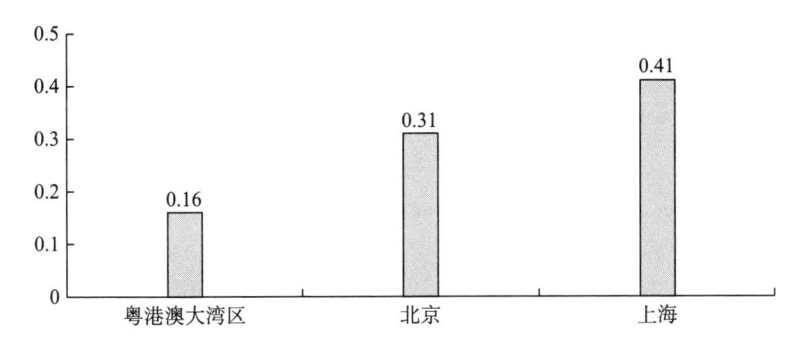

图 2-23　2010~2021 年中国三大高水平人才高地的服务环境指数增量比较

综合来看，2010~2021 年，中国三大高水平人才高地建设进展良好，高水平人才高地建设取得积极成效，形成了北京、粤港澳大湾区和上海三大高水平人才高地并驾齐驱的基本格局。从发展趋势来看，粤港澳大湾区的总指数增量最大。当前，粤港澳大湾区高水平人才高地建设在人才规模和治理能力方面具有显著优势,在创新能力和人才分布方面保持相对优势,在人才质量、人才结构、经济水平和服务环境方面存在短板。建设粤港澳大湾区高水平人才高地,需要扬长补短、综合推进,保持快速追赶状态,努力把粤港澳大湾区建成全球重要人才中心和创新高地的战略支点。

第三章
面向科技前沿，推动创新人才发展

当今世界正在经历百年未有之大变局，科技的竞争越来越聚焦于高端科技创新人才的竞争。为有效应对国际科技竞争，突破"卡脖子"技术困境，实现高水平科技自立自强，建设世界科技强国，我国更加需要培养与发展高水平科技创新人才。习近平总书记在2021年9月27日中央人才工作会议上的重要讲话中强调，"人才是自主创新的关键，顶尖人才具有不可替代性。国家发展靠人才，民族振兴靠人才"[①]。中国要实现高水平科技自立自强，归根结底要靠高水平创新人才。

在新形势下，建设粤港澳大湾区高水平人才高地，首先要服务国家高水平科技自立自强的战略需求，巩固科技创新人才队伍建设在国家创新体系建设中的核心地位，探索符合科技创新发展规律、人才培养和使用规律的创新人才政策体系，促进教育链、人才链、创新链、产业链深度融合发展，激发各类科技创新人才创新活力和潜力，推动创新人才发展，以加快关键核心技术突破，应对日益激烈的国际科技竞争。

---

① 习近平：《深入实施新时代人才强国战略 加快建设世界重要人才中心和创新高地》，《求是》2021年第24期。

第一节 推动创新人才发展的重要意义

一 应对科技革命和产业革命的迫切需要

综观全球，新一轮科技革命和产业变革突飞猛进，科学发展正进入新的大科学时代，全球创新竞争格局深刻变化，以集群为参与形态的全球科技竞争日益激烈。世界经济论坛、联合国教科文组织、麦肯锡全球研究所等机构普遍认为，2025~2030年，各个技术领域将陆续出现革命性突破，甚至有望实现大规模的产业化。本轮科技革命和产业变革正在改变国与国之间的比较优势，以美国为首的部分西方发达国家人为地推动科技脱钩，试图以政治力量强行改变科技运行规律。在此背景下，高水平科技自立自强成为中国建成科技强国和现代化强国的必然选择，科技创新人才已成为决定国家创新能力、影响国家比较优势的第一资源。① 世界科技发展史证明，谁拥有一流创新人才、拥有一流科学家，谁就能在科技创新中占据优势。② 只有紧跟世界科技革命和产业变革的潮流，推动创新人才发展，抢占全球科技创新"制高点"和产业发展先机，才能掌握新一轮科技革命和产业变革的主导权。

二 建设粤港澳大湾区科技创新中心的重要驱动力

从经济增长理论来看，创新人才是一种特殊的经济要素，即其作为人力资源具有重要的核心要素职能，又参与构建代表技术发展水平的指数级系数。③ 可以说，创新人才是经济持续高质量发展的根本动力和保障，是一个国家、地区或城市的核心竞争力。《粤港澳大湾区发展

---

① 张浩良、隋艳颖：《面向2035年：广东创新人才发展形势与应对》，《中国发展》2021年第4期。
② 人民日报评论员：《加快建设国家战略人才力量——论学习贯彻习近平总书记中央人才工作会议重要讲话》，《人民日报》2021年10月2日，第1版。
③ 深圳人才集团、清华大学技术创新研究中心：《中国创新人才指数2021》。

规划纲要》提出要将粤港澳大湾区打造成为具有全球影响力的国际科技创新中心。人才是创新能力的保障,是建设国际科技创新中心的动力源泉。粤港澳大湾区要提升基础研究水平和原始创新能力,需高度集聚重大科技基础设施群、世界一流的科研机构和创新团队、具有竞争力的产业集群,打造有助于创新人才引进、培养、流动的政策环境,为国际科技创新中心建设提供强有力的智力支撑。粤港澳大湾区在广深港澳科技创新走廊等重大区域科技集群建设的带动下,将汇聚与运用更多的国际创新资源和人才资源,获得在创新人才队伍建设方面继续走在全国前列的条件和优势。

三 建设粤港澳大湾区高水平人才高地的重要支撑

习近平总书记在 2021 年 9 月的中央人才工作会议上明确指出:"加快建设世界重要人才中心和创新高地,需要进行战略布局。综合考虑,可以在北京、上海、粤港澳大湾区建设高水平人才高地。"[①] 粤港澳大湾区高水平人才高地建设,一方面要高度契合大湾区世界级城市群和具有全球影响力的国际科技创新中心的战略定位;另一方面要充分发挥人才作为第一资源的作用,通过高水平人才高地的建设,驱动创新发展,引领粤港澳大湾区建设的高质量发展。集聚高水平科技创新人才,持续厚植第一资源优势,按照中央部署积极推动在粤港澳大湾区建设高水平人才高地,深入实施人才强省"五大工程",加快锻造战略人才队伍,构建具有国际竞争力的人才体制机制,用好用活各类人才。

第二节 粤港澳大湾区创新人才发展现状

《粤港澳大湾区发展规划纲要》出台以来,粤港澳大湾区国际科技

---

① 习近平:《深入实施新时代人才强国战略 加快建设世界重要人才中心和创新高地》,《求是》2021 年第 24 期。

创新中心建设迈出实质性步伐，粤港澳科技创新协同深入，创新人才队伍规模不断扩大，创新人才队伍结构不断优化，创新人才流动障碍逐步破除，引育人才的创新平台载体不断丰富，创新服务更加有效，科技创新效能显著提升。

一 粤港澳大湾区创新人才发展整体情况

（一）创新人才队伍规模不断扩大

粤港澳大湾区的区位优势明显、产业门类丰富、创新氛围浓厚，是中国经济发展和对外开放的高地。近年来，大湾区产业转型升级提速，各城市发展的重点纷纷转向科技创新、先进制造业、现代服务业等领域，高新技术企业和新型科研机构数量大幅增加。① 同时，为推动知识密集型经济的发展，各地政府在支持创新和引育人才方面的政策频出。在产业需求和政策推动双重因素的作用下，粤港澳大湾区创新人才的集聚规模不断扩大。2020年，粤港澳大湾区R&D人员全时当量为867781人年，比2010年增加514110人年，年均增长率为9.39%。2020年，粤港澳大湾区高等教育人口为1840.18万人，比2010年增加988.84万人，年均增长率为8.01%。

（二）创新人才队伍结构不断优化

随着创新人才政策的持续完善，创新人才队伍结构不断优化。粤港澳大湾区每万人R&D人员全时当量从2010年的55.50人年增加到2020年的100.43人年，提高44.93人年；高等教育人口比例从2010年的13.36%上升到2020年的21.30%，提高7.94个百分点；具有硕士及以上学历人才的比例从2010年的4.46%提升到2020年的5.41%，提高0.95个百分点。青年科技人才得到更多支持，如2019年广东省自然科学基金面上项目获资助申报人中年龄在31~40岁的青年科研人员占58.63%，杰出青年项目获资助申报人的平均年龄为36.5岁。2023年，

---

① 易云锋、赵超：《如何打造高水平科技创新人才高地》，《中国人才》2022年第9期。

国家自然科学基金评审结果显示,广东省受到资助的青年科学基金项目有65项,较2022年增长4.8%。从国际人才的数量来看,截至2019年底,广东省持有效外国人来华工作许可证的共有47444人,其中有A类外国高端人才10688人。

(三) 创新人才流动障碍逐步破除

创新人才流动障碍逐步破除是大湾区创新体系开放的重要表现。大湾区不断推进创新要素、创新资源对港澳共享开放。支持港澳高校和科研机构参与广东省财政科技计划,省、市科研项目财政资金可以跨境拨付。全面落实大湾区个人所得税优惠政策,对境外高端人才和紧缺人才按15%税率征收个人所得税。截至2021年底,受理税收优惠申请人数累计超过2万人,申请补贴金额超过55亿元。[1] 上述政策极大地促进了港澳人才跨境流动,吸引了一批境外高端人才到粤港澳大湾区创新创业。以数字人才流动情况为例,《粤港澳大湾区数字经济与人才发展研究报告》显示,粤港澳大湾区中深圳对国际数字人才的吸引力最强、保留率最高,数字人才的国际流入流出比达1.68。此外,东莞、佛山、惠州、香港国际数字人才同样处于净流入状态,对国际数字人才也具有较强的吸引力。

(四) 创新平台载体不断丰富

以建设大湾区综合性国家科学中心为重点,初步建设高水平多层次实验室体系。截至2022年4月,粤港澳大湾区拥有两个国家实验室,鹏城实验室加快发展,实现人工智能算力全球领先;广州实验室挂牌建设,在抗击新冠疫情中展现硬核力量。此外,还有10家广东省实验室、30家国家重点实验室以及20家广东与香港、澳门联合实验室,孵化器、众创空间全国最多,构建起由国家实验室、省实验室、国家重点实验室、省重点实验室、粤港澳联合实验室、"一带一路"联合实验室等组成的高水平多层次实验室体系,聚集了众多的国内外院士、科学家以

---

[1] 资料来源:"中国这十年(广东篇)"系列新闻发布会——"双区"建设专场。

及港澳科研机构,推动大湾区原始创新能力持续增强。[①] 初步形成重大科技基础设施集群,推动创新载体沿广深港、广珠澳"两廊"和深圳河套、珠海横琴"两点"布局,以深圳光明科学城、东莞松山湖科学城、广州南沙科学城等重点区域为主阵地,成体系布局建设一批具有世界一流水平的重大科技基础设施。培育一批科技创新型企业集群,全面落实企业研发费用加计扣除政策和高新技术企业税收优惠政策,深入开展高新技术企业"树标提质"行动,培育一批具有核心竞争力的高新技术企业和科技领军企业。2021年,广东省高新技术企业数量超过6万家(全国最多)。支持科技领军企业牵头组建创新联合体,承担国家、省重大科技项目,全力攻克制约产业发展的核心技术难题,有力支撑战略性支柱产业集群和战略性新兴产业集群("双十"产业集群)发展。世界知识产权组织发布的《2022年全球创新指数》报告显示,在全球科技集群100强排名中,截至2022年,深圳-香港-广州科技集群已连续3年排名全球第2,成为全球科技创新的重要枢纽,集聚创新资源的优势突出。

(五)创新服务更加有效

探索形成"港澳高校—港澳科研成果—珠三角转化"的科技产业协同发展模式。广泛集聚海内外创新资源,探索建立符合科研规律和国情省情的科技成果产业化模式初见成效。广东大力推进粤港澳大湾区国家技术创新中心建设,其初步形成"核心战略总部-王牌军-独立团"的技术研发与成果转化"集团军体系",成为全国3个综合类国家技术创新中心之一。积极推进国家大院、大所、央企等在广东布局,聚焦纳米科技、深海深空、集成电路、类脑智能、精准医学等方面的前沿领域,创新管理体制和运营机制,建设了27家高水平创新研究院。与港澳科研力量协同发展的重点是港澳的高校,布局建设国家应用数学中心、大湾区量子科学中心、横琴先进智能计算平台等一批重大创新平

[①] 资料来源:"中国这十年(广东篇)"系列新闻发布会——"双区"建设专场。

台。广东深入推进省部、省院产学研合作,全省建成277家新型研发机构,成为广东区域创新体系建设的生力军。

(六) 科技创新效能显著提升

从创新投入看,粤港澳大湾区的R&D经费支出从2010年的905.35亿元提高到2021年的4053.98亿元,增加3148.63亿元,年均增长率为14.60%;R&D经费支出占GDP的比重从2010年的1.63%上升到2021年的3.21%,提高1.58个百分点。从科技创新绩效看,粤港澳大湾区近年来的发明专利数持续显著增长。2020年,三项专利授权量、发明专利授权量、PCT国际专利申请量分别为63.61万件、6.94万件、2.84万件,分别比2010年增加52.72万件、5.57万件、2.16万件。与国际三大湾区对比来看,2020年粤港澳大湾区发明专利公开量约为36.59万件,分别是纽约湾区、旧金山湾区和东京湾区的7.85倍、5.73倍和2.39倍。[①]

二 粤港澳大湾区创新人才发展的城市比较

(一) 大湾区各城市创新人才队伍规模比较

从粤港澳大湾区各城市R&D人员全时当量来看,2020年排名前3的是深圳、广州、东莞,分别为345780人年、160400人年、108400人年;其次是佛山、惠州、香港、珠海、江门、中山,为24800~72400人年;肇庆、澳门R&D人员全时当量相对较低,仅分别为7668人年、5427人年(见图3-1)。从2010~2020年的变化趋势来看,珠三角内地9市R&D人员全时当量均呈波动上升趋势,香港、澳门呈逐年上升趋势。11年间,惠州增幅最大,从2010年的8360人年,提高到2020年的47400人年,增幅达466.99%;其次是江门、东莞、珠海,增幅分别为304.86%、289.80%、245.40%;佛山、广州、深圳的增幅也超过100%,分别为145.21%、143.11%、119.64%;而澳门、中山、香港、肇庆的增

[①] 易云锋、赵超:《如何打造高水平科技创新人才高地》,《中国人才》2022年第9期。

幅较小，其中肇庆的增幅最小，仅为 38.51%（见图 3-2、表 3-1）。

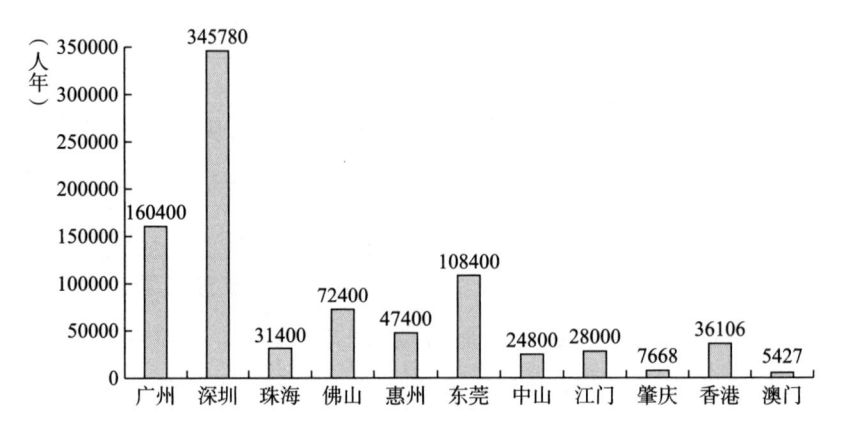

图 3-1 2020 年粤港澳大湾区各城市 R&D 人员全时当量

说明：澳门 R&D 人员数据用高校教师数据代替。
资料来源：《广东省地市主要科技统计指标》，广东省科学技术厅网站，2021 年 9 月 1 日，http://gdstc.gd.gov.cn/zwgk_n/sjjd/content/post_3517396.html；《广东科技创新动态数据【2021】第 12 期》，广东省科学技术厅网站，2022 年 3 月 15 日，http://gdstc.gd.gov.cn/zwgk_n/sjjd/content/post_3994838.html；《香港统计年刊 2022》，香港特别行政区政府统计处；《统计年鉴 2021》，澳门特别行政区政府统计暨普查局。

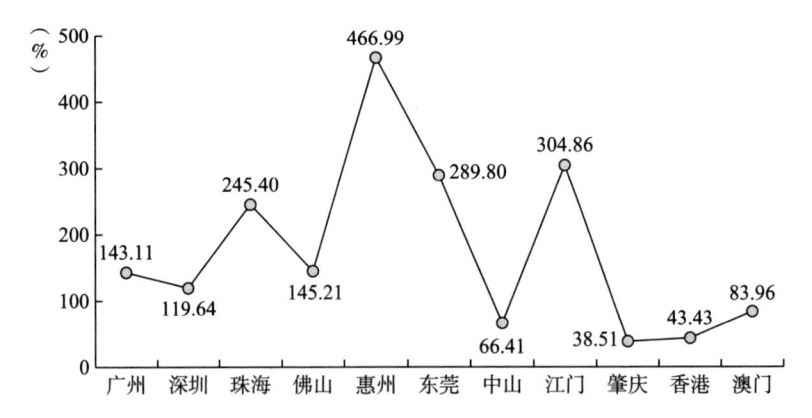

图 3-2 2010~2020 年粤港澳大湾区各城市 R&D 人员全时当量增幅

资料来源：笔者根据相关资料整理。

表 3-1 2010~2020 年粤港澳大湾区各城市 R&D 人员全时当量

单位：人年

年份	广州	深圳	珠海	佛山	惠州	东莞	中山	江门	肇庆	香港	澳门
2010	65978	157429	9091	29526	8360	27809	14903	6916	5536	25174	2950

续表

年份	广州	深圳	珠海	佛山	惠州	东莞	中山	江门	肇庆	香港	澳门
2011	84110	158023	12226	39874	12739	36038	19828	9860	7273	25698	3090
2012	90356	192585	14294	50733	17175	46200	26109	11601	9007	26517	3239
2013	100176	181321	13634	56160	16440	50112	29628	11896	8544	27524	3390
2014	94397	163689	14782	55546	15363	55909	28760	13997	9838	29169	3538
2015	122198	152173	13647	52666	19390	50308	29339	13951	9297	30110	3679
2016	110228	179016	13370	49270	28142	53925	27806	12401	9674	31282	3967
2017	118010	196398	17362	59049	31350	55586	28046	15457	7933	32355	4367
2018	134214	298411	27053	69888	40172	90457	25332	22859	9166	33577	4774
2019	150643	306467	29791	69997	45294	99116	23227	25146	8397	35416	5185
2020	160400	345780	31400	72400	47400	108400	24800	28000	7668	36106	5427

资料来源：《广东省地市主要科技统计指标》，广东省科学技术厅网站，2021年9月1日，http://gdstc.gd.gov.cn/zwgk_n/sjjd/content/post_3517396.html；《广东科技创新动态数据【2021】第12期》，广东省科学技术厅网站，2022年3月15日，http://gdstc.gd.gov.cn/zwgk_n/sjjd/content/post_3994838.html；《香港统计年刊2022》，香港特别行政区政府统计处；《统计年鉴2021》，澳门特别行政区政府统计暨普查局。

从粤港澳大湾区各城市高等教育人口来看，2020年，广州和深圳高等教育人口非常接近，分别为511.18万人和508.72万人，位居大湾区前列；其次是香港，高等教育人口达218.75万人；再次是佛山和东莞，高等教育人口在100万~200万人；接下来是惠州、珠海、中山、江门、肇庆，高等教育人口在100万人以下，而澳门的高等教育人口最少，仅为19.11万人（见图3-3）。从变化趋势来看，相比2010年，2020年粤港澳大湾区各城市的高等教育人口均出现不同程度的上升。其中深圳增幅最大，达178.35%，其次是惠州、澳门，增幅分别为154.52%、142.21%；中山、东莞、江门、佛山、珠海、广州的增幅均在100%以上；肇庆、香港的增幅最小，分别为99.06%、40.74%（见图3-4）。

(二) 大湾区各城市创新人才队伍结构比较

从粤港澳大湾区各城市每万人R&D人员全时当量来看，2020年，深圳的每万人R&D人员全时当量远高于其他城市，达196.09人年，居湾区

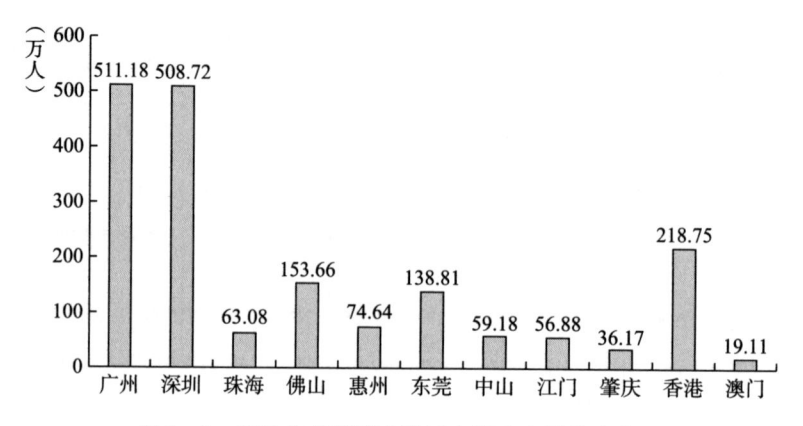

图 3-3　2020 年粤港澳大湾区各城市高等教育人口

资料来源：第六次全国人口普查数据、第七次全国人口普查数据。

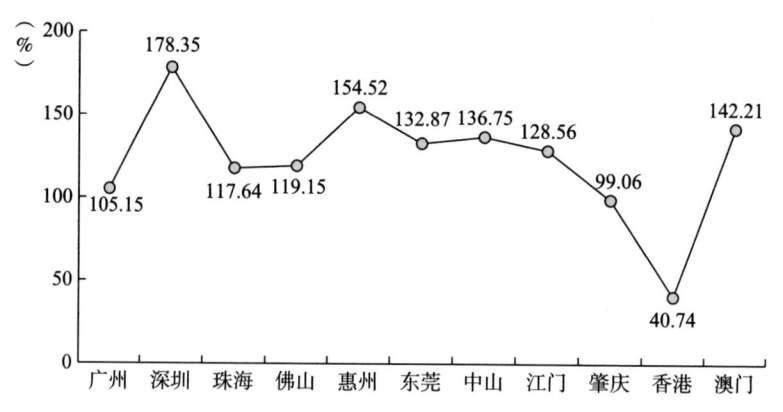

图 3-4　2010~2020 年粤港澳大湾区各城市高等教育人口增幅

资料来源：笔者根据相关资料整理。

首位；珠海、东莞的每万人 R&D 人员全时当量也较高，分别为 128.18 人年、103.40 人年；广州、澳门、惠州、佛山、江门、中山的每万人 R&D 人员全时当量为 55.97~85.59 人年；值得注意的是，香港的每万人 R&D 人员全时当量与湾区其他城市差距较大，仅为 48.26 人年；此外，肇庆的每万人 R&D 人员全时当量居湾区末位，仅为 18.62 人年（见图 3-5）。从 2010~2020 年的变化趋势来看，深圳的每万人 R&D 人员全时当量一直居湾区首位，并呈现波动上升态势；广州、珠海、佛山、惠州、东莞、肇庆 6 市呈波动上升态势；香港、澳门呈逐年上升态势；值得注意的是，中山的每万人R&D人员呈升—降—升波动态势，在2013年达到顶峰后又波动下降。从增长情况来看，2010~2020年，惠州、江门、东莞、珠海的每万人R&D人员全时当量增幅较大，分别增长了330.71%、275.11%、205.82%、120.18%；佛山、广州、澳门、香港、肇庆、深圳、中山的每万人R&D人员全时当量增幅相对较低，分别增长了85.45%、64.88%、44.20%、34.65%、31.96%、29.19%、17.28%（见图3-6、表3-2）。

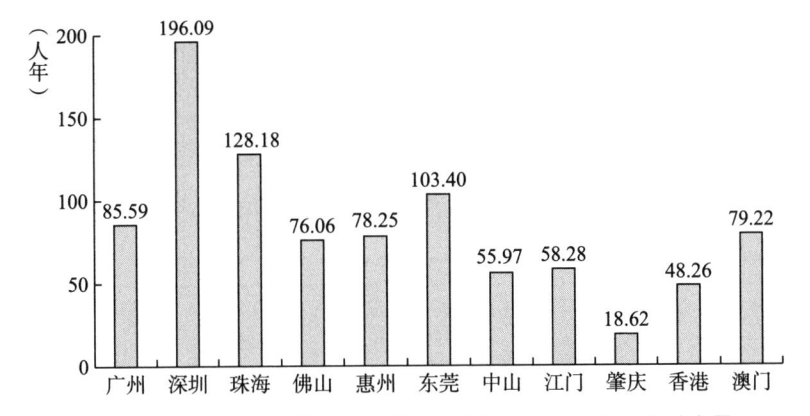

图3-5 2020年粤港澳大湾区各城市每万人R&D人员全时当量

资料来源：《广东省地市主要科技统计指标》，广东省科学技术厅网站，2021年9月1日，http://gdstc.gd.gov.cn/zwgk_n/sjjd/content/post_3517396.html；《广东科技创新动态数据【2021】第12期》，广东省科学技术厅网站，2022年3月15日，http://gdstc.gd.gov.cn/zwgk_n/sjjd/content/post_3994838.html；《香港统计年刊2022》，香港特别行政区政府统计处；《统计年鉴2021》，澳门特别行政区政府统计暨普查局。

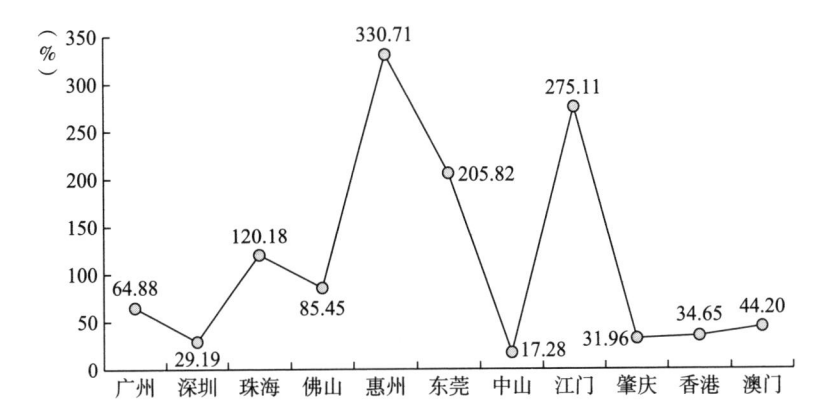

图3-6 2010~2020年粤港澳大湾区各城市每万人R&D人员全时当量增幅

表 3-2　2010~2020 年粤港澳大湾区各城市每万人 R&D 人员全时当量

单位：人年

年份	广州	深圳	珠海	佛山	惠州	东莞	中山	江门	肇庆	香港	澳门
2010	51.91	151.78	58.22	41.01	18.17	33.81	47.72	15.54	14.11	35.84	54.94
2011	65.96	150.97	77.99	55.14	27.49	43.66	63.10	22.08	18.41	36.34	56.25
2012	70.38	182.59	90.32	69.86	36.75	55.71	82.75	25.88	22.62	37.09	57.58
2013	77.49	170.59	85.73	76.98	34.98	60.26	93.35	26.45	21.24	38.34	58.88
2014	72.17	151.86	91.57	75.57	32.50	67.01	90.08	31.03	24.38	40.35	60.09
2015	90.51	133.73	83.51	70.88	40.77	60.95	91.41	30.87	22.90	41.30	61.22
2016	78.49	150.33	79.81	66.20	58.94	65.27	86.09	27.29	23.68	42.64	64.80
2017	67.58	123.73	83.87	65.61	54.79	53.54	67.07	33.23	19.64	43.77	67.40
2018	74.64	179.11	122.47	75.47	68.70	86.66	59.07	48.60	22.48	45.06	72.44
2019	82.26	179.18	127.76	74.22	75.84	94.80	52.94	52.90	20.52	47.18	77.16
2020	85.59	196.09	128.18	76.06	78.25	103.40	55.97	58.28	18.62	48.26	79.22

资料来源：《广东省地市主要科技统计指标》，广东省科学技术厅网站，2021 年 9 月 1 日，http://gdstc.gd.gov.cn/zwgk_n/sjjd/content/post_3517396.html；《广东科技创新动态数据【2021】第 12 期》，广东省科学技术厅网站，2022 年 3 月 15 日，http://gdstc.gd.gov.cn/zwgk_n/sjjd/content/post_3994838.html；《香港统计年刊 2022》，香港特别行政区政府统计处；《统计年鉴 2021》，澳门特别行政区政府统计暨普查局。

从粤港澳大湾区各城市高等教育人口比例来看，2020 年，香港、深圳、澳门、广州四大中心城市表现出明显的优势，高等教育人口比例分别为 29.24%、28.85%、27.90%、27.28%；在非中心城市中，珠海的高等教育人口比例最高，为 25.75%，其次是佛山，为 16.14%，中山、东莞、惠州、江门的高等教育人口比例相对较低；肇庆高等教育人口比例为 8.79%，居于大湾区末位（见图 3-7）。从变化趋势来看，相比 2010 年，澳门高等教育人口比例的增幅最大，达 13.21%；其次是深圳，上升 11.23%；广州、珠海、香港、佛山、江门、东莞、惠州、中山的增幅为 5.35%~7.67%；肇庆的增幅最小，仅为 4.15%（见图 3-8）。

（三）大湾区各城市创新效能比较

从粤港澳大湾区各城市三项专利授权量来看，2020 年，内地 9 市的三项专利授权量高于香港、澳门，其中深圳最高，为 222412 件；其

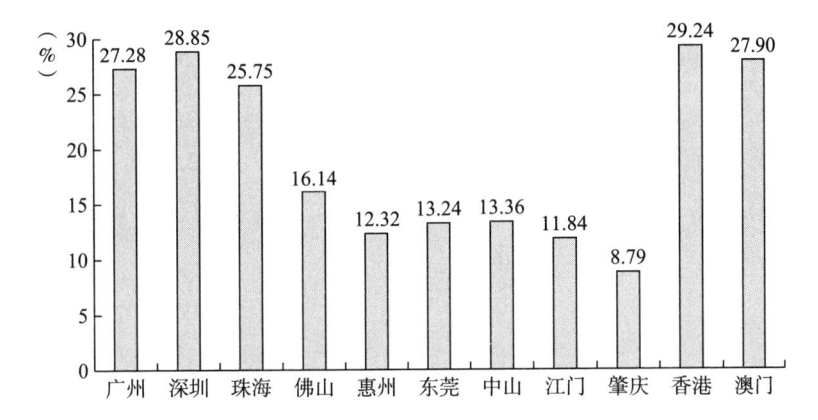

图 3 - 7　2020 年粤港澳大湾区各城市高等教育人口比例

资料来源：第六次全国人口普查数据、第七次全国人口普查数据、历年统计年鉴。

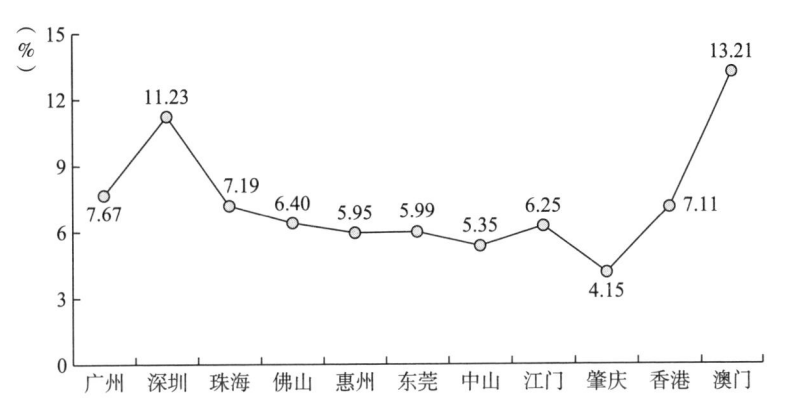

图 3 - 8　2010～2020 年粤港澳大湾区各城市高等教育人口比例增幅

次是广州，为 155835 件；东莞、佛山三项专利授权量也相对较高，分别为 74303 件、73870 件；中山、珠海、惠州、江门、肇庆的三项专利授权量相对较低，分别为 39698 件、24434 件、19059 件、16891 件、6326 件（见图 3 - 9）。从 2010～2020 年的变化趋势来看，深圳的三项专利授权量呈逐年上升态势，一直处于领先地位；广州的三项专利授权量自 2012 年开始居于湾区第 2 位，呈逐年上升态势；香港、澳门的三项专利授权量相对较低，呈波动上升态势；其他城市的三项专利授权量总体均呈上升趋势。从增长情况来看，2010～2020 年，惠州的三项专利授权量增幅最大,从2010年的1628件上升到2020年的19059件,增长1070.70%;其次是肇庆,三项专利授权量从2010年的550件增长到2020年的6326件,虽然绝对数量相对较低,但增长幅度达到1050.18%;广州、珠海、深圳的增幅也较大,分别为932.64%、782.73%、536.34%。值得注意的是,香港的三项专利授权量与其他城市相比增长幅度较小,仅为20.99%(见表3-3、图3-10)。

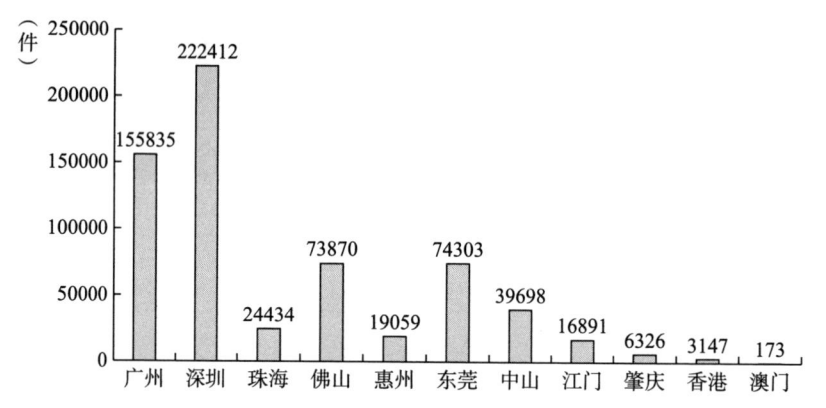

图3-9 2020年粤港澳大湾区各城市三项专利授权量

资料来源:广东9市数据来源于《广东省地市主要科技统计指标》,广东省科学技术厅网站,2021年9月1日,http://gdstc.gd.gov.cn/zwgk_n/sjjd/content/post_3517396.html;香港、澳门数据来源于科学技术部网站。

表3-3 2010~2020年粤港澳大湾区各城市三项专利授权量

单位:件

年份	广州	深圳	珠海	佛山	惠州	东莞	中山	江门	肇庆	香港	澳门
2010	15091	34952	2768	16950	1628	20397	8538	5418	550	2601	34
2011	18346	39363	3690	16340	2917	19352	10027	5309	889	2588	19
2012	21997	48861	4936	17818	4093	20900	10878	5270	1173	2619	26
2013	26156	49766	4805	19626	5914	22595	14220	5346	1288	2297	93
2014	28138	53681	6258	21713	7396	20336	15049	5538	1449	2867	55
2015	39834	72119	6790	27530	9797	26820	22198	6386	1726	2940	142
2016	48313	75043	9287	28719	9891	28559	22128	6763	1945	2970	179
2017	60201	94351	12544	36767	11706	45204	27444	8577	2332	2888	139
2018	89826	140206	17090	51013	14705	65985	34114	12273	3901	3142	125

续表

年份	广州	深圳	珠海	佛山	惠州	东莞	中山	江门	肇庆	香港	澳门
2019	104811	166609	18967	58752	14577	60421	33395	13282	4524	3437	234
2020	155835	222412	24434	73870	19059	74303	39698	16891	6326	3147	173

资料来源：广东9市数据来源于《广东省地市主要科技统计指标》，广东省科学技术厅网站，2021年9月1日，http://gdstc.gd.gov.cn/zwgk_n/sjjd/content/post_3517396.html；香港、澳门数据来源于科学技术部网站。

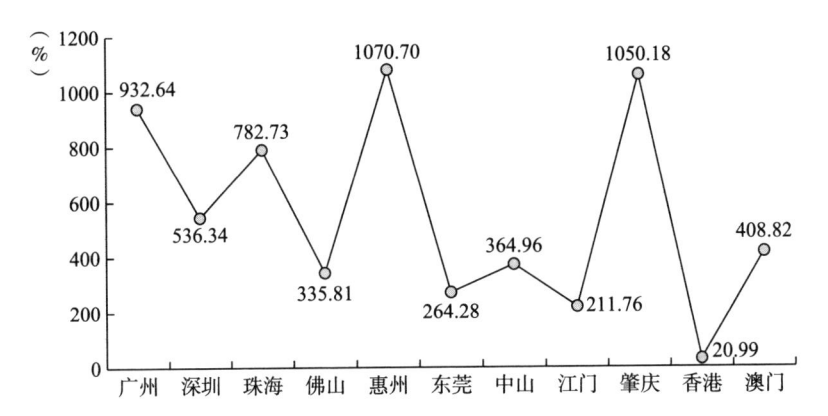

图 3-10　2010~2020 年年粤港澳大湾区各城市三项专利授权量增幅

从粤港澳大湾区各城市 PCT 国际专利申请量来看，2020 年，深圳的 PCT 国际专利申请量为 20209 件，遥遥领先于湾区其他城市；东莞、广州、佛山、香港、珠海的 PCT 国际专利申请量也相对较高，分别为 3787 件、1785 件、745 件、549 件、522 件；惠州、中山、江门的 PCT 国际专利申请量相对较低，分别为 331 件、256 件、212 件；肇庆、澳门与其他城市相比差距较大，分别仅为 38 件、5 件（见图 3-11）。从 2011~2020 年的变化趋势来看，深圳的 PCT 国际专利申请量呈波动上升态势，一直处于绝对领先地位；对比分析其他城市，2011~2015 年，各城市的 PCT 国际专利申请量基本稳定增长，2016~2020 年，东莞、广州呈急剧增长趋势（广州有一定波动），其他城市基本继续保持平稳增长，但增速大于 2016 年以前。从增长幅度来看，东莞的增幅最大，从 2011 年的 208 件增长到 2020 年的 3787 件，增长了 17 倍以上；其次是江门、佛山、广州、肇庆,分别增长了 6.31 倍、5.65 倍、5.24 倍、4.43 倍;惠州、珠海、中山增长了 2～3 倍;深圳、香港、澳门的增幅较小,增长了 1.31～1.55 倍(见图 3-12、表 3-4)。

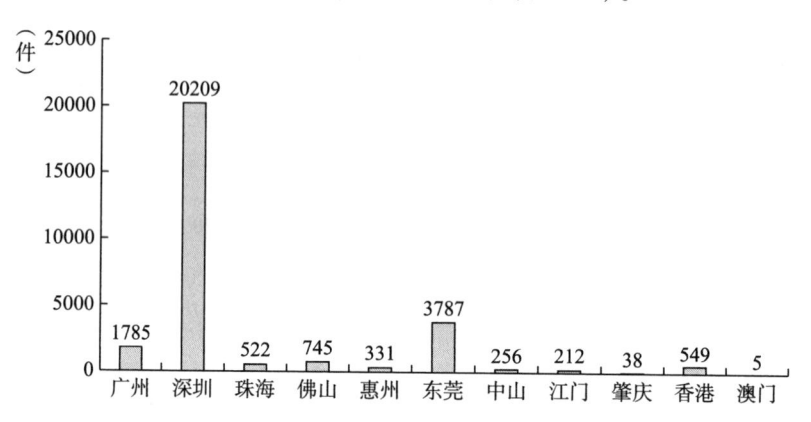

图 3-11　2020 年粤港澳大湾区各城市 PCT 国际专利申请量

资料来源:广东 9 市数据来源于《广东省地市主要科技统计指标》,广东省科学技术厅网站,2021 年 9 月 1 日,http://gdstc.gd.gov.cn/zwgk_n/sjjd/content/post_3517396.html;香港、澳门数据来源于科学技术部网站。

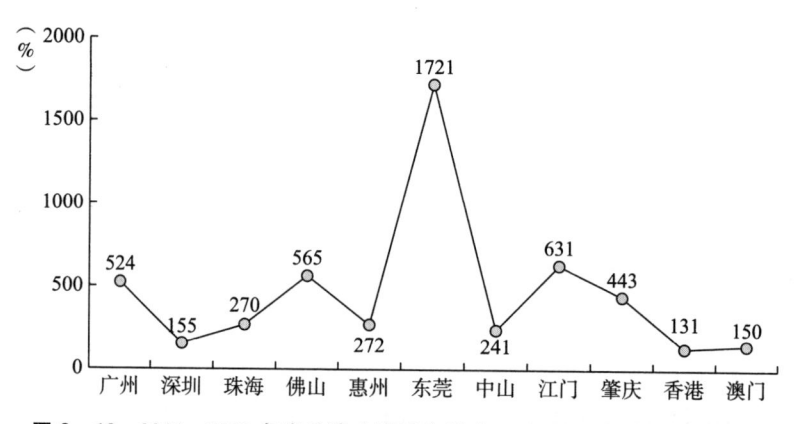

图 3-12　2011～2020 年粤港澳大湾区各城市 PCT 国际专利申请量增幅

表 3-4　2011～2020 年粤港澳大湾区各城市 PCT 国际专利申请量

单位:件

年份	广州	深圳	珠海	佛山	惠州	东莞	中山	江门	肇庆	香港	澳门
2011	286	7934	141	112	89	208	75	29	7	238	2
2012	323	8021	151	120	134	236	84	22	14	243	4
2013	464	10049	80	166	154	310	101	47	14	240	1

续表

年份	广州	深圳	珠海	佛山	惠州	东莞	中山	江门	肇庆	香港	澳门
2014	554	11639	193	195	272	299	73	30	6	330	8
2015	627	13308	150	306	174	336	101	50	13	413	11
2016	1643	19648	239	470	310	876	153	76	16	480	17
2017	2441	20457	435	726	452	1829	172	133	36	528	25
2018	1897	18081	693	858	351	2698	244	134	38	674	31
2019	1622	17459	561	853	448	3268	192	104	36	611	7
2020	1785	20209	522	745	331	3787	256	212	38	549	5

资料来源：广东9市数据来源于《广东省地市主要科技统计指标》，广东省科学技术厅网站，2021年9月1日，http://gdstc.gd.gov.cn/zwgk_n/sjjd/content/post_3517396.html；香港、澳门数据来源于科学技术部网站。

三 中国三大高水平人才高地创新人才发展比较

（一）三大高水平人才高地创新人才队伍规模比较

从三大高水平人才高地的R&D人员全时当量来看，2020年，粤港澳大湾区R&D人员全时当量为867781人年，明显高于北京的336280人年、上海的320400人年（见图3-13）。从变化趋势来看，2010~2020年，粤港澳大湾区R&D人员全时当量均高于北京、上海，除2014年有轻微下降之外，其余年份均有不同程度的上升。2010~2020年，从年均增长率来看，粤港澳大湾区的R&D人员全时当量增速最快，达9.39%，高于上海的9.03%和北京的5.67%；从增长幅度来看，粤港澳大湾区的R&D人员全时当量增幅最大，为145.36%，大于上海的137.42%和北京的73.59%（见图3-14）。

从三大高水平人才高地的高等教育人口来看，2020年，粤港澳大湾区高等教育人口为1840.18万人，明显高于北京的919.08万人和上海的746.62万人（见图3-15）。2010~2020年，粤港澳大湾区的高等教育人口年均增长率为8.01%，高于北京的4.05%和上海的3.98%；增幅达116.15%，大于北京的48.72%和上海的47.68%（见图3-16）。

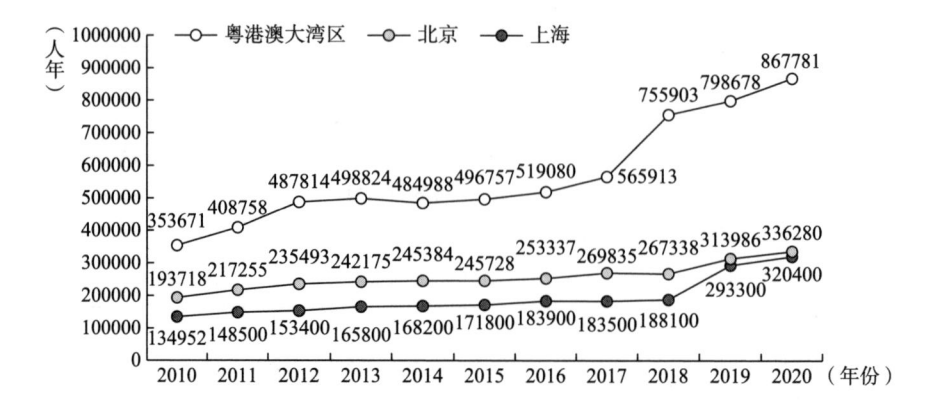

图 3-13 2010~2020 年中国三大高水平人才高地 R&D 人员全时当量对比

资料来源:《广东省地市主要科技统计指标》,广东省科学技术厅网站,2021年9月1日,http://gdstc.gd.gov.cn/zwgk_n/sjjd/content/post_3517396.html;《广东科技创新动态数据【2021】第 12 期》,广东省科学技术厅网站,2022 年 3 月 15 日,http://gdstc.gd.gov.cn/zwgk_n/sjjd/content/post_3994838.html;《香港统计年刊 2022》,香港特别行政区政府统计处;《统计年鉴 2021》,澳门特别行政区政府统计暨普查局;历年《中国科技统计年鉴》。

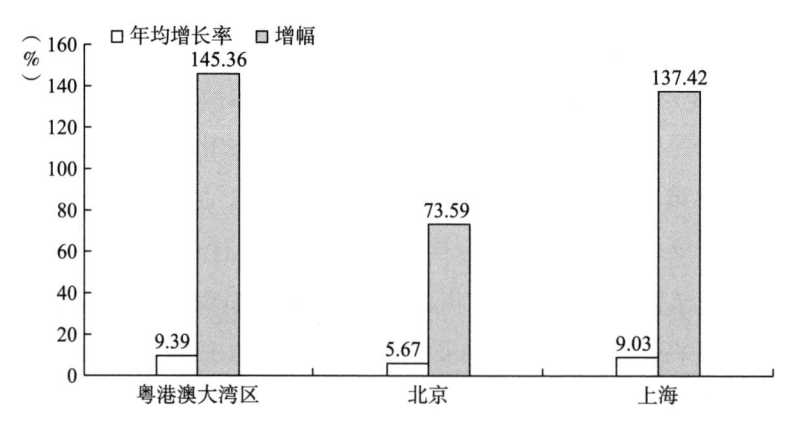

图 3-14 2010~2020 年中国三大高水平人才高地 R&D 人员全时当量增长情况对比

(二) 三大高水平人才高地创新人才队伍结构比较

从三大高水平人才高地每万人 R&D 人员全时当量来看,2020 年粤港澳大湾区每万人 R&D 人员全时当量为 100.43 人年,远低于北京的 153.62 人年、上海的 128.78 人年(见图 3-17)。从变化趋势来看,2010~2020 年,粤港澳大湾区每万人 R&D 人员全时当量以 2012 年与

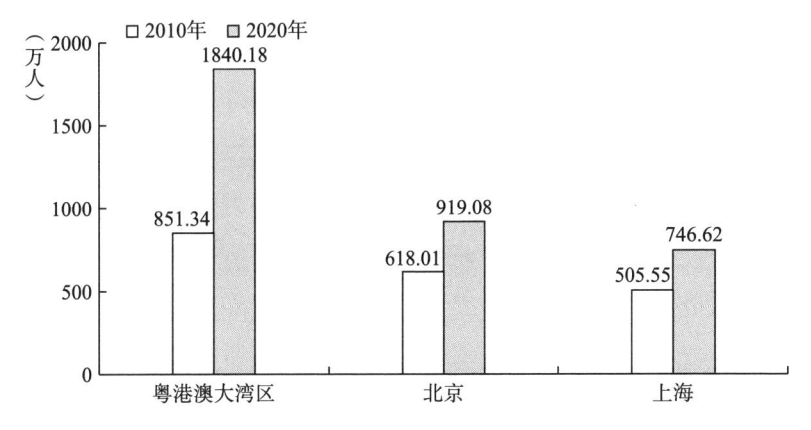

图 3-15　2010 年与 2020 年中国三大高水平人才高地高等教育人口对比
资料来源：第六次全国人口普查数据、第七次全国人口普查数据。

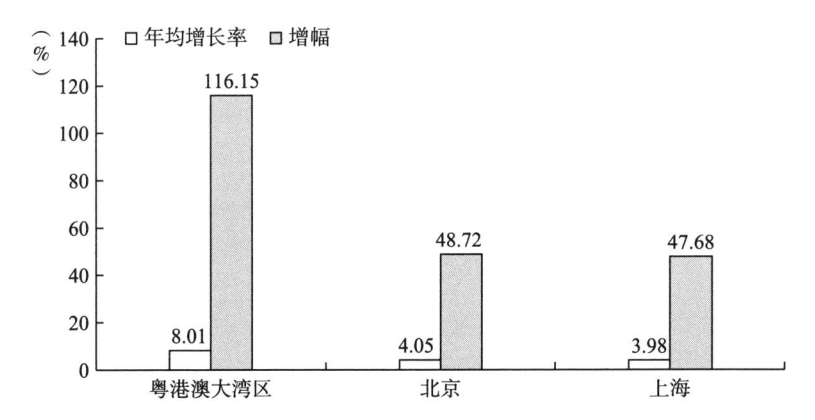

图 3-16　2010～2020 年中国三大高水平人才高地高等教育人口增长情况对比

2017 年为节点，呈升—降—升的波动上升态势；北京、上海也均呈上升趋势。2010～2020 年，在这项指标上，粤港澳大湾区指标值始终低于北京，值得注意的是，2011～2016 年，粤港澳大湾区每万人 R&D 人员全时当量高于上海，2019～2020 年低于上海。从增长情况来看，2010～2020 年，粤港澳大湾区每万人 R&D 人员全时当量的年均增长率为 6.11%、增幅为 80.96%，高于北京而低于上海（见图 3-18）。

（三）三大高水平人才高地创新创业平台比较

从三大高水平人才高地拥有的国家级重大平台数量来看，2020 年，

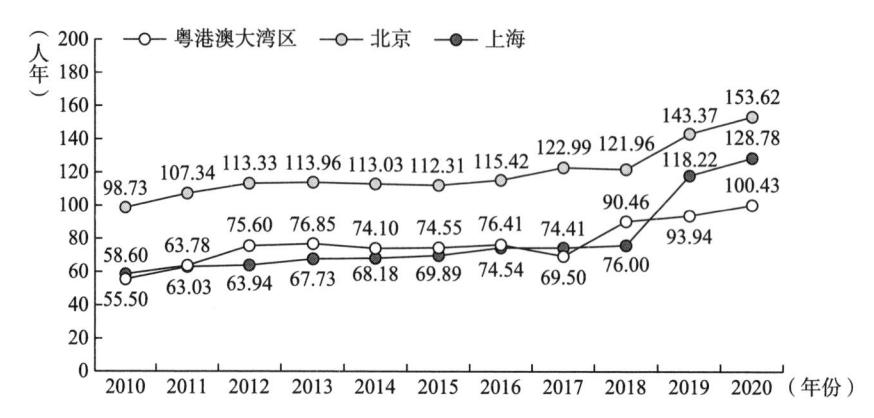

图 3-17 2010~2020 年中国三大高水平人才高地每万人 R&D 人员全时当量对比

资料来源：《广东省地市主要科技统计指标》，广东省科学技术厅网站，2021 年 9 月 1 日，http://gdstc.gd.gov.cn/zwgk_n/sjjd/content/post_3517396.html；《广东科技创新动态数据【2021】第 12 期》，广东省科学技术厅网站，2022 年 3 月 15 日，http://gdstc.gd.gov.cn/zwgk_n/sjjd/content/post_3994838.html；《香港统计年刊 2022》，香港特别行政区政府统计处；《统计年鉴 2021》，澳门特别行政区政府统计暨普查局；历年《中国科技统计年鉴》。

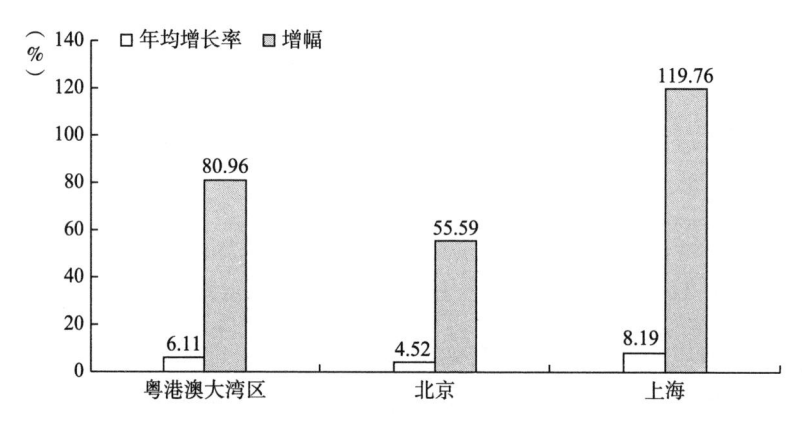

图 3-18 2010~2020 年中国三大高水平人才高地每万人 R&D 人员全时当量增长情况对比

粤港澳大湾区有 71 个国家级重大平台，比北京少 129 个，比上海多 2 个（见图 3-19）。从变化趋势来看，2011~2020 年，三大高水平人才高地国家级重大平台的数量整体均呈上升态势，北京的国家级重大平台数量一直遥遥领先，粤港澳大湾区国家级重大平台数量在 2011~2013 年低于上海，2014 年及以后（除 2018 年以外）等于或略高于上海。从增长情况来看，2011~2020年，粤港澳大湾区国家级重大平台数量增长迅速，年均增长率为8.89%，高于北京的4.90%、上海的3.64%；增幅达115.15%，大于北京的53.85%、上海的38.00%（见图3-20）。

图3-19 2011~2020年中国三大高水平人才高地国家级重大平台数量对比

资料来源：根据公布的国家重点实验室名单和国家工程技术研究中心名单整理得到。

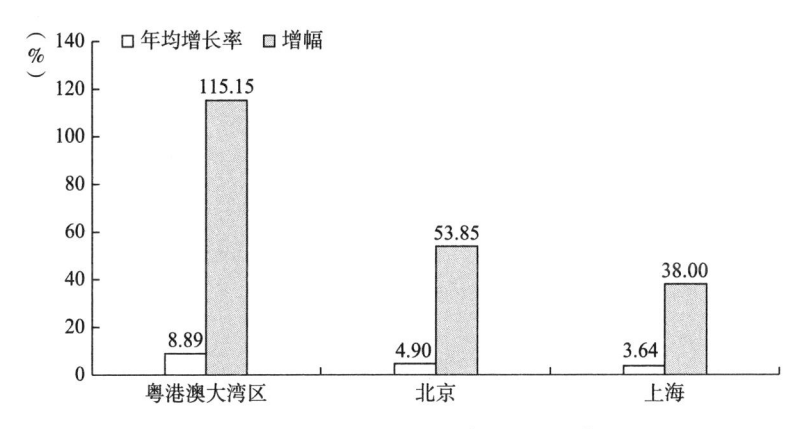

图3-20 2011~2020年中国三大高水平人才高地国家级重大平台数量增长情况对比

（四）三大高水平人才高地创新效能比较

从三大高水平人才高地每万人才发明专利授权量来看，2020年，粤港澳大湾区每万人才发明专利授权量为29.22件，低于北京的84.88件、上海的35.86件（见图3-21）。从变化趋势来看，2010~2020年三大高水平人才高地每万人才发明专利授权量均呈波动上升态势，但上升速度和幅度不一。粤港澳大湾区每万人才发明专利授权量增速最快，年均增长率为8.91%；上海居第2位，为8.30%，北京居第3位，为8.21%。粤港澳大湾区高水平人才高地每万人才发明专利授权量增幅也最大，为134.70%，大于北京的120.20%、上海的122.04%（见图3-22）。

图3-21　2010~2020年中国三大高水平人才高地每万人才发明专利授权量对比

资料来源：广东9市数据来源于《广东省地市主要科技统计指标》，广东省科学技术厅网站，2021年9月1日，http://gdstc.gd.gov.cn/zwgk_n/sjjd/content/post_3517396.html；北京、上海、香港、澳门数据来源于科学技术部网站。

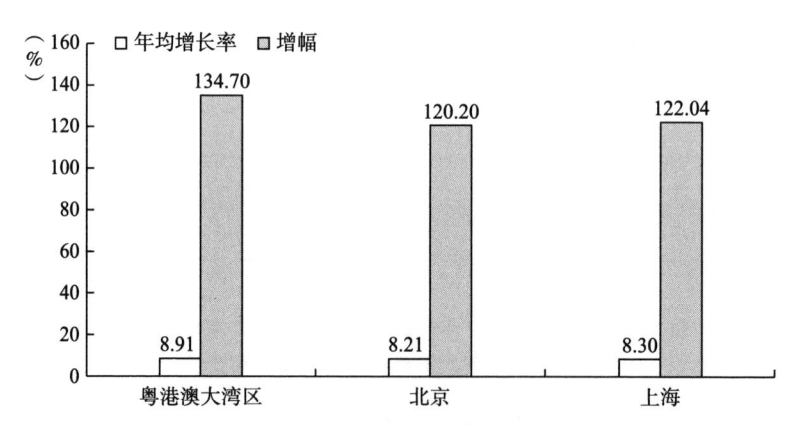

图3-22　2010~2020年中国三大高水平人才高地每万人才发明专利授权量增长情况对比

从三大高水平人才高地PCT国际专利申请量来看，2020年，粤港澳大湾区PCT国际专利申请量为28439件，高于北京的8283件、上海的3558件（见图3-23）。从变化趋势来看，2011~2020年，粤港澳大湾区、上海、北京 PCT 国际专利申请量均呈波动上升态势，且粤港澳大湾区历年 PCT 国际专利申请量均高于北京、上海。进一步从增长情况来看，2011~2020年，粤港澳大湾区 PCT 国际专利申请量的年均增长率和增幅分别为13.47%、211.80%，均低于上海、北京（见图3-24）。

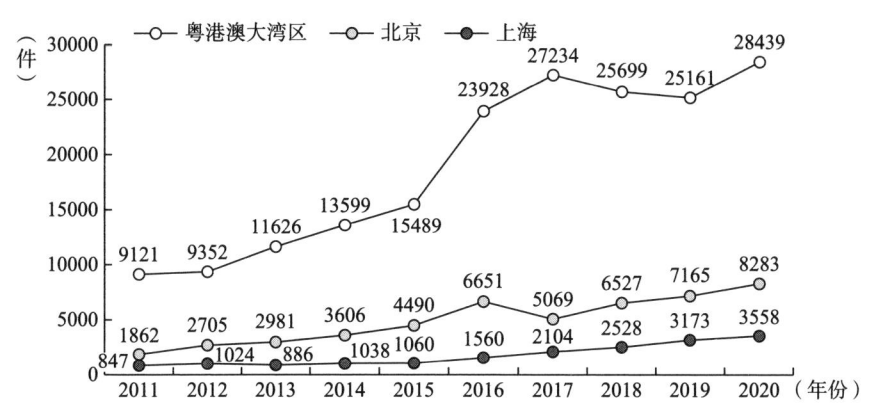

图3-23 2011~2020年中国三大高水平人才高地 PCT 国际专利申请量对比

资料来源：广东9市数据来源于《广东省地市主要科技统计指标》，广东省科学技术厅网站，2021年9月1日，http://gdstc.gd.gov.cn/zwgk_n/sjjd/content/post_3517396.html?eqid=bb09410200080f750000000664798d7f；北京、上海、香港、澳门数据来源于科学技术部网站。

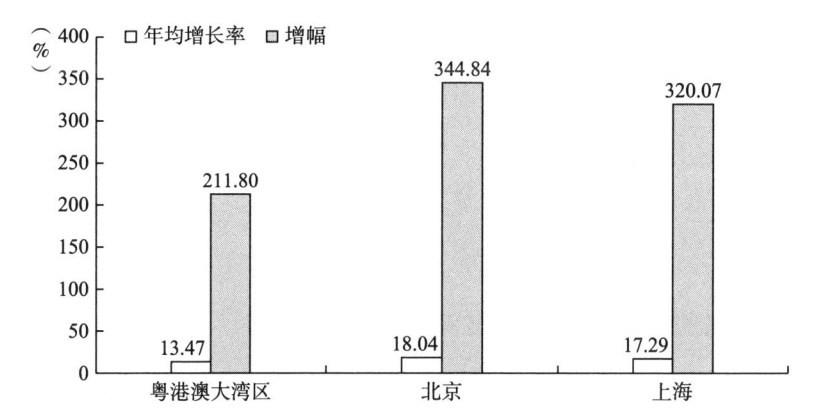

图3-24 2011~2020年中国三大高水平人才高地 PCT 国际专利申请量增长情况对比

第三节　粤港澳大湾区创新人才发展的短板与不足

对照国际一流湾区和粤港澳大湾区高质量发展要求，粤港澳大湾区创新人才发展在人才结构、人才分布、人才流动、人才政策、创新要素协同、创新成果影响力等方面还存在一些短板与不足。

一　高层次创新人才不足

当今世界，基础科学和高精尖技术领域的战略科技人才是决定竞争优势的关键因素。粤港澳大湾区在经济发展和科技创新方面快速发展，需要越来越多的创新人才。然而，大湾区战略科学家、高水平基础研究人才和关键核心技术攻关人才匮乏等问题依然存在，难以满足发展需要。除香港的基础研究优势较为突出外，珠三角地区及澳门特别行政区的科技创新基础较为薄弱，重大战略性、原创性和基础性的科研成果缺乏。珠三角地区在前沿重大课题和战略性基础研究方面缺乏长远布局，战略科学家和高水平基础研究人才的成长通道不畅，能够解决"卡脖子"和"从0到1"技术问题的人才匮乏，高水平工程师和技能人才供给不够。此外，高学历科技创新人才的缺口较大，区内受教育程度为本科及以上的劳动力占全体劳动力的比重仅为17.47%，远低于旧金山湾区（46%）、纽约湾区（42%）和东京湾区（36.7%）。区内人才的受教育程度还难以满足产业转型升级的需要，对高精尖科技创新人才的需求更多地依赖于从外部吸引来满足。[①]

二　创新人才的空间分布不均衡

创新人才的分布是粤港澳大湾区产业分布、经济发展、价值规律及社会需求在空间上的反映。从科技创新力量的区位分布看，"广州－深

---

① 易云锋、赵超：《如何打造高水平科技创新人才高地》，《中国人才》2022年第9期。

圳－香港－澳门"科技创新走廊拥有实力雄厚的现代产业和创新基地，集中了大量的高等院校、高端科研机构，大力吸引全球创新资源，已成为粤港澳大湾区名副其实的"创新轴"。① 数据显示，2020年，香港、深圳、澳门、广州四大中心城市的高等教育人口比例明显高于大湾区其他城市。有关粤港澳大湾区科技创新人才空间分布的研究认为，深圳科技创新人才密度居粤港澳大湾区11个城市之首，单位人口人才数量约是最小值的7倍，单位面积人才数量约是最小值的190倍；江门、肇庆等地科技创新人才密度相对较低，低于大湾区平均水平；深圳、东莞、广州有相对较强的科技创新人才聚集能力，而惠州、江门、肇庆聚集能力相对较弱。② 不均衡的创新人才分布使得大湾区非中心城市的科技创新基础过于薄弱，不利于产业链现代化。

三 创新人才的国际流动尚不充分

人才的国际流动是全球化时代的重要特征，也是开放社会发展的必然结果。人才流动相关研究结果表明，国际一流湾区人才的国际合作和流动非常频繁。以旧金山湾区为例，不论是英国、加拿大等发达国家，还是中国、印度等发展中国家，与旧金山湾区之间都有着频繁的人才流动、密切的人才合作。近年来，粤港澳大湾区出台了一系列税收、出入境等领域的政策，极大地促进了创新人才流动。然而，与国际一流湾区相比，人才的国际流动尚不充分。粤港澳大湾区以国内人才流动为主，其中广州、深圳以全国范围内的人才流动为主，珠三角其他城市以粤港澳大湾区内部人才流动为主，只有香港、澳门的国际人才流动相对活跃。③ 深圳、广州、香港作为粤港澳大湾区内国际化程度和开放程度最

---

① 易云锋、赵超：《如何打造高水平科技创新人才高地》，《中国人才》2022年第9期。
② 孙殿超、刘毅：《粤港澳大湾区科技创新人才空间分布特征及影响因素分析》，《地理科学进展》2022年第9期。
③ 余碧仪、黄何、王静雯：《国际三大湾区科技人才发展经验对粤港澳大湾区的启示》，《科技创新发展战略研究》2019年第3期。

高的城市，其外籍人才占常住人口比例分别仅为 0.2%、0.36% 和 8.6%，远低于硅谷（50%）和纽约（36%）。可见，粤港澳大湾区的国际人才集聚能力和与国际人才接轨的目标仍有较大差距。①

四 创新人才政策有待优化

粤港澳大湾区内的科技创新激励政策更侧重于企业税收优惠等企业激励政策，针对科技创新人才个体的激励政策措施力度不足。区内目前针对国际人才的社会医疗保障、购房落户、子女入学等生活服务保障措施往往与社会保险缴费时间、居住证等条件捆绑，国际人才社会保障体系尚未与国际有效衔接。② 此外，粤港澳大湾区人才政策涉及的部门多、领域广，在政策制定环节，不仅粤港澳三地政府在人才政策制定方面缺乏协调，政策联动性、系统性不足，就连珠三角 9 市也存在各城市之间政策内容相互冲突、政策体系碎片化等现象；在政策实施环节，存在着央地之间、部门之间的沟通协调不充分等问题。同时，趋同的人才需求导致各城市引才政策不断加码，进一步加剧了粤港澳大湾区人才内耗式竞争过度、错位发展不足的现象。

五 创新链产业链资金链人才链协同发展效应尚未形成

打造国际科技创新中心，意味着知识、技术、资金、人才、数据等创新要素能够在粤港澳大湾区范围内形成协同效应。珠三角地区建立了完整而成熟的制造业产业链，香港拥有领先的高等教育和基础科研机构以及服务科创的科技金融、知识产权法律仲裁等专业服务业，澳门有与广大拉丁语系国家的语言文化联系以及特色专业服务业。通过建设粤港澳大湾区国际科创中心，粤港澳三地能够实现优势互补。但是，相比于国际一流湾区，粤港澳大湾区合作还存在很多不足。香港拥有多所高水

---

① 易云锋、赵超：《如何打造高水平科技创新人才高地》，《中国人才》2022 年第 9 期。
② 余碧仪、黄何、王静雯：《国际三大湾区科技人才发展经验对粤港澳大湾区的启示》，《科技创新发展战略研究》2019 年第 3 期。

平大学，基础研究实力较强，相关的人才储备较为丰富，但香港本地基本没有制造业，基础研究和产业化应用脱节。广东是工业大省，拥有完备的产业链条和雄厚的制造业基础，但基础研究和技术源头供给不足，本地教育水平及科研实力、人才储备尚不能完全支撑产业转型升级，产教融合有待深化。粤港澳大湾区内，就计算机、人工智能专业而言，香港科技大学排名亚洲第2、全球第9，广东高校"双子星"华南理工大学和中山大学的计算机专业分别只排在全国第41位和第42位。在大力发展高水平大学和学科的基础上，深度发挥香港高校的创新引领带动作用，加快形成符合粤港澳产业链需求的人才链、创新链显得尤为重要。①

六　科技创新成果的国际影响力还不突出

粤港澳大湾区科技创新成果不断涌现，但成果的引用率和转化率偏低。一方面，大多数科学研究主要受计划、制度驱动，而受市场、技术驱动不足，从而导致科技创新偏离市场需求。另一方面，大湾区内服务于科技成果转移转化的专业机构和专业人员不足，成果转化运营能力不强，科技创新成果转化机制不畅，限制了湾区科研成果转化效率提升。此外，部分科研人员热衷于开展"短平快"的研究，重数量、轻质量，科研成果脱离市场需求。②

第四节　创新人才发展的国际经验与启示

一　旧金山湾区创新人才发展经验

旧金山湾区最主要的城市有旧金山、奥克兰、圣何塞。其中南部的硅谷是世界上最重要的高科技研发中心之一，且高校林立，有斯坦福大

---

① 阎豫桂：《粤港澳大湾区打造世界一流创新人才高地的思考》，《宏观经济管理》2019年第9期。
② 易云锋、赵超：《如何打造高水平科技创新人才高地》，《中国人才》2022年第9期。

学、加州大学伯克利分校等著名学府，集聚美国及世界各国的科技人员100万人以上，有获诺贝尔奖科学家超过30位，是全球最具代表性的创新人才战略高地。

1. 高水平的人才培养体系

旧金山湾区总人口约为770万人，其中高新技术人员占比达25%。与此同时，湾区拥有众多世界著名高校以及各类科研机构等优质教育资源，其中包括5所世界级研究型大学。高等院校的集聚优势为湾区内高科技人才的培养奠定了坚实基础，对区域科技创新发展具有重要的引领作用。斯坦福工业园首创产学研一体化新模式，鼓励斯坦福大学的教师和学生利用自己的科研成果创办企业，加强与外部企业的研发合作，并提出一系列支持措施。例如，实施更加开放和自由的学籍管理办法，支持大学教师和学生在校期间进行科技创业；提供创业贷款，允许低价租用学校土地作为企业办公场地、租用学校设备等，以提供必要的创业物质支持；通过允许企业工程人员到大学听课、向附近企业开放大学实验室、鼓励师生加强与企业研发合作等方式，积极加强大学和产业之间的关联；等等。

2. 面向全球的人才引进政策

良好的科技创新氛围以及具有开放性和包容性的优惠移民政策是旧金山湾区长期吸引全球各地创新型人才的重要因素。工信部赛迪研究院研究数据显示，在旧金山湾区初创企业的众多创始人中，出生于中国或者印度等亚洲国家者的占比高达25%，在科学家与工程师等高科技人才队伍中，国外出生者的占比也高达34%。

3. 完善的科技研发平台

旧金山湾区的科技研发平台主要包括国家级重点实验室（如劳伦斯伯克利国家实验室）、联邦研究设施（如美国能源部联合基因组研究所）和企业自主建设实验室三部分。充分利用国家级重点实验室较高的科技研发水平与创新能力，开展基础性研究，推动科学技术的发展。以联邦研究设施为主要驱动力，不断推动科技成果转化并进入相关产品的应用技术研究中，促进企业研发更多优质的创新产品。企业自主建设实验室的运作核心是综合高等院校和联邦研究设施的科研成果，更加注重技术在具体相关产品上的成果体现。

4. 完备的科技创新服务链条

专业的中介服务机构（如金融机构、风险投资机构等）对旧金山湾区的科技创新发展起着重要的催化作用，湾区通过积极发展多种类型的中介服务机构（如技术转移机构、风险投资机构等）构建起一个健全的科技创新服务网络。硅谷有全球最密集的孵化器、众创空间、会计师事务所、律师事务所等科技人才服务机构，形成了专业化、链条式的创新创业服务体系。同时，集聚了众多世界闻名的风险投资企业，为科技企业提供了成长空间，形成了以股权融资为特点的科技金融服务体系。硅谷的高科技人员、企业创始人、风险投资者的身份通常是交叉重叠的，在人的层面上建立了硅谷高校、产业、资本和市场之间的连接。此外，联邦和加州政府出台各项政策措施支持企业创新和高技术产业发展，引导形成"高校－科技企业－风险投资－科技服务机构"创新生态系统。

5. 完善的科技人才激励政策

实施普遍适用的科技人才激励政策，激发科技人才创新创业积极性。一是实施普惠性的税收减免政策，加州政府不仅针对企业振兴园区内的创业企业设立多项企业税收减免政策，而且针对振兴园区内企业员工实施个人所得税减免政策。二是实施员工持股激励计划，鼓励员工购买并持有科技企业股份、期权，增强科技人员组织凝聚力，充分调动员工的创新积极性。旧金山市政府推出"入驻企业家计划"，鼓励科技人才为满足政府技术需求提出对应方案，并通过政府采购支持科技人才创业。

6. 开放包容的创新氛围

创业者、研究人员和企业管理者之间搭建起了经验交流和信息共享的交互式平台，有效地促进了湾区内部科技创新企业间的合作交流与信息共享。另外，容许失败、鼓励"跳槽"的创新工作理念也使旧金山湾区孕育了一大批创新企业，很多大中型企业的研发人员在积累足够的工作经验后，会选择"跳槽"、自立门户或者与其他研发人员共同兴办企业，极大地活跃了湾区内科技创新企业的竞争氛围。在2020年全球创新城市指数排名中，旧金山湾区中的圣何塞凭借拥有13所全球百强创新机构以及11家世界500强企业总部的优势，居全球创新城市第9位。这种开放型的社会理念不仅激发了湾区的创新活力，还催生了大量的科技创新企业，根据2020年数据，旧金山吸引了39家世界500强企业，这些企业对旧金山湾区科技创新的发展具有深远影响。①

二 纽约湾区创新人才发展经验

纽约湾区由纽约州、康涅狄格州和新泽西州等州的31个县市联合组成，是世界金融心脏华尔街所在地，拥有2900多家金融、证券、期货、保险机构，全美最大的500家公司中有约1/3的总部位于此；此外，纽约湾区还拥有大批高新技术企业、高等院校及创新人才。

1. 高水平的人才培养体系

随着近现代美国工业化、城市化以及信息化的进程不断加速，科技创新水平的迅速提升对创新型人才的培养也提出更高的要求，创新要素大规模集聚在创新活动开展中发挥的作用越发凸显，这使纽约湾区的创新活动对高水平大学圈依赖程度越来越高。纽约湾区拥有众多高等院校，其中纽约大学、普林斯顿大学与哥伦比亚大学等高校更是享誉全球。根据南方教育智库发布的《全球四大湾区高等教育第三方指数竞争力评价报告（2020）》，纽约湾区高等教育竞争力指数排名第1，进入排名的高校数量高达70所。从地理分布来看，纽约湾区形成了以纽约为中心，北起波士顿，南至华盛顿海岸线的"多中心－核心轴线"的

---

① 申明浩、罗锦涛、谭伟杰：《国际三大湾区科技创新制度的经验借鉴与启示》，载申明浩主编《粤港澳大湾区协同发展报告（2021）》，社会科学文献出版社，2021，第102～128页。

高校地理格局。近年来，纽约湾区为了促进科技创新人才的培养和吸纳，制定和出台了一系列有针对性的人才政策措施来招揽世界各地的人才，如"NYC Talent Draft"(《纽约人才引进草案》)、"科技天才管道"倡议和"Applied Technology"（应用科学计划）等。

2. 开放的技术移民政策和国际项目合作

纽约是国际移民城市，以海外移民为城市人口增长的主要来源，同时因基础设施建设、高等教育、高端服务业的快速发展和完善，不断吸引高层次科技人才和投资者通过留学、创业、投资等方式移民落户。此外，纽约湾区依托高校和研究机构，通过实施"加强合作研究伙伴关系计划""全球科技创新行动计划"等国际科技合作计划，柔性引进外国科学家开展科技合作。

3. 以高校为主导建立紧密的产学研合作模式

麻省理工学院是最早推动高校与企业、政府合作的研究型大学，支持师生利用财政、企业、高校资助项目的科技成果进行技术转让、技术许可或技术创业。128号公路高技术产业区内70%以上的科技企业由麻省理工学院师生参与创办。此外，纽约湾区内高校大多下设或单独设立技术转移机构（部门），如纽约大学工业联络办公室等，致力于推动高校科技成果的商业化和市场化，为高校师生科技创业提供技术支撑。

4. 发达的风险投资助推人才创业

波士顿是美国风险投资诞生地，拥有40余家高技术风险投资公司、100多名专门投向初创科技企业的天使投资人、10余个天使投资联盟，风险投资总额排在全球前3名。在风险投资推动下，湾区内企业科技成果转化率、中小科技企业成长速度遥遥领先于美国其他地区。

三　东京湾区创新人才发展经验

东京湾区包括东京都、埼玉县、千叶县、神奈川县等"一都三县"，是日本最大的工业城市群和国家金融、交通、商贸与消费中心，聚集了日本1/3的人口、2/3的经济总量、3/4的工业产值，有大批世界500

强企业总部入驻。湾区内有日本经济最发达、工业最密集的工业区，是以汽车、精密机床、电子产品、钢铁、石油化工、印刷出版等产业为主的综合性工业区，被称为"产业湾区"，也是日本创新人才聚集地。

1. 高水平的人才培养体系

东京湾区是日本高等院校高度集聚的区域。截至2018年，日本的大学数量共计780余所，而东京湾区拥有260所高等院校，占比约为33.3%。同时，作为东京湾区中心城市的东京都，拥有日本60%的科研人员和40%的大学生。2014年，日本政府出台了"超级国际化大学计划"（TGUP）以提高日本高等教育的国际化水平。在TGUP中，日本有37所重点高校被选为培育对象。其中，有18所来自东京湾区，占培育对象总数的48.65%。除大学集群外，东京湾区的研究机构数量约占全国的40%，2020年，湾区内全球百强创新机构数量高达23所，位居四大湾区之首。东京湾区内集聚了佳能、三菱、丰田和索尼等国际知名企业，2020年，湾区拥有39家世界500强企业的总部。这些知名企业与东京大学等众多日本顶尖高等学府在多方面开展合作，为湾区吸引了大量来自世界各地的优秀人才，从而在首都圈形成了智力集聚效应。

2. 建立全方位引才机制

一是实施更宽松的移民政策，放宽在日生活和工作年限等移民条件限制，允许移民保留原有国籍。二是启动实施"30万留学生计划"，通过改善入学考试条件、简化入境手续等方式创造宽松的留学环境，增加科技后备人员的储备量。三是将海外引援机制和"就地取才"机制相结合，充分利用海外科技人才资源，一方面通过资金资助和良好的生活条件吸引海外科技人才来日从事科研活动，另一方面通过收购、入资国外实验室或企业，设立海外研发机构或奖学金等方式柔性引进和利用当地科技人才和科技成果。

3. 企业积极参与科技人才培养

建立以企业为主导的横向培养式产学研合作机制。日本企业从多个方面深度参与高校科技人才培养，包括投资建设工业实验室作为高校理工科研究生教育科研基地；为科技人才培养投入大量科研经费，规模相当于政府科技投入的一半；鼓励兼职以支持高校科技人才加强科研实践，并以"师徒制"培育机制加强高校科技人才与企业交流、提供就业机会。此外，企业高度重视创新人才技能培训，许多大中型企业专门设有负责技能人才教育和培训的部门。企业为学生提供奖学金，鼓励学生到企业工作，也选派员工到学校参加培训或进修，邀请学校教师在企业兼职或提供智力支持。

4. 改善海外科技人才生活保障条件

为海外优秀科技人才提供良好的医疗保障、子女入学教育等服务。针对所需海外科技人才修改相关出入境管理条例和移民法。建立科技人才资格国际互认制度和国际养老金互补制度，加强海外科技人才的人才资格和生活保障衔接。

第五节 推动粤港澳大湾区创新人才发展的对策建议

顺应新一轮科技革命和产业变革大趋势，围绕建设"具有全球影响力的国际科技创新中心"战略定位，必须以创新为引领，破除各类创新要素在大湾区便捷流动和优化配置的瓶颈和限制，努力补齐高端创新创业人才和团队的不足以及基础研究和原始创新方面的短板，推动创新人才发展，打造一支高水平创新人才队伍，锻造核心竞争力，力争在若干战略领域实现领跑。

一 加强创新人才梯队建设

（一）前瞻储备创新人才资源

持续推进高水平大学建设，优化人才教育培养模式和支持方式。持续深入实施本土创新创业团队、杰出人才、科技创新领军人才、科技创业领军人才、科技创新青年拔尖人才五大项目工程。在基础研究、前沿技术研究等需要长期积累的领域给予优秀人才10年以上稳定支持。

（二）大力引进全球高端创新人才

实施战略科学家负责制，瞄准有望引领国际前沿、具有相对优势和科技突破先兆的战略必争领域，实施"首席科学家＋板块委托"制度。打造一流科技领军人才和创新团队，探索关键核心技术攻关新型举国体制的"广东路径"，建立科研力量、科研资源特殊调配机制，靶向遴选和支持一批掌握关键核心技术和自主知识产权的科技领军人才与创新团队。充分发挥用人单位的主体作用，大力支持高新技术企业、重点产业园区、高等院校、科研机构、国家重点实验室等在全球范围内大力引进具有实现重大原始创新能力的战略科学家，具有推动重大技术革新能力的科技领军人才和高水平创新创业团队，具有国际视野和市场开拓能力的企业家和高端金融人才，具有创新发展潜力的博士和博士后人才，能够解决关键技术和工艺难题、实施重大技术革新的高技能人才，以及经济社会发展急需的其他各类人才。鼓励企业布局海外"人才飞地"，启动实施广东企业国（境）外研发中心就地取才计划，支持设立研发中心、分支机构，吸引使用国（境）外高层次人才。积极打造离岸研发中心、海外孵化基地及人才创新创业基地，就地吸纳优秀博士和博士后。建立海外人才工作站并给予建站补贴。鼓励跨国公司、国际名企名校、科研机构来粤港澳设立研发中心、创新基地、分校（院）、分支机构等，发挥其高端人才集聚及裂变效应。

（三）培育壮大优秀青年人才队伍

大力开展青年英才集聚系列行动，打造青年创新创业活力湾区。培育战略科学家后备人才，注重从国家实验室、大科学装置相关团队和国家重大科技任务等的担纲领衔者中发现和培养具有战略科学家潜质的高层次复合型人才，着力构建战略科学家成长梯队。支持青年科技创新人才在重大科技任务中"挑大梁"，进一步提高重点研发计划中青年科技项目比例。鼓励科技创新人才自主设立科研项目，提高青年科技人才领衔承担比例。促进新时代博士和博士后人才创新发展，扩大"特支计划"规模，新增名额全部用于优秀青年人才，支持更多青年人才成为领军人才。建立阶梯式支持机制，入选国家级人才计划或取得标志性成果的青年人才，可申请追加支持。发挥世界青年科学家峰会作用，吸引更多高校毕业生在粤创业就业。坚持青年人才"以用为本"，使经费支持、项目资助、国际合作、拓宽视野和创业支持结合起来，推动优秀青年人才加速拓展国际视野，参与全球技术革新，跟上时代步伐。

（四）加大技能人才和技术转移人才支持力度

突出人才年轻化、复合型、创新型特征，在继续加大高层次人才培育引进力度基础上，加大对高技能人才政策支持力度，加快建设知识型、技能型、创新型劳动者大军，造就更多"南粤工匠"。注重高层次复合型技能人才、高端技术经纪人培养，建立技术经纪人和技术转移团队联合培养机制，围绕技术转移人才队伍建设制订特殊的支持计划。

二 实施更加开放的人才引进政策

（一）建立粤港澳大湾区"猎头"制度

借助港澳国际化优势，加强粤港澳大湾区"猎头"与海外人才组织和企业的合作，面向全球寻求、关注、吸纳关键人才和高端人才，重点吸纳大湾区发展所需的、具有战略意义和产业领军作用的海外优秀留学人才和高端科技人才。

（二）大力引培"高精尖缺"人才

面向全球集聚和使用创新人才，建立与国际接轨的人才薪酬机制，筑牢科技创新中心根基。引进和培养一批世界级科技大师，努力培养造就一批世界水平的科学家、科技领军人才、工程师和高技能人才，引领和带动各类人才建设。围绕大湾区重点产业发展需求，面向全球发布重点产业紧缺人才清单，精准引进全球拔尖人才及团队。突出企业的创新主体地位，构建具有核心竞争力的市场化人才梯队，全面提升科技产业创新水平，培养更多具有国际视野、战略眼光的综合型与创新型企业家。

三 加快建设高端创新平台载体

(一) 建立高水平多层次实验室

深入推进国家重点实验室倍增计划和省重点实验室提质培优计划，围绕数字经济、生命健康、新材料等战略性新兴产业、未来产业，建设高水平省级重点实验室。支持深圳以诺贝尔奖获得者为核心，在化学、生物、光电等领域建设10个科学实验室。加强与阿贡国家实验室、劳伦斯伯克利国家实验室等国际尖端实验室开展科研交流合作，提升各类实验室的国际竞争力。联合港澳实施国际大科学计划（工程），推动广东省及各市科技计划项目向港澳开放；联合港澳新建一批粤港澳联合实验室，开展重大科学问题研究、关键核心技术攻关和科技成果转化。培育一批世界级科技领军企业，支持建设跨国公司地区总部。建立企业和国家、省重点实验室及研发中心联动合作机制，努力打造一批高水平的国家级创新平台。鼓励企业与高校、科研院所合作共建新型研发机构、产业技术实验室、中试和工程化基地等，大幅增强新型研发机构技术研发、成果转化、人才培养、孵化育成等功能。

(二) 推进高端创新资源共育共享

加强重大科技基础设施和创新平台建设，推动形成大科学装置集群。建设人工智能、集成电路、生物医药等领域引领性开源开放公共平台。围绕以深圳为主阵地的综合性国家科学中心建设，超前布局一批重大前沿科技基础设施，建设重大科技基础设施集群，完善重大科技基础设施共建共享共用机制。支持三地高等院校、科研院所、企业等联合发起或参与国际大科学计划和大科学工程，吸引国际组织、科研机构等参与建设、运营和管理。举办粤港澳大湾区创新世界杯竞赛并设立"珠江奖"，在竞赛基础上打造覆盖全球主要创新城市、具有国际影响力的重大创新平台。

(三) 共建全球一流的科研机构

支持大湾区大力发展新型研发机构，建设全球领先的科学实验室、研发中心、研究机构、博士后科研流动站等。探索共建大湾区科学院，在基础与应用基础研究、产业关键共性技术研究以及战略性新兴产业发展等关键领域开展联合科学研究。

（四）打造国际创客中心

实施孵化器倍增计划，推进新一代孵化器建设。鼓励港澳和全球青年来大湾区内地城市创新创业，支持珠三角9市重点建设港澳青年创新创业基地和众创空间，为创业者提供场租减免、税收优惠、专项资金扶持、创业服务等一系列优惠服务。大力引进全球顶级的创客团队，推动国际知名创业服务组织落户大湾区，打造集引才引智、创业孵化、专业服务、政策保障等功能于一体的国际离岸孵化中心，努力将大湾区建设成为环境最佳的创新创业区、全球著名的国际创客中心。

四　全方位推进创新人才培养体系建设

（一）建设国际教育示范区

坚持把优先发展教育事业作为推动大湾区创新人才发展的重要先手棋。一是大力集聚全球优质高校资源，引进世界知名大学和特色学院，推进世界一流大学和一流学科建设，支持中山大学、华南理工大学、南方科技大学等高校建设世界一流大学。二是进一步深化粤港澳高教合作。鼓励三地高校开展科研人员、教师访学交流，互聘客座教授，共建优势学科专业、实验室和研究中心，联合培养研究生。鼓励三地高校建立各类专业联盟，成立特定课程的认定委员会，开展专业认证、学分互认、学生互换、学生学科竞赛等方面的合作。三是加快筹建湾区大学。粤港澳三地政府、高校、企业和社会多方合作创建一批世界级的高水平新型"湾区联合大学"，按大湾区建设需要培养一批急需的专业人才和复合型人才；合作创建"湾区科技大学"，以全新的联合办学模式，建设新型理工科大学，为大湾区创新驱动发展培养高水平复合型人才。

（二）深化产学研合作

借鉴硅谷"开放式高校""开放式企业"模式，促进大湾区教育链、人才链与产业链、创新链的跨境衔接、相互协同，按照"利益共享、风险共担、优势互补、共同发展"的原则推动企业、高校、科研院所等创新主体共同开展技术创新活动，逐步实现科研—产品—市场—科研的良性循环，建设培育一大批产教融合型企业。进一步推进校企合作人才培养改革，建立产教融合型企业制度，推出组合式激励政策。

（三）推动创新人才集群化成长

以较为集中的人才干事创业平台即产业集群和科技集群为支撑，推动创新人才的集群化成长和发展。针对战略性新兴产业和战略性支柱产业分类制定不同产业的创新人才开发路线图和高层次人才清单目录，通过集群化方式引进和培养一批能够攻克产业核心技术难关和推进产业基础高级化、产业链现代化的高层次技术创新人才。依托广深港澳科技创新走廊建设，将港澳地区的国际化优势和广东改革开放先行先试优势相结合，打造世界一流的重大科技基础设施集群，吸引、培育、集聚一批海内外高水平创新人才。

（四）推动创新人才国际化发展

注重与国际接轨，探索建立符合国际管理要求的科研人才制度，增强对国际化创新人才的影响力和凝聚力。超前布局基础、前沿、源头研究领域，从预研、新建、推进和提升四个层面健全基础研究能力建设体系和完善基础学科人才开发路线，吸引国际化的基础学科人才；围绕"双十"产业集群，加快引入国际化的产业应用人才。利用好港澳地区集聚大量国际人才的优势，探索在国际人才引进、使用、薪酬、激励、评价等方面与国际接轨，积极开发国际人才引进政策包。引领粤港澳大湾区深度参与国际人才合作交流，提升人才发展整体实力和全球影响力。积极争取大型国际会议、大型涉外活动、国际学术会议等的主办权，为人才国际化提供更多活动平台。

五 完善创新人才评价激励机制

(一) 建立以创新为导向的人才评价机制

全面改革省级人才计划人才遴选方式，实行高水平大学、一流科研院所、领军企业等人才引进推荐认定制。探索竞争性人才使用机制，重大科技攻关项目可面向市场遴选首席专家，实行首席专家负责制，推行"负面清单"管理制度，以实绩论英雄。改革科研成果管理制度，完善技术成果转化公开交易与监管体系，创新完善科技成果转移转化利益分配机制，赋予科研人员职务成果所有权和不低于10年的长期使用权。建立完善以信任为前提、包容审慎的高层次人才管理机制，对人才引育投入绩效实行总体考核、中长期考核，对基础前沿研究领域人才，着重评价标志性成果、实际贡献和科学价值，保障高层次人才潜心创新创业、充分施展才华。

(二) 实施更普惠的创新人才激励政策

针对粤港澳大湾区内科技企业和科研人员实施更加普惠的创新人才激励政策，通过所得税税收减免和奖补、提高科技人员薪酬待遇、企业实施员工持股激励计划等措施，增强科技企业和科技人员的获得感。

六 加强科技创新服务体系建设

(一) 完善科技成果转化服务

设立知识产权和科技成果产权转化机构，争取国家支持开展科研成果转化创新特别合作区试点，促进港澳科技成果来湾区内地转化落地。共建粤港澳大湾区成果转化平台，为港澳和外籍高层次人才科技成果转化提供信息对接、产业配套等服务与支撑。加快推进华南技术转移中心建设，吸引国内外优秀科技成果、人才、项目到大湾区落地转化及产业化。打造"众创空间+科技企业孵化器+加速器"全孵化育成服务链，实施科技企业孵化器倍增计划，孵化培育一批科技型中小微企业、高成长性科技型企业、瞪羚企业、独角兽企业和高新技术企业，引导创新人才向企业集聚。支持各市举办创新创业大赛，持续举办中国创新创业大赛广东赛区大赛、深圳赛区大赛、港澳台赛，以及海峡两岸暨港澳大学生职业技能大赛及创新创业成果展。

（二）强化创新创业金融服务

围绕人才创新创业全生命周期配置资源，精准为人才赋能，构建支持人才创新发展的多层次金融市场。利用借鉴香港、深圳金融服务产业优势和经验，完善科技金融政策保障，引进、发展风险投资和信用担保机构，加强金融产品创新、融资培训和服务，健全湾区内科技金融服务体系。深入实施融资畅通工程，大力发展创业投资、风险投资，支持银行打造服务人才的实体化专营机构，完善"人才投""人才贷""人才险"等金融服务，让人才能以更低的成本、更快的速度成就事业、实现梦想。

第四章
面向经济主战场，推进产才深度融合发展

"湾区经济"是指围绕沿海口岸分布的众多港口群和城镇群因临海地理优势而形成的具有规模效应的地区经济。过去40多年，沐浴着中国改革开放的春风，粤港澳大湾区的经济发展取得举世瞩目的成绩，全球各地的人才也不断向粤港澳大湾区集聚。随着产业转型升级和人口结构变化的双重演进，产才融合深度发展愈发成为粤港澳大湾区亟待重点研究的课题。建设粤港澳大湾区高水平人才高地，是与大湾区产业发展相适应的英明决策，为大湾区产才融合向更高水平发展带来重大机遇。

由于具有"一个国家、两种制度、三个关税区、三种货币"的独特性，粤港澳大湾区在产才融合发展方面既有诸多创新突破的优势，又面临不少严峻挑战。本章第一节对一些重要概念进行界定，同时尝试构建一个产才融合的理论分析框架。第二节分析粤港澳大湾区产才融合的整体发展历程以及区域内地市产才融合的发展情况，以摸清粤港澳大湾区产才融合的发展脉络及现状。第三节对世界三大著名湾区（旧金山湾区、纽约湾区、东京湾区）的发展经验进行总结提炼。第四节探讨推动粤港澳大湾区产才融合深度发展的一些着力点。

第一节 产才融合的理论基础与分析框架

本节对与本章相关的一些重要概念进行讨论界定，并在此基础上提

出一个分析产才融合的理论分析框架。

一 重要概念界定

在现有文献中，有些概念的定义并不清晰一致。为避免概念模糊不清影响本书的科学性或引起研究观点分歧，本部分主要对与产才融合发展相关的一些重要概念进行界定。

（一）产业链、产业集群与产业集聚

产业链（industry chain）的概念最早源于18世纪70年代亚当·斯密关于企业内部分工合作的阐述。大概100年之后，马歇尔（Alfred Marshall）将此概念拓展至企业间的分工合作。1958年，赫希曼（Albert Otto Hirschman）从产业关联的视角强调产业链的前后联系，[1]亦即现在比较流行的产业上下游联系。随着供应链（supply chain）等相关理论的兴起，供应链管理发展成一个学科专业，其中，供应链亦指价值链（value chain）或需求链（demand chain）。[2]供应链等相关理论的迅猛发展为产业链理论在微观产业链、产业增值环节等领域的研究带来极大的补充拓展空间，但同时，产业链的概念在学术界也逐渐弱化。近年来，随着中国产业的高速发展，产业链在产业经济、地区发展等研究领域被频繁提及。然而，国内学界对产业链的概念并没有统一界定。本书认为，产业链是指在特定时空布局下，各个主体在参与产业价值链增值的过程中所形成的错综复杂的关联网络。其中价值链包含从原材料到最终产品或服务送达消费者过程中的各个增值环节。

产业链中的增值环节也就是所谓的生产活动；它实际上是一个运行的投入产出系统，其中，投入的要素包括土地、原材料、半成品、设

---

[1] A. O. Hirschman, *The Strategy of Economic Development* (New Haven: Yale University Press, 1958).

[2] D. J. Bowersox, D. J. Closs, and M. B. Copper, *Supply Chain Logistics Management* (New York: McGraw-Hill Companies, Inc., 2002), p. 4.

备、劳动力、资本等,而产出一般指产品、服务等。区位经济理论认为存在一些集聚因子和分散因子。其中,集聚因子是促使企业为降低生产或销售成本而集聚在特定地区开展经济活动的因子(如相关公共设施的分享)。① 在各类企业的生产活动中,受集聚因子的驱动,原材料、半成品、设备、人才、资本等要素可能会在特定区域内不断汇集。并且,这种集聚效应通常沿着产业网络拓展,使得一个区域逐渐形成自己的特色产业、产业链或产业集群。

产业集群(industrial cluster)是一个静态概念,通常指在特定区域内从事近似经济活动的企业和其他相关组织高度集聚,导致当地有限的地理空间内分布着与特色产业紧密关联、多样化的生产结构。② 产业集聚(industrial agglomeration)则是一个动态概念,通常指一个或多个产业的从业主体和其他利益相关者不断聚集到特定区域内,进而使得该区域的特色产业在地理分布上越发密集,产业规模亦不断扩大。产业集聚和产业集群的概念源于马歇尔对产业区的定义。不论是产业集聚还是产业集群,均受益于聚集区的若干重要特征,如优越的地理区位条件、发达的物流系统、充足的劳动力资源、紧密的社会关系、优惠的产业政策等。这些特征帮助企业降低了交易成本并培养了经济活动中的信息渠道和信任关系网络,从而促进了信息、知识、技术等要素的高效流动。③

(二)人才集聚与产才融合

人才集聚是指大量的同行业或相关的人才由于某种内在联系在一段时间内趋向于聚集到同一地理空间或同一行业的现象。人才集聚是人口流动的一种特殊形式。人才集聚的实质是人力资本在地理空间上的配置

---

① 张文忠:《经济区位论》,商务印书馆,2022,第 124 页。
② M. E. Porter, "Clusters and the New Economics of Competition," *Harvard Business Review* 76 (1998): 77–90.
③ 〔美〕加里·杰里菲等:《全球价值链和国际发展:理论框架、研究发现和政策分析》,曹文、李可译,上海人民出版社,2018,第 230 页。

过程，其反映的是一个地区具有较强的吸引和留住人才并产生经济性和社会性集聚效应的实力。① 学者们普遍认为，劳动力尤其人才偏向于迁往生产率高的地区。②

人才集聚一般会给一个地区带来正负两种效应。人才集聚的正效应（经济效应），是人才集聚所产生的规模经济效应，表现为对当地生产提效、创新产出、经济增长、社会发展、文化提升等方面的促进作用，其远远大于单个人才的作用之和，并包括单个要素所没有的新的作用。人才过度集聚，也可能产生负效应。人才集聚的负效应（非经济效应）是指一个地区人才集聚过度导致当地人力资本边际效用递减，进而妨碍当地生产、创新、居住环境等方面的健康发展。

现代经济增长的源泉，其实是在一个国家或地区人口规模既定条件下对人才的空间分布进行适当调整，通过使人才向大城市集聚，借助城市的规模经济效应，产生对整个国家或地区经济增长的带动作用。城市层面的规模经济效应主要来源于三个机制，分别是分享（私人投资和公共投资在生产规模扩大中被分摊）、匹配（不同偏好和技能的消费者与生产者的相互匹配）和学习（人才之间的知识外溢和干中学）。③ 其中最为重要的是学习机制。人才集聚中的学习机制，就是通过人才之间面对面的接触和交流，尤其是在与高水平人才的共事或社交互动中学习、交流并传播知识、技术与信息，进而加速创新成果和技术的应用并提高生产率。

使人才集聚到一个地区的因素可能涉及该地区的地理区位、经济发展水平、创新环境、公共服务水平、人才治理环境、人才发展水平等方面，也可能跟其他地区在以上各方面的相对水平有关。其中，一个地区

---

① 周庆元：《产业集群与人才集聚相互驱动和耦合发展研究》，河海大学出版社，2019，第20页。
② J. Roback, "Wages, Rents, and the Quality of Life," *Journal of Political Economy* 90(1982): 1257 – 1278; E. Glaeser and J. Gottieb, "The Wealth of Cities: Agglomeration Economies and Spatial Equilibrium in the United States," *Journal of Economic Literature* 47(2009): 983 – 1028.
③ 陆铭：《空间的力量——地理、政治与城市发展》，格致出版社、上海人民出版社，2013；夏怡然、张鎣、周小刚：《空间的力量：在集聚中积累的人力资本》，上海人民出版社，2020，第13页。

的经济水平与其产业发展情况密不可分。由于人才既是产业发展的关键投入要素,又是产业活动所产生产品或服务的潜在消费者,一个地区的产业发展与人才发展息息相关。

对一个拥有产业集群的地区而言,一方面,与该地区产业集群发展阶段相匹配的人才集聚有助于提升其产业集群的创新能力和竞争能力。一般来说,在产业集群的形成阶段,一般人才(普通劳动力)和企业家起较重要作用,而当产业集群处于发展和成熟阶段时,专业人才(尤其是创新人才)的作用更加重要。[1] 另一方面,如果一个地区所需类型或层次的人才非常缺乏,那么该地区产业集群的发展将受到严重制约。产业集群的良性发展离不开人才资源的高效配置。这就涉及集聚的人才群体结构。成熟的产业集群,要求各专业领域和各层次的人才占比科学合理。它既需要创新型研发人员,又需要高素质的技能型人才,既需要掌握运营管理知识和具备市场营销意识的企业管理人才,也需要具备战略思维的高层管理人才,其中缺乏任何类型或层次的人才,都会影响到整个产业集群的良性发展。而且,整个地区的人才结构需要与当地的产业集群相互匹配。从动态的角度讲,人才集聚与产业集聚需要一体化发展,此即所谓的"产才融合"发展。从区域经济发展看,一个地区只有产才融合发展程度较高时,也就是在地区内已形成两个集聚的良性互动(通过产业集聚促进人才集聚、通过人才集聚带动产业集聚)时,其产业集群才可能健康发展。[2]

二 产才融合的理论分析框架

产业集聚与人才集聚具有较高的关联度,两者在多个方面、多个层次上互相作用,并融合成一个复杂系统,即产才融合发展系统。本部分

---

[1] 谭建军:《基于产业周期角度产业集聚和人力资本的探究》,《产业与科技论坛》2010年第2期。
[2] 周庆元:《产业集群与人才集聚相互驱动和耦合发展研究》,河海大学出版社,2019,第31页。

尝试构建一个有关地区产才融合的理论分析框架。

（一）产业集聚的理论分析框架

产业的市场主体是企业。一般来说，一个地区拥有少数体量或能量巨大的龙头型企业。在产业集聚的理论框架中，一个地区的龙头型企业被归类为核心公司（见图4-1）。使核心公司选择在一个地区驻扎的因素可能是多方面的，其中可能涉及当地的资源禀赋（人力资本、土地、原材料等）、政策环境、地理特征、区域文化等诸多方面。

```
┌─────────────────────────────┐  ┌─────────────────────────────┐
│ 人力资本、土地、原材料、政策环境、│  │ 政府机构、行业协会、培训机构、高校、│
│ 地理特征、区域文化等             │  │ 科研机构、金融机构等             │
└─────────────────────────────┘  └─────────────────────────────┘
         ┌──────────────┐    ┌──────────┐    ┌──────────────┐
         │ 供应商/客户    │◄──►│ 核心公司 │◄──►│ 非上下游企业   │
         └──────────────┘    └──────────┘    └──────────────┘
                          ╲       │       ╱
                           ╲      ▼      ╱
                          ┌──────────────┐
                          │   产业集聚   │   协调化、高级化
                          └──────────────┘
```

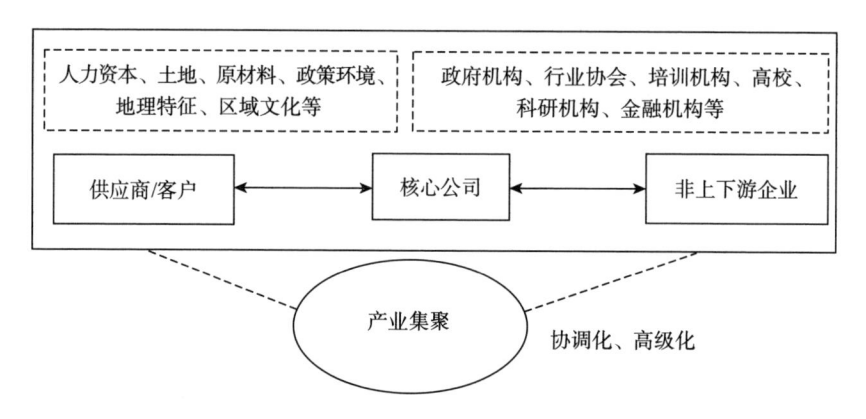

图4-1　产业集聚的理论分析框架

核心公司在当地可能拥有合作的客户（下游企业）或供应商（上游企业），其客户或供应商也可能来自其他地区。因核心公司在其所在行业价值链分工体系的某个环节中占据着比较重要的地位，其通常能在纵向（上下游联系）和横向（与非上下游的同行竞争企业的联系）两个维度的某些方面直接带动当地其他企业的发展。进一步地，这种带动效应也可能会辐射到其他行业的企业（非上下游且非同行企业）。如此，在同一区域内，通过各种联结，核心公司与同区域内的一大批企业串联成一个较紧密的产业网络。从中观的层级看，这种企业间的带动辐射效应积累到一定能级，便形成了区域内的特色产业甚至产业集群以及该特色产业对区域内其他产业的显著带动效应。

在特定的产业发展生态中，一些组织或机构扮演着非常重要的角色，比如政府机构、行业协会、培训机构、高校、科研机构和金融机

构。其中，政府机构在制定法律法规、维持市场秩序、建设和维护公共基础设施、引导当地特色产业发展等方面的作用难以替代。行业协会为同行业的企业或从业人员提供交流平台，同时在促进企业与政府、消费者等利益相关者的沟通方面起到很好的纽带作用。高校和科研机构为企业的人力资源提供强力支撑，高校在企业的研发和创新方面与科研机构一样扮演着重要角色。金融机构可以为企业提供融资、财务、审计等方面的服务。总而言之，一个健康发展的产业集群中，相关组织或机构为当地企业的发展提供优越的服务，它们会与企业形成良性互动的格局，各利益攸关方相得益彰、共生共荣。

如果一个地区的特色产业生态系统足够优秀，便能够吸引当地其他行业的企业转行加入，也能够吸引其他地区的同行企业搬迁过来。通过有机增长和外生增长两种集聚动力机制，该地区的特色产业能够不断壮大和升级。这种集聚是动态的，其总体目标应该是使得该地区的产业集群更加协调和高级。

(二) 人才集聚的理论分析框架

人才一般指那些工作能力较强和业绩显著的人。人才在某些领域的才能尤其是创造能力比较强甚至极强，他们往往具有一定的学历文凭和专业技能，有些人才甚至拥有职业职称和职务资格。[1] 从层次上分，人才可分为高端人才、中级人才和初级人才（一般从业人员）（见图4-2）。按国际上的分法，人才可分为学术型人才、工程型人才、技术型人才与技能型人才四大类。在一个地区内，各类型和领域的不同层次人才互相联结，形成区域内的人才矩阵，各自均能在区域内的经济社会发展中发挥作用。

人才拥有较高水平的人力资本。所谓人力资本，是指凝聚在劳动者身上的那些具有经济价值的知识、技术、能力、健康素质等。[2] 人力资

---

[1] 萧鸣政：《人才评价与开发：行政管理的基点》，北京大学出版社，2014，第8页。
[2] T. W. Schultz, "Investment in Human Capital," *American Economic Review* 51(1961): 1–17.

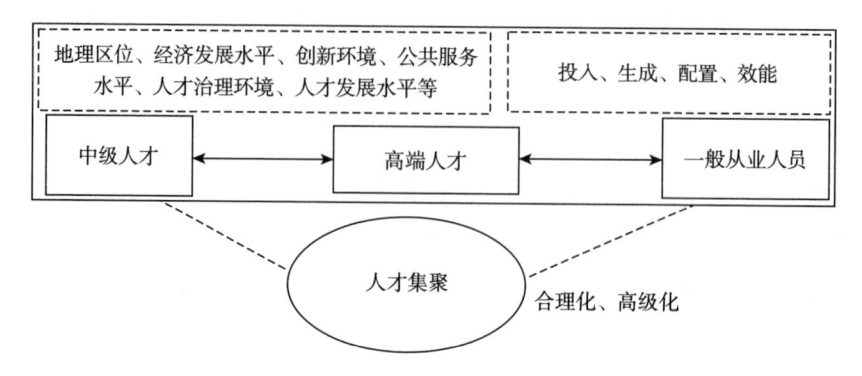

```
┌─────────────────────────────────────────┐  ┌─────────────────────┐
│ 地理区位、经济发展水平、创新环境、公共服务  │  │ 投入、生成、配置、效能 │
│ 水平、人才治理环境、人才发展水平等        │  │                     │
└─────────────────────────────────────────┘  └─────────────────────┘
```

┌──────────┐   ┌──────────┐   ┌────────────┐
│ 中级人才 │←→│ 高端人才 │←→│ 一般从业人员 │
└──────────┘   └──────────┘   └────────────┘

         ╲   │   ╱
              (人才集聚) 合理化、高级化

图 4-2　人才集聚的理论分析框架

本是经济生产活动的关键要素。由于对人力资本回报的追求，许多人才选择迁到人力资本回报率较高的大城市或大都市圈。具体而言，较之小城镇或农村，大城市一般拥有独特的地理区位优势和发达的经济，可以为各类人才提供充裕的就业机会。大城市良好的人才治理环境和宽松的创新环境，可以更好地激发人才的干事和创新活力。而且，大城市优越的公共服务和便利的生活环境，能够让人才安心工作。此外，大城市庞大的优秀人才群体也是吸引人才的重要因素。人才集聚所产生的知识溢出效应能够促进人才的学习成长，也就是说，一群优秀的人一起工作，便于他们在共事或者近距离社交活动中互相学到东西。以上是人才由欠发达地区向发达地区集聚的主要原因。

一个地区的人力资本整体水平，在相当大程度上取决于该地区人才的数量和平均水平。对区域内人才的管理，主要涉及投入、生成、配置和效能等四个环节。其中，对人才的投入包括资金、人力物力、政策倾斜等方面，这些都是地区人才发展的保障。人才的生成则主要涉及引才、育才、留才等方面。配置指区域内人才在类型、专业、领域、层次、年龄、空间等方面的分布状况。一个地区的经济社会发展，要求其人才配置科学合理且高效。人才配置的效率，与人才流动自由度、人才配置市场化程度密切相关。人才的使用会产生效能。提供人尽其才的大环境，让人才发挥最大效能，对一个地区的经济社会发展也至关重要。

可以说，落实好人才管理的投入、生成、配置和效能四个环节，是一个地区吸引和集聚人才的重要手段。一个地区人才集聚的总体目标应该是使得该地区的人才配置更趋合理、人才整体水平更高。

（三）产才融合的理论分析框架

人才作为生产活动的一个关键要素，其在一个地区的集聚与区域内的产业集聚高度关联。产业高度集聚的地方，一般人才集聚度也比较高。产业发展需要人才，而人才集聚能促进产业发展。一方面，一个地区的产业集聚为人才发挥效能提供载体。另一方面，从各地聚集于此的人才，除了提供大批高素质的劳动力，还给当地带来先进的知识、技术资料，甚至生产工具和设备、资金等。从系统论的角度看，产业集聚与人才集聚这两个动态子系统相互关联和影响，进而形成一个更大的动态复杂系统，即产才融合系统，本部分基于此构建了产才融合的理论分析框架（见图4-3）。

产业集聚的总体目标是使一个地区的产业集群向更协调、更高级的阶段发展，而人才集聚的总体目标是使一个地区的人才群体不断提升整体质量、人才矩阵的配置更趋合理。因此，两个系统的总体目标是基本一致的。产才融合系统在与外部进行物质、能量、信息等要素的交换的过程中从无序走向有序。在此过程中，产才融合系统的一些宏观变量的瞬时值经常会偏离均衡阈值而出现波动。这就要求产业集聚和人才集聚两个子系统之间协同运作。产才融合系统在子系统的持续协同运作过程中逐步获得新的高度有序性，进而使系统本身达到更佳的可持续发展状态。与此同时，两个子系统在持续的协同运作过程中也各自不断进化。具体而言，一个地区的产才融合发展得好，一定是产业与人才高度匹配协调、相互促进发展的结果；产才融合发展得好，既有利于推动当地的产业集群不断转型升级，也有利于推动当地人才资源往更高水平的方向发展。

产才融合系统内部结构错综复杂，其良性发展要求两个层次的协调发展。一是产业集聚和人才集聚两个子系统各自内部的协调发展，二是两个子系统之间的协调发展。这两个层次的协调发展要求系统内部各个

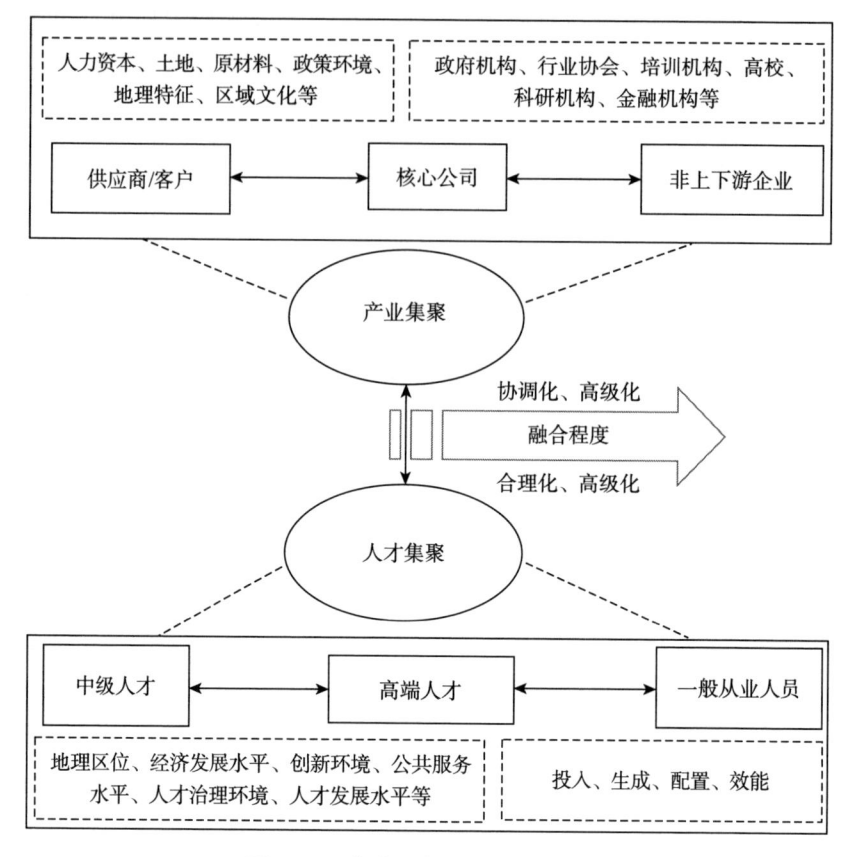

图 4-3　产才融合的理论分析框架

变量之间处于科学合理、高度协调的状态，因此，一个地区的产才融合系统在从稀疏无序到紧密有序、从粗放模仿到创新引领的进化过程中，势必对当地的企业和利益相关方提出极高的要求。

第二节　粤港澳大湾区的产业结构优化升级与人才集聚

粤港澳大湾区是中国经济发展水平最高的地区。截至2020年，珠三角地区（不含港澳）的人均GDP与每平方公里国土面积创造的GDP分别为13.9万元、1.59亿元，在全国七大城市群中的排名均为第 1。① 大湾区的经济发展历程是中国产业发展的一个缩影。改革开放以来，毗邻港澳的珠三角抓住外资流入和全球产业转移的历史机遇，从"三来一补、前店后厂"起步快速发展工业制造业。珠三角各地级及以上市逐渐形成了自己的特色产业，比如深圳的电子信息、东莞的纺织服装、佛山的家电和装备制造、中山的灯饰等，这些为珠三角赢得了"世界工厂"的盛誉。粤港澳大湾区的产业发展产生规模经济和人力资源外部性，进而吸引了全国各地的劳动力，使得该地区人口规模逐年扩大。

一 粤港澳大湾区的产业结构

经过几十年的发展，粤港澳大湾区的产业结构逐渐优化。2020年，大湾区三次产业占比分别为1.36%、32.44%、66.20%（见表4-1）。可以看出，第一产业占该地区经济生产总值的比重非常小，而第二产业与第三产业占据大头，第二产业与第三产业比例约为1∶2。2010~2020年，粤港澳大湾区第二产业的比重缓慢下降，而第三产业的比重则相应地缓慢提升。

表 4-1 2010~2020 年粤港澳大湾区三次产业占比

单位：%

年份	一产占比	二产占比	三产占比
2010	1.33	35.14	63.53
2011	1.44	35.35	63.21
2012	1.41	34.87	63.72
2013	1.33	34.67	63.99
2014	1.30	35.12	63.58
2015	1.26	34.61	64.13
2016	1.25	33.66	65.10
2017	1.16	32.57	66.27

① G7、FT中文网：《中国七大城市群融合发展报告——从公路货运大数据看中国七大城市群融合发展》，2021。

续表

年份	一产占比	二产占比	三产占比
2018	1.15	32.99	65.86
2019	1.24	32.27	66.50
2020	1.36	32.44	66.20

资料来源：广东省统计局、世界银行、澳门特别行政区政府统计暨普查局。

从城市层面分析，香港与澳门的经济对服务业高度依赖，2020年，港澳两市的三产占比均在90%以上。广州与深圳属于典型的"三二一"型产业结构，第三产业占比突出。其中，2020年，广州的三次产业占比分别为1.15%、26.34%、72.51%，深圳的三次产业占比分别为0.09%、37.78%、62.13%。与广州相比，深圳的工业制造业占比要高出约11个百分点。

至于其他城市的情况，2020年，中山的第二、三产业产值基本持平。佛山、东莞、惠州的第二产业产值显著高于第三产业产值，二者比值大于1，说明工业制造业在以上三个城市的经济结构中仍然占据主导地位。2010~2020年，佛山和惠州的第二产业与第三产业产值的比值基本上处于缓慢下降态势；东莞则比较特殊，其第二产业产值在2018年重新反超第三产业产值，这在很大程度上是由于东莞经历工业制造业转型阵痛后的集聚喷发。2020年，珠海、肇庆、江门的第二产业产值低于第三产业产值，二者比值小于1，说明服务业在以上三个城市的经济结构中占据主导地位，其中，珠海和江门2010~2020年的第三产业发展速度明显快于第二产业（见表4-2、图4-4）。

表4-2 2010~2020年粤港澳大湾区各城市二、三产业产值比值

年份	香港	澳门	广州	深圳	珠海	佛山	中山	东莞	肇庆	江门	惠州
2010	0.07	0.05	0.62	0.90	1.31	1.78	1.48	1.04	1.05	1.52	1.68
2011	0.07	0.04	0.61	0.91	1.29	1.76	1.34	0.92	1.16	1.46	1.62
2012	0.07	0.04	0.56	0.83	1.14	1.75	1.32	0.91	1.22	1.27	1.59
2013	0.07	0.04	0.53	0.80	1.09	1.66	1.32	0.85	1.43	1.22	1.56

续表

年份	香港	澳门	广州	深圳	珠海	佛山	中山	东莞	肇庆	江门	惠州
2014	0.08	0.05	0.52	0.78	1.08	1.75	1.31	0.91	1.43	1.17	1.46
2015	0.08	0.08	0.48	0.74	1.06	1.64	1.25	0.88	1.45	1.13	1.37
2016	0.08	0.07	0.43	0.71	1.01	1.58	1.19	0.90	1.32	1.09	1.31
2017	0.07	0.05	0.39	0.71	0.96	1.41	1.05	0.94	0.76	1.12	1.22
2018	0.07	0.04	0.38	0.70	1.00	1.34	1.06	1.29	0.72	1.09	1.22
2019	0.07	0.05	0.38	0.64	0.83	1.33	1.00	1.21	0.99	0.88	1.20
2020	0.06	0.09	0.36	0.61	0.79	1.34	1.02	1.17	0.93	0.84	1.14

资料来源：广东省统计局、世界银行、澳门统计暨普查局。笔者基于以上单位发布的数据整理得出各城市三次产业产值；本表的数据由各城市的第二产业产值除以第三产业产值得出。

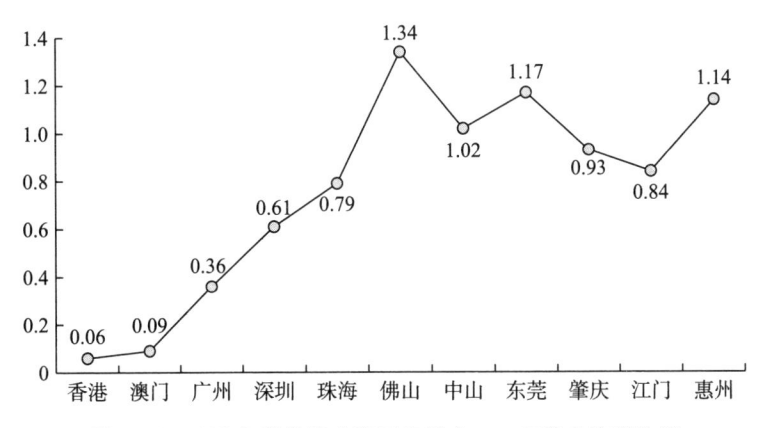

图 4-4 2020 年粤港澳大湾区各城市二、三产业产值比值

从工业结构看，粤港澳大湾区高技术制造业增加值在该地区工业增加值中的占比较高。2019 年，珠三角地区的高技术制造业增加值达 9850.2 亿元，约占该地区工业增加值的 27.8%，远高于全国平均水平[①]。其中，深圳的高技术制造业增加值为 5896.8 亿元，约占珠三角地区高技术制造业增加值的六成，这在一定程度上解释了深圳第二产业占 GDP 比重远超广州的现状，同时说明深圳的工业制造业高级化程度处于珠三角领先水平；排在深圳之后的东莞和惠州，分别为 1667.5 亿元

---

① 2019 年，全国高技术制造业增加值占规模以上工业增加值比重为 14.4%，全国高技术制造业增加值占工业增加值比重则更低。

和705.6亿元（见表4-3）。

表4-3 2011~2019年珠三角地区及其中各城市高技术制造业增加值

单位：亿元

年份	广州	深圳	珠海	佛山	惠州	东莞	中山	江门	肇庆	珠三角
2011	440.9	2709.6	166.0	174.6	365.3	475.5	161.6	60.2	59.4	4612.9
2012	514.7	2949.4	172.8	217.5	450.6	615.5	179.1	43.5	68.6	5211.7
2013	532.3	3491.8	220.3	283.0	594.7	864.2	194.9	47.6	81.2	6310.2
2014	535.5	3847.3	226.1	283.7	614.9	831.0	210.6	57.3	89.4	6695.7
2015	568.7	4056.0	264.5	328.5	655.0	869.2	225.5	67.7	82.5	7117.0
2016	508.3	4637.8	292.8	361.4	708.7	1103.2	243.3	83.5	82.1	8021.0
2017	564.3	5353.1	293.4	266.8	812.0	1459.0	173.4	80.5	51.0	9053.3
2018	598.6	6131.2	322.0	276.5	698.8	1520.6	208.7	100.5	51.8	9908.6
2019	592.9	5896.8	346.3	302.2	705.6	1667.5	176.0	98.4	64.4	9850.2

资料来源：广东省统计局。

近年来，粤港澳大湾区的高技术制造业发展迅猛。2011~2019年，珠三角地区的高技术制造业增加值从4612.9亿元增长至9850.2亿元，增长了5237.3亿元，年均增长率达9.9%。其中，2011~2019年，东莞、深圳、珠海、惠州和佛山的高技术制造业增加值年均增长率分别为17.0%、10.2%、9.6%、8.6%和7.1%（见图4-5）。可见，近年来粤港澳大湾区的工业制造业在转型升级方面的成绩显著，其区域内的产业功能呈加速向全球价值链中高端靠拢的态势。

《粤港澳大湾区发展规划纲要》提出了大湾区内城市间在制造业、战略性新兴产业上相互融合、互补互促的产业集群发展布局。目前，该纲要中提出的产业发展布局规划已取得初步成效。大湾区的高技术制造业形成了珠江东西两岸齐头并进差异化发展的格局。其中，珠江东岸逐渐形成电子信息技术、生物医药、新材料等新兴产业集群，主力城市有深圳、东莞和惠州；珠江西岸则重点推进汽车制造、家电制造等传统产业改造升级，主力城市有佛山、中山、珠海和江门。肇庆产业基础相对薄弱，目前正在加紧布局新能源汽车、电子信息等产业。

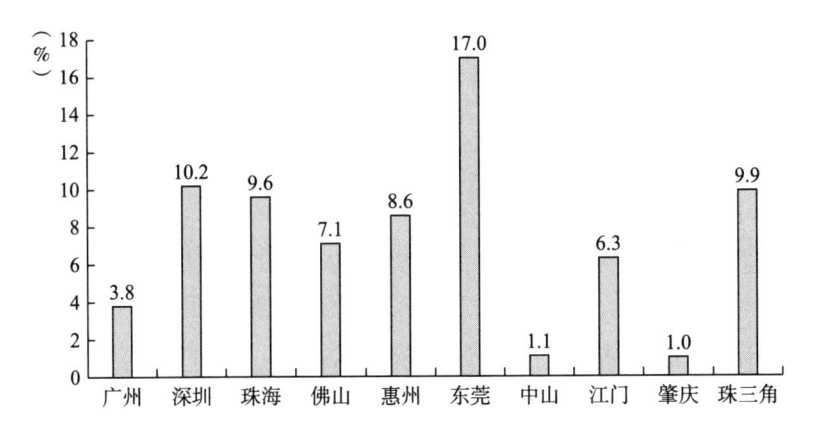

图 4-5 2011~2019 年珠三角地区及其中各城市高技术制造业增加值年均增长率

粤港澳大湾区的战略性产业集群成为该地区积极参与全球经济分工合作与竞争博弈的重要力量。目前，广东已形成新一代电子信息、绿色石化、智能家电、先进材料、现代轻工纺织、软件信息服务、现代农业与食品、汽车等 8 个超万亿元规模的产业集群，这八大产业集群的绝大部分集聚在珠三角地区。除了这些规模庞大的产业集群，粤港澳大湾区的其他一些产业也呈现从初级集聚往集群化发展的态势。2020 年 5 月，广东省政府发布《关于培育发展战略性支柱产业集群和战略性新兴产业集群的意见》，提出打造十大战略性支柱产业集群和十大战略性新兴产业集群的产业发展思路。十大战略性支柱产业包括新一代电子信息、绿色石化、智能家电、汽车、先进材料、现代轻工纺织、软件与信息服务、超高清视频显示、生物医药与健康、现代农业与食品；十大战略性新兴产业则包括半导体与集成电路、高端装备制造、智能机器人、区块链与量子信息、前沿新材料、新能源、激光与增材制造、数字创意、安全应急与环保、精密仪器设备。此外，广东省政府关注和培育的新兴产业还包括卫星互联网、光通信与太赫兹、干细胞等。目前，广东建设 20 个战略性产业集群的政策已经初步落地，其中，珠三角在生物医药、新一代信息技术、无人机、机器人等新兴领域均已取得显著成绩。

从服务业结构看，近年来粤港澳大湾区的服务业在经济发展中占有绝对重要地位，且稳步增长。2020年，粤港澳大湾区的服务业增加值达76191.5亿元，比2010年增长了40328.5亿元，增幅达124.5%（见图4-6）。2010~2020年，粤港澳大湾区服务业（第三产业）增加值占GDP的比重超过六成且呈稳健提升态势（见表4-1）。

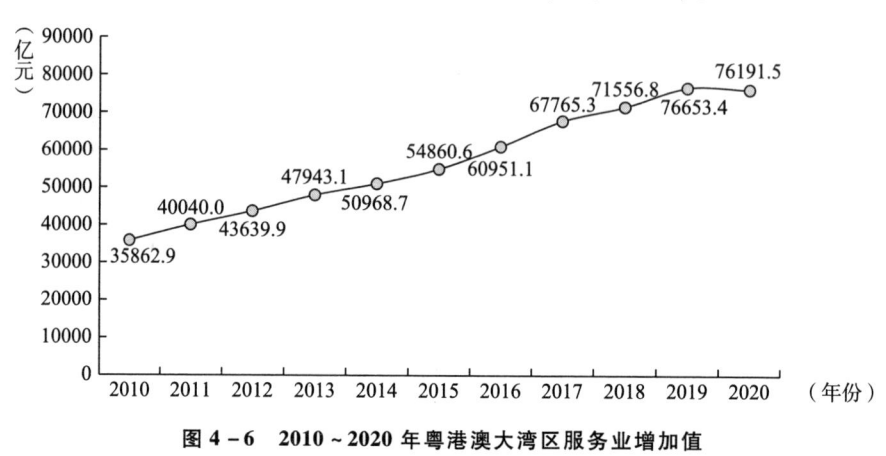

图4-6 2010~2020年粤港澳大湾区服务业增加值

目前，大湾区内地9座城市（珠三角9市）的规模以上服务业高度集聚在广州、深圳两座核心城市。2020年，珠三角9市的规模以上服务业企业数量为28008家，其营业收入高达34458.73亿元，相当于整个大湾区（含港澳）服务业增加值的45.2%。其中，广州、深圳的规模以上服务业企业数量分别是11666家、9735家，占珠三角9市的76.4%；广深两城的规模以上服务业企业营业收入分别是14094.83亿元、15942.80亿元，共占珠三角9市的87.2%（见图4-7）。

若对大湾区内11座城市的服务业增加值进行横向比较，则大体可以将其分成三个方阵。其中，香港、广州和深圳处于万亿元俱乐部的第一方阵，2020年，3座城市的服务业增加值分别达22411亿元、18141亿元、17190亿元。第二方阵的城市包括佛山、东莞两座城市，其2020年服务业增加值分别为4557亿元、4427亿元。其余6座城市则处于第三方阵（见图4-8）。数据显示，大湾区服务业集聚在区域内的核心城市地带。其中，香港、广州、深圳三座城市的服务业增加值占整个大湾区的75.8%；若加上佛山和东莞，则占比为87.6%。

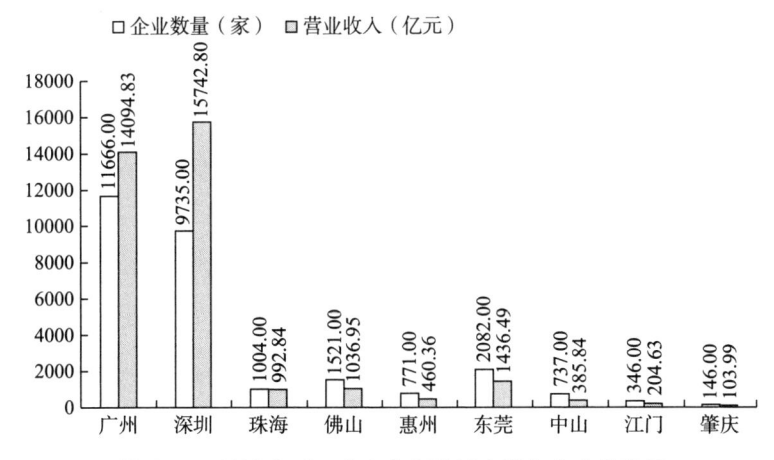

图 4-7 2020 年珠三角 9 市规模以上服务业企业情况

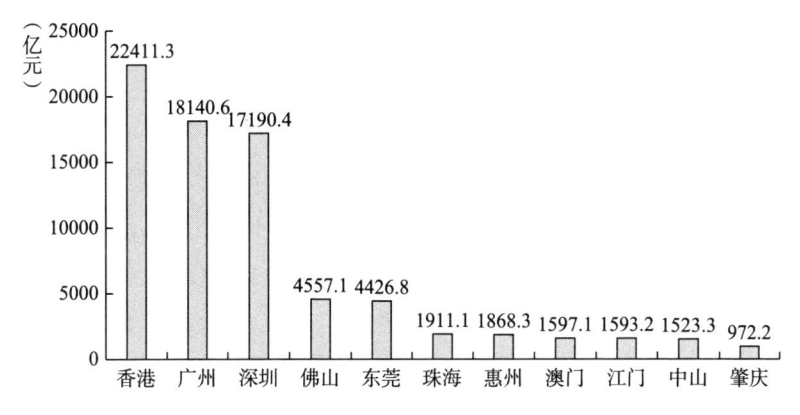

图 4-8 2020 年粤港澳大湾区各城市的服务业增加值

资料来源：广东省统计局、世界银行、澳门特别行政区政府统计暨普查局。

就城市服务业特色而言，香港的贸易及物流、金融服务、旅游等行业的发展水平处于全球先进行列。澳门的博彩旅游和金融服务在其经济发展中起重要作用。广州近年来除了继续发展商业零售、会展等行业，还高度重视发展金融、科技等第三产业。深圳目前已形成包括"四大支柱产业、七大战略性新兴产业、五大未来产业"①的产业架构，该产

---

① "四大支柱产业"包括文化产业、高新技术产业、物流业和金融业。"七大战略性新兴产业"包括新一代信息技术产业、生物医药产业、数字经济产业、高端装备制造产业、新材料产业、海洋经济产业和绿色低碳产业。"五大未来产业"为卫星制造与应用产业、航空航天产业、机器人产业、可穿戴设备产业和新型健康技术产业。

业架构很显然是以第三产业为主体的。珠海近年来依托横琴半岛的地理优势，重点布局发展休闲旅游、商务服务、金融服务、文化创意、中医保健、科教研发、高新技术等产业。佛山、东莞和惠州是粤港澳大湾区重要的制造业基地。目前，这3座城市的第三产业占GDP比重均低于第二产业，这也说明它们的第三产业（尤其是生产性服务业）具有巨大的发展潜力。中山提出"2+3+4"的第三产业布局思路。①肇庆依托现代农业产业园，基于文旅、电商、直播等元素形成具有当地特色的第三产业发展格局。江门的商业服务、金融、交通运输、旅游等第三产业比较有优势。

二 粤港澳大湾区的人才资源

得益于地区内产业蓬勃发展，粤港澳大湾区已成为吸引人力资源的"强磁场"，其结果是该地区的人口集聚程度逐年提升。

研究发现，人口迁移是粤港澳大湾区人口集聚程度逐年提高的主要原因之一。2020年，粤港澳大湾区常住人口达9199万人，比2005年增长3922万人（见图4-9）。进一步分析发现，粤港澳大湾区常住人口与常住人口增长量之间存在显著的正相关关系，相关系数为0.32；相似地，常住人口与常住人口增长率之间亦存在显著的正相关关系，相关系数为0.24。也就是说，随着粤港澳大湾区人口规模的扩大，其吸引外来人口的"磁性"越来越强。

再看人才总量。本书将一个地区的人才总量定义为党政人才、企业经营管理人才、专业技术人才、高技能人才、农村实用人才、社会工作人才等人才资源的总量。数据显示，粤港澳大湾区的人才总量已从2010年的1095.2万人增长至2021年的2510.71万人，增幅达129.2%（见图4-10），表明2010～2021年粤港澳大湾区的人才规模实现了大幅扩大。

---

① 参见《中山市国民经济和社会发展第十四个五年规划和2035年远景目标纲要》。"2+3+4"指两大支柱型现代服务业（现代金融、商贸流通）、三大领域（商务会展、文化旅游、现代物流）、四大成长性服务业（科技服务、信息服务、健康服务、商务服务）。

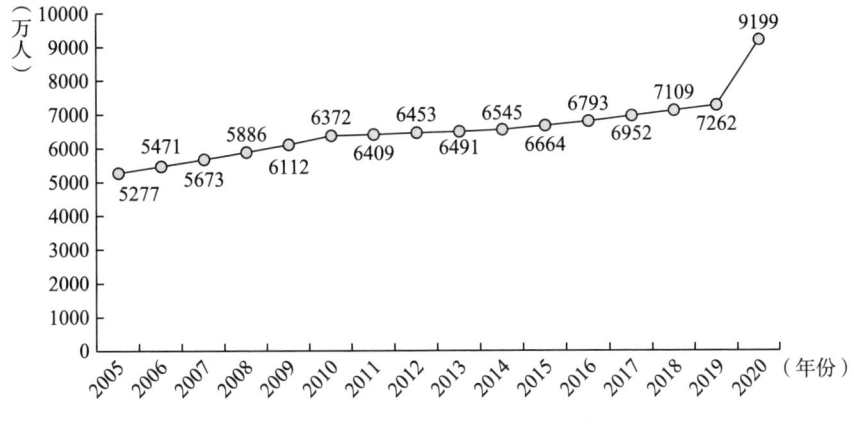

图 4-9　2005~2020 年粤港澳大湾区常住人口

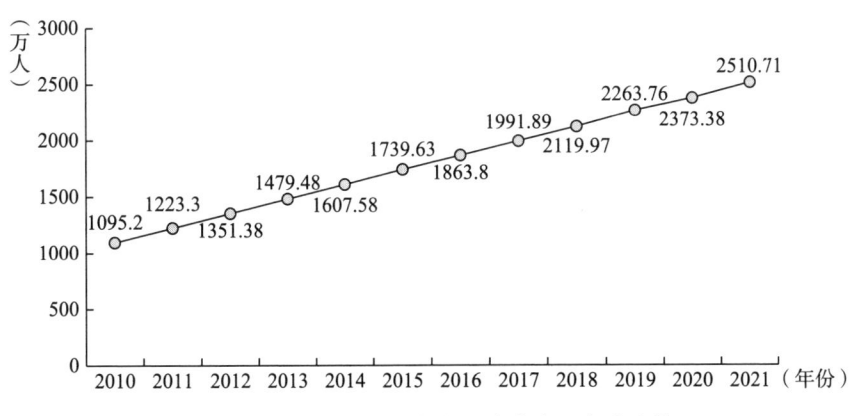

图 4-10　2010~2021 年粤港澳大湾区人才总量

进一步分析发现，2010~2021 年，粤港澳大湾区的人才资源率①亦基本处于上升趋势（见图 4-11）。其中，2021 年，大湾区的人才资源率为 28.98%，比 2010 年提升了 11.8 个百分点，表明过去十几年粤港澳大湾区的人才密度得到极大提升。

从城市层面分析，2021 年，广州和深圳的人才总量分居前两位，分别达 674.4 万人、600 万人。排第 3~5 位的是东莞、香港与佛山，分别为 289.46 万人、254.27 万人、179.25 万人（见图 4-12）。此外，广

---

① 人才资源率=人才总量/常住人口。

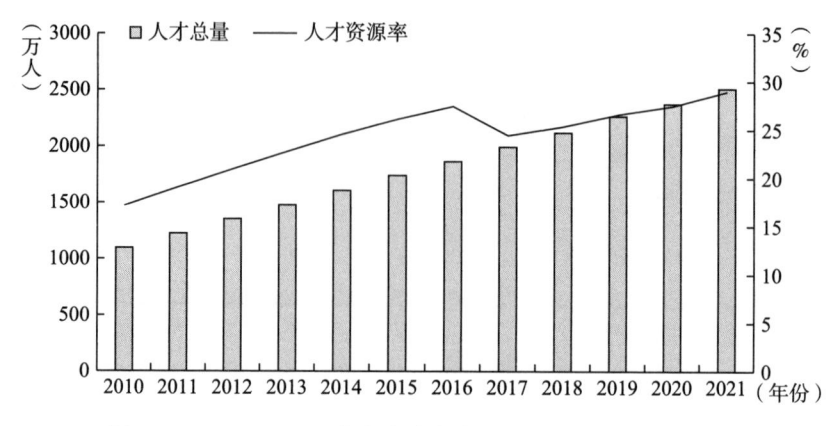

图 4-11　2010~2021 年粤港澳大湾区人才总量与人才资源率

州、香港、深圳与澳门的人才资源率均超过 30%，分别为 35.85%、34.35%、34.03%、31.18%，表明这 4 座城市的人才密度较高。

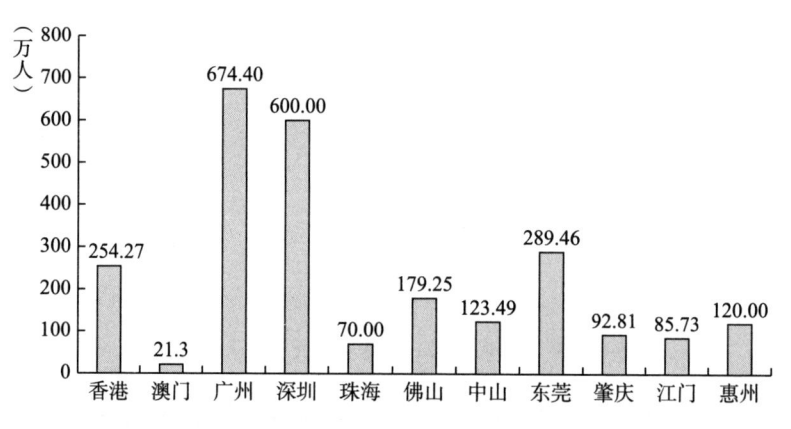

图 4-12　2021 年粤港澳大湾区各城市人才总量

资料来源：2010~2016 年数据根据《中国人才资源统计报告》中的人才资源总量数据推算。2017~2021 年数据根据网络公开信息搜集整理。其中，若网络公开信息中关于某城市的人才总量出现多个不一致的数字，则按比例对该城市的数据做相应平滑调整。

随着产业的集聚和演化，大湾区的工业制造业不断升级，服务业也快速发展。尤其在 2008 年前后，广东省政府提出"腾笼换鸟"的发展思路，使得大湾区尤其是珠三角地区的产业加速转移、升级、转型，产业空间布局不断优化。一方面，珠三角的产业链（集群）更加完善，有些产业链（集群）处于国内外先进水平。2021 年，珠三角有 6 个产业集群入选工信部发布的先进制造业集群决赛优胜者名单，其中包括深圳市新一代信息通信集群、深圳市先进电池材料集群、广佛惠超高清视频和智能家电集群、东莞市智能移动终端集群、广深佛莞智能装备集群与深广高端医疗器械集群。另一方面，大湾区的产业研发创新实力明显提升。粤港澳大湾区的发展目标之一是建设具有全球影响力的国际科创中心，到2035年形成以创新为主要支撑的经济体系和发展模式。[①] 2020年，珠三角地区的R&D支出占GDP比例达3.72%，超过德国（3.1%）、日本（3.3%）、美国（2.8%）。[②] 另据《2021年全球创新指数》报告的数据，2021年"深港穗"科技集群排名全球第二，仅次于东京-横滨集群。[③]

伴随着产业升级换代，粤港澳大湾区的人才质量也逐年提升。据统计，2010~2021年，大湾区硕士及以上学历人才占比[④]从4.64%提升至5.44%（见图4-13）。其中，2021年，香港、深圳、广州的硕士及以上学历人才占比居前三位，分别为7.08%、7.08%、6.19%；然而，硕士及以上学历人才占比较低的肇庆、江门和惠州仅为1.1%、1.68%、2.25%，表明地区间高学历人才密度极不平衡。考虑到港深广三座城市的巨大人才总量，以上数据表明港深广等核心城市虹吸了粤港澳大湾区大部分的高学历人才，而区域内一些城市出现"吸引不到高学历人才、高学历人才留不住"的现象。

三 粤港澳大湾区产业结构优化程度与人才集聚

关于中国产业结构优化与经济增长的关系，已有不少学者通过实证研究发现，产业结构优化能促进经济增长。这些研究在构建模型时从不

---

① 参见《粤港澳大湾区发展规划纲要》。
② 美国的R&D支出占GDP比例是2018年的数据。
③ 北大汇丰智库：《2021年粤港澳大湾区经济分析报告》。
④ 硕士及以上学历人才占比是指在高等教育人口中具有硕士和博士受教育程度的人口的比例。

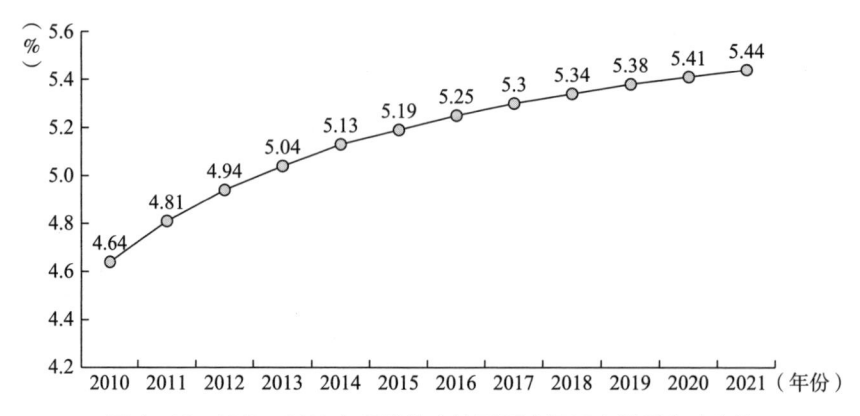

图 4-13　2010~2021 年粤港澳大湾区硕士及以上学历人才占比

资料来源：2010 年和 2020 年的硕士和博士受教育程度人口根据 2010 年第六次全国人口普查和 2020 年第七次全国人口普查数据整理获得，2015 年的数据根据 2015 年 1% 人口抽样调查数据整理获得，其他年份的数据由估算得到。高等教育人口的数据来源为：第六次全国人口普查数据、第七次全国人口普查数据、历年统计年鉴等。对于非普查年份的高等教育人口数据，则结合统计年鉴的数据进行推算。

同角度衡量产业结构的优化程度，比如第三产业占 GDP 的比重。[①] 一个地区的经济增长往往伴随着产业结构的高级化，即由第一产业占主导逐渐向第二、三产业占主导转变。付凌晖构建了产业结构高级化指数，同时对中国 1978~2008 年数据进行实证分析，结果表明，中国经济增长带动了产业结构升级，而产业结构高级化对经济增长的促进作用并不显著。[②] 产业结构优化必然带来人才资源要素的变化。那么，粤港澳大湾区的产业结构优化与人才集聚之间到底存在什么关系？

一方面，鉴于数据可获得性，我们参考付凌晖的方法计算出 2010~2019 年珠三角 9 市以及整个珠三角地区的产业结构高级化水平。具体地，首先，将一个地区每年的三次产业增加值各自占该地区 GDP 的比重作为空间向量的三个分量，从而构建一组三维向量 $X_0 = (x_{1,0}, x_{2,0}, x_{3,0})$。然后分别计算 X_0 与地区产业由低级到高级排列的向量 $X_1 = (1, 0, 0)$，$X_2 = (0, 1, 0)$，$X_3 = (0, 0, 1)$ 的夹角 $\theta_1, \theta_2, \theta_3$：

[①] 刘伟、李绍荣：《产业结构与经济增长》，《中国工业经济》2002 年第 5 期。
[②] 付凌晖：《我国产业结构高级化与经济增长关系的实证研究》，《统计研究》2010 年第 8 期。

$$\theta_j = \arccos\left[\frac{\sum_{i=1}^{3}(x_{i,j}x_{i,0})}{\sum_{i=1}^{3}(x_{i,j})^{0.5}\sum_{i=1}^{3}(x_{i,j})^{0.5}}\right], j = 1,2,3 \quad (4-1)$$

其次，定义产业结构高级化水平 W，其计算公式如下：

$$W = \sum_{k=1}^{3}\sum_{j=1}^{k}\theta_j \quad (4-2)$$

根据此定义，W 值越高的地区，其产业结构高级化水平越高，或者说它的产业结构优化程度越高。

另一方面，我们用人才集聚程度和高水平人才集聚程度综合反映人才集聚情况。其中，人才集聚程度用人才资源率测量；对于高水平人才集聚程度，我们将干春晖等[1]关于产业结构高级化水平的指标构建方法应用到人才结构高级化水平，即高水平人才集聚程度的度量中。具体而言，我们估算一个地区的硕士及以上学历人才占比，并用其衡量该地区高水平人才集聚程度。

分析结果显示，就整个珠三角地区而言，珠三角地区的产业结构高级化水平与人才资源率显著正相关，相关系数为 0.66（见表 4-4）。此外，珠三角地区的产业结构高级化水平与硕士及以上学历人才占比之间的相关系数更高，为 0.87。以上表明，随着珠三角地区的产业结构优化程度往更高水平发展，其人才（尤其是高水平人才）集聚程度越来越高。

表 4-4 珠三角地区的产业结构高级化水平与人才集聚的关联情况

	产业结构高级化水平	人才资源率	硕士及以上学历人才占比
产业结构高级化水平	1		
人才资源率	0.6622***	1	
硕士及以上学历人才占比	0.8651***	0.9240***	1

注：*** $p<0.01$。

---

[1] 干春晖、郑若谷、余典范：《中国产业结构变迁对经济增长和波动的影响》，《经济研究》2011 年第 5 期。

图 4-14 是 2010~2019 年珠三角地区产业结构高级化水平与人才资源率的走势图。可以看出，两者均呈上升趋势，且其变化趋势趋于耦合，表明 2010~2019 年珠三角地区产业集聚所带来的产业转型升级与区域内人才集聚程度提升同步进行，且融合得愈加紧密。珠三角地区的产业结构高级化水平与硕士及以上学历人才占比的走势图也显示了相似特征（见图 4-15）。另外有一点值得一提，珠三角产业结构高级化水平的上升速度快于人才集聚和高水平人才集聚的速度，表明珠三角地区的人才集聚仍满足不了区域内产业转型升级发展的要求。

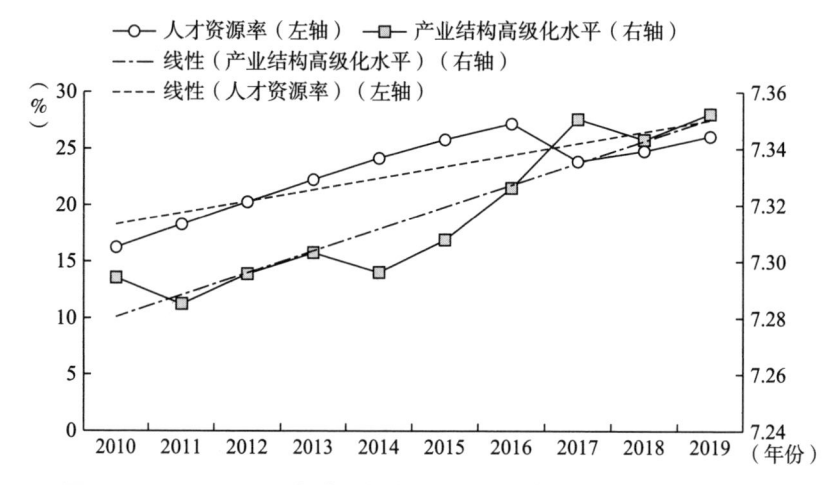

图 4-14　2010~2019 年珠三角地区产业结构高级化水平与人才资源率

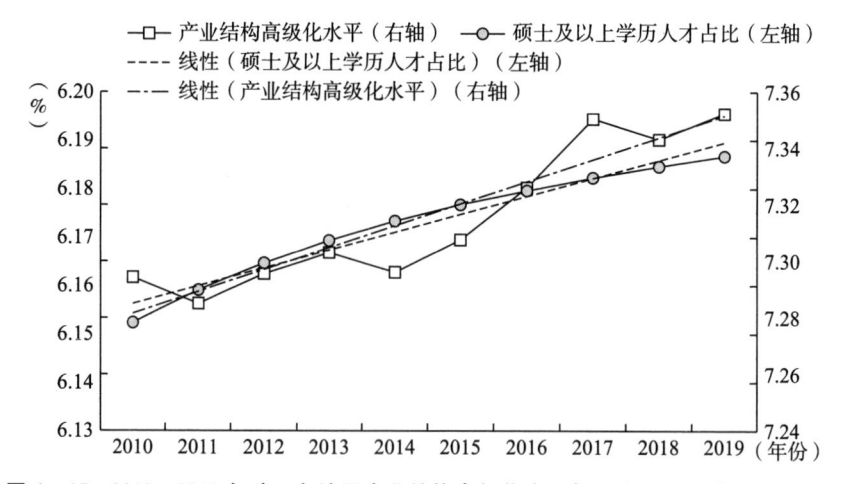

图 4-15　2010~2019 年珠三角地区产业结构高级化水平与硕士及以上学历人才占比

进一步地，我们基于2019年珠三角各城市的数据进行分析。结果显示，2019年，广州的产业结构高级化水平最高，为7.45，肇庆的产业结构高级化水平最低，为6.34（见图4-16）。东莞与佛山的产业结构高级化水平仅排在第5位和第6位，说明这两座工业制造业比较发达的GDP万亿元级城市的产业结构有较大的优化升级空间。

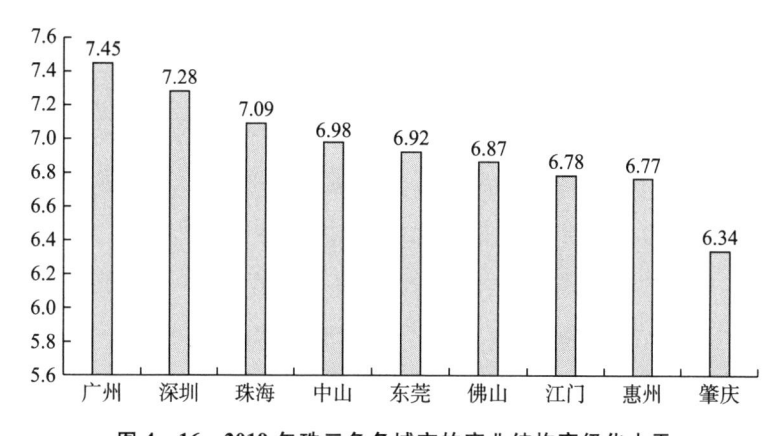

图4-16 2019年珠三角各城市的产业结构高级化水平

基于2010~2019年数据，珠三角各城市的产业结构高级化水平与人才资源率显著正相关，相关系数为0.79（见表4-5）。珠三角各城市的产业结构高级化水平与硕士及以上学历人才占比之间的相关系数稍高，为0.82。以上表明，随着珠三角各个城市产业结构优化程度往更高水平发展，它们的人才（尤其是高水平人才）集聚程度不断提高。

表4-5 珠三角地级市的产业结构高级化水平与人才集聚的关联情况

	产业结构高级化水平	人才资源率	硕士及以上学历人才占比
产业结构高级化水平	1		
人才资源率	0.7914***	1	
硕士及以上学历人才占比	0.8233***	0.8646***	1

注：*** $p<0.01$。

为了更深入地分析，我们采用回归分析法。具体地，我们使用2010~2019年珠三角9座城市的相关数据，并分别以人才资源率和硕士及以上学历人才占比为因变量，对其与产业结构高级化水平进行回归分析。同时，在回归模型中，我们将 R&D 经费支出占 GDP 比重、R&D 经费支出、每万人才发明专利授权量、国家级重大平台数量、人均 GDP、人才经济密度、人均地方一般公共预算收入、人才收入密度、民生类支出占地方一般公共预算支出比重、每万人口基础教育专任教师数、每千人口医疗卫生机构床位、房价收入比等变量作为控制变量。①

回归结果显示，一座城市的产业结构高级化水平对当地的人才资源率（人才集聚程度）具有显著的正效应（见表4-6）。也就是说，一座城市的产业结构优化程度越高，其人才集聚程度越高。不过，令人惊讶的是，一座城市的产业结构高级化水平对当地的硕士及以上学历人才占比（高水平人才集聚程度）的正效应并不显著。有一种可能：2010~2019 年，产业结构高级化水平并不是各地高水平人才选择是否到珠三角地区城市发展的主要考虑因素。

表4-6 产业结构高级化水平对人才资源率和硕士及以上学历人才占比的影响

	（1） 人才资源率	（2） 硕士及以上学历人才占比
常数项	-66.429 *** (-11.645)	1.844 (0.855)
产业结构高级化水平	7.517 *** (9.483)	0.191 (0.637)
R&D 经费支出占 GDP 比重	2.611 *** (5.315)	0.254 (1.370)
R&D 经费支出	-0.006 *** (-3.451)	-0.002 *** (-3.063)
每万人才发明专利授权量	-0.069 *** (-3.559)	0.016 ** (2.136)
国家级重大平台数量	0.103 ** (2.564)	0.168 *** (11.005)
人均 GDP	0.000 *** (8.864)	0.000 (0.344)

① 这些控制变量的定义及数据来源，详见本书的第二章第二节。

续表

	(1) 人才资源率	(2) 硕士及以上学历人才占比
人才经济密度	5.011 *** (13.104)	0.148 (1.023)
人均地方一般公共预算收入	0.000 ** (2.123)	0.000 ** (2.201)
人才收入密度	0.049 ** (2.416)	−0.011 (−1.381)
民生类支出占地方一般公共预算支出比重	0.002 (0.091)	−0.024 ** (−2.620)
每万人口基础教育专任教师数	0.011 * (1.672)	−0.002 (−0.789)
每千人口医疗卫生机构床位	0.588 ** (2.412)	−0.203 ** (−2.202)
房价收入比	−0.027 (−0.353)	0.075 ** (2.567)
N	90	90
Adj. R^2	0.983	0.965

注：括号内的值表示 t 值； * $p<0.1$， ** $p<0.05$， *** $p<0.01$。

相应地，为了探究人才集聚程度和高水平人才集聚程度对产业结构优化程度的解释性，我们对以上模型进行调整。具体地，我们将产业结构高级化水平作为因变量，并将人才资源率和硕士及以上学历人才占比作为解释变量。结果显示，一个城市的人才资源率对其产业结构高级化水平具有显著正效应，也就是说，一个城市的人才集聚程度越高，其产业结构优化程度越高（见表4-7，限于篇幅，此表略去控制变量的回归结果信息）。然而，一座城市的硕士及以上学历人才占比（高水平人才集聚程度）对其产业结构高级化水平的正效应并不显著。此结果与之前的回归结果一致，其原因可能是珠三角地区的高水平人才并不能很好地与当地产业转型升级的要求相匹配。但是，如果将人才资源率和硕士及以上学历人才占比同时放进回归模型，则两个变量都对产业结构高级化水平具有显著正效应。其含义是，当一座城市的人才规模达到一定程度时，较高级的人才结构才可能对当地产业结构优化升级具有显著的正面影响。

表4-7 人才资源率和硕士及以上学历人才占比对产业结构高级化水平的影响

	(1) 产业结构高级化水平	(2) 产业结构高级化水平	(3) 产业结构高级化水平
人才资源率	0.072*** (9.483)		0.074*** (9.853)
硕士及以上 学历人才占比		0.028 (0.637)	0.060** (2.060)
N	90	90	90
Adj. R^2	0.904	0.792	0.908

注：括号内的值表示 t 值；** $p<0.05$，*** $p<0.01$。

概言之，一个地区的产业结构优化水平与人才集聚程度、高水平人才集聚程度（人才结构高级化水平）之间均存在较强的关联。不过，当前珠三角地区的人才结构可能还无法满足区域内产业结构优化升级的要求。大湾区的产才融合动态系统亟待加快进化升级。以上关于地区产业结构高级化水平与人才集聚程度、高水平人才集聚程度（人才结构高级化水平）的实证分析结果，总体上支持了本章第一节产才融合理论分析框架中关于地区产业集聚与人才集聚高度关联以及两个动态集聚系统最终目标都是实现高级化发展的判断。

第三节 湾区产才融合的国际经验

湾区一般具有以下特征：经济结构开放度高、国际贸易网络发达、资源配置效率高、集聚外溢功能强大。相应地，湾区的产业和人力资源发展也往往体现出这些特征。粤港澳大湾区对标的是旧金山湾区、纽约湾区、东京湾区等著名湾区，因此，比较分析四大湾区的产业和人才发展情况，同时梳理其他著名湾区产才融合发展的历程，有助于思考粤港澳大湾区产才融合发展的对策。

一 初识旧金山湾区、纽约湾区和东京湾区

(一) 旧金山湾区

旧金山湾区位于美国加州北部,其范围通常指萨克拉门托河(Sacramento River)下游出海口的旧金山湾四周,其中包括旧金山、奥克兰与圣何塞三个大城市以及一些小城市。旧金山湾区拥有旧金山港、奥克兰港、阿尔梅达港(同时也是美国海军基地)、圣佩德罗港、伯克利港等众多港口。连片的港口群,加上宽阔的海峡和海湾,使得旧金山湾区拥有得天独厚的区位优势和地理条件。

旧金山的发家史始于1848年开始的淘金热。当时,旧金山地区金矿的发现,吸引了全球各地的淘金者,淘金热也带动了当地的经济发展。1915年,首届巴拿马太平洋万国博览会在旧金山举行,之后旧金山进入加速发展阶段。二战期间,美国军用船只的制造集中在旧金山,使造船业成为当地特色产业;造船业也带动了旧金山湾区其他产业的发展。比如奥克兰主要发展了电动设备、玻璃、化学、数控机械等工业制造业。20世纪90年代,电子与计算机产业在旧金山湾区奥克兰附近的硅谷地带崛起,随后当地创新实力强劲的企业又引领了全球网络和生物技术发展的浪潮。目前,旧金山湾区是美国西海岸仅次于洛杉矶的第二大都会区,也是当今世界最发达的高新技术研发中心和美国西海岸最重要的金融中心。

(二) 纽约湾区

纽约湾区位于美国东北部,其范围通常指从纽约州东南部的哈德逊河口向四周辐射而划出的一片区域。广义上的纽约湾区一般包括纽约州、新泽西州和康涅狄格州。纽约湾区濒临大西洋,区位条件优越。纽约港拥有长达数公里的海岸线,且水位很深,天然条件无与伦比。

纽约是美洲与欧洲之间最重要的联系纽带。在相当长的时间里,纽约是欧洲人进入北美地区和加勒比海地区的重要门户。17世纪20年代,荷兰人首先在纽约港地区建立了城市——新阿姆斯特丹,作为他们

在北美贸易的据点。至17世纪50年代，新阿姆斯特丹已经非常繁华，这使得隔壁的英国殖民者垂涎三尺，荷兰殖民者因此筑建了防御城墙。1664年，新阿姆斯特丹的荷兰殖民者战败，该城市落入英国人之手，并改名为纽约（New York）。后来，防御城墙所在的地方发展成金融业高度集聚的街道，并因那道城墙而得名华尔街（Wall Street）。纽约湾区是美国经济最发达的地区之一，其金融CBD华尔街在全球金融业界具有重要影响力。

（三）东京湾区

东京湾区位于日本的关东半岛，通常指以东京都、千叶县、神奈川县和埼玉县（"一都三县"）为核心区的都市圈加上周围的茨城县、群马县、栃木县和山梨县所组成的城市群（"一都七县"）。东京湾区拥有东京港、横滨港、千叶港、川崎港、横须贺港、木更津港等港口。这些港口与新干线以及羽田、成田两大国际机场一起，构成了东京湾区与日本其他地方以及全球主要城市间的海陆空立体交通网。

东京作为日本政治和经济中心的历史可追溯到以该地区为大本营的江户幕府的统治时期（1603～1867年）。1868年江户幕府倒台，这一年江户城正式改称东京。明治时期（1868～1912年），日本举国学习西方，开启近代化进程。那段时期，东京成为日本的首都，它依托港口群优势成为日本工业发展最快的地区，其周边的纺织、钢铁、机械加工等产业迅猛发展。东京逐渐发展成集政治、经济、金融中心于一体的大城市，并在二战时期形成以东京、横滨（神奈川县首府）为中心的东京都市圈。

二 著名湾区的产才融合发展经验

他山之石，可以攻玉。旧金山湾区、纽约湾区和东京湾区已经处于比较高端的发展阶段，因此，分析它们产才融合的发展历程，有助于总结提炼一些湾区产才融合发展的经验，以资后起之秀粤港澳大湾区借鉴。

（一）以科技为纽带连接产业与人才发展

科技对产业发展具有引领作用。实际上，产业现代化是全球各地自机器大工业[①]出现以来不断追逐世界科学技术的最新发展，以使当地产业的技术不断进步、生产率不断提高的过程。产业现代化最初主要发生在工业制造业领域，并不断引领服务业与农业的创新发展和技术升级。从这个意义上讲，一个地区的产业正是在科技的引领下才得以不断转型升级的。

1. 科技之于旧金山湾区

旧金山湾区因其突出的科技特色享誉全球。旧金山湾区的发展离不开硅谷，而说起硅谷，有必要提及美国电子信息与计算机产业的发展历史。二战之前，美国的电子信息产业规模有限，但在二战期间，大量的军事订单促进了电子信息产业的快速发展。这段时期，几乎所有的美国无线电工厂都转入军工领域，从事雷达、声呐、通信等军用设备的生产活动。此外，战争也推动了世界第一台通用电子计算机在美国诞生。二战后，随着新技术革命的推进，电子工业得到飞速发展，其中，1950～1970年，美国电子工业产值增长了8倍多，而军用电子产品的产值更是增长了16倍之多。[②] 从1950年投产世界上第一台商用计算机开始，美国工业界不断研发创新计算机制造工艺；总部坐落在加州硅谷的英特尔公司提出著名的摩尔定律，电子与计算机产品的更新换代也如摩尔定律所预言的一般异常迅速。到20世纪70年代初，美国已研发成功并投产使用大规模集成电路的第四代计算机；当时美国电子计算机的生产规模、硬件技术和软件开发水平均居世界前列。毫无疑问，经过20多年的发展，美国电子信息与计算机产业的综合实力已处于全球领先位置。在电子信息与计算机产业的硬件制造行业中，以硅为主要原材料的集成电路（包括半导体芯片）制造是产业价值链中附加值最高的环节。加

---

① 学术界一般认为，全球机器大工业时代始于18世纪60年代发生在英国的以蒸汽机为标志的工业革命。
② 韩毅：《美国工业现代化的历史进程（1607～1988）》，经济科学出版社，2007，第212页。

州圣塔克拉拉谷（Santa Clara Valley）正是因为研发和生产半导体芯片而得名"硅谷"。硅谷地区拥有以英特尔、惠普等龙头企业为核心的企业群体。截至20世纪70年代初，硅谷仅英特尔一家公司就占据了全球计算机微处理器（CPU）市场70%的份额。

科技的进步没有止境，因此，产业现代化是一个持续变革的过程。20世纪80年代以后，随着信息技术行业的迅猛发展，硅谷出现了大批通信、生物、空间、海洋、能源材料等新兴技术的研发机构，这使硅谷地区逐渐成为美国高新技术的摇篮。硅谷的崛起强力拉动了旧金山湾区的产业发展。旧金山湾区与第三次科技革命同频共振，并逐渐发展成以硅谷为核心的高新技术产业集聚区，形成了以旧金山、圣何塞和奥克兰为核心城市的世界级临港城市群。2021年，旧金山湾区有10家公司被列入《财富》世界500强企业，其中苹果、Alphabet（谷歌母公司）、脸书、惠普、英特尔、特斯拉等公司来自科技行业。

旧金山湾区分布着一大批研发机构和大量科技资源。该地区拥有80多所大学和科研机构，[①] 其中，世界著名学府包括斯坦福大学、加州大学伯克利分校、圣塔克拉拉大学、加州大学旧金山分校、加州大学戴维斯分校等；著名研发机构有劳伦斯伯克利国家实验室、美国能源部联合基因组研究所等。这些大学和研发机构是当地聚拢全球各地顶尖人才的重要载体。以劳伦斯伯克利国家实验室为例，截至2018年，该实验室拥有1469名科学家和研发人员，其中仅博士后研发人员就超过400名。[②]

人力资本是城市发展和创新的原动力，其积累和集聚是城市产业发展的基础。[③] 旧金山湾区的顶级大学和科研机构为其科技发展提供了较高水平的原始智力资本，该地区在科技前沿的集聚式研发催生高科技产

[①] 申明浩主编《粤港澳大湾区协同发展报告（2021）》，社会科学文献出版社，2021，第106页。

[②] 申明浩主编《粤港澳大湾区协同发展报告（2021）》，社会科学文献出版社，2021，第107页。

[③] E. I. Glaeser, G. A. M. Ponzetto, and K. Tobio, "Cities, Skills and Regional Change," *Regional Studies* 48(2014): 7-43.

业链群,也促使高科技产业链群中最顶端、最高附加值的产业环节集聚在此地。反过来,发达的高科技产业链群,让旧金山湾区具备吸引全球各地高科技人才的强大"磁性"。1990年,旧金山湾区具有本科以上(含本科)学历从业人员占比为36%,跃居全美第一;之后若干年,旧金山湾区就业人员的平均学历水平与美国其他地区的差距不断拉大。截至2010年,旧金山湾区从业人员中具有本科以上(含本科)学历者占比高达46%,远高于美国整个国家的平均水平(28%)。[①] 得益于当地高科技产业的蓬勃发展,旧金山湾区的高端人才集聚度非常高。据统计,仅在硅谷,就有超过100万名来自世界各地的科技人员,其中包括近千名美国科学院院士和30多位获得诺贝尔奖的科学家。

2. 科技之于纽约湾区

纽约湾区是美国科技与产业结合发展历程的见证者和主要参与者之一。美国东北部地区是欧洲进入北美后最早开荒的地区。由于纽约湾区总体上地处美国东北部地区地势较平坦的中部地带,在欧洲殖民者进入北美拓荒后的很长一段时期内,除了贸易港口,该地区还是北美殖民地主要的农作物种植地。当时纽约地区的经济是以种植小麦为主的农业经济,兼顾果木业和畜牧业,故而获得"面包殖民地"的称号。在拓荒初期,移民们带来了欧洲的生产工具和设备。随着农业的发展,早期移民根据实地情况开始对从欧洲引进的技术加以改造,并建造或制造更复杂、在当时具有较高技术水平的设施、设备和生产工具,如锯木厂、铁匠炉、砖窑、造船设备等。

美国的工业发展,始于东北部殖民地区,而纽约湾区是东北部工业最发达的地区之一。18世纪初期,美国东北部的纺织业迅速发展起来,而纽约湾区是纺织业的主要生产地。但是,美国独立战争期间,纽约是受破坏最严重的城市之一,其产业设施遭到摧毁。1783年,独立战争

[①] The Bay Area: A Regional Economic Assessment (a Bay Area Council Economic Institute report, October 2012), p. 27.

结束，此后，美国的产业发展得以真正摆脱英国殖民政府的各种限制，纽约的产业发展迅速恢复。1790年，塞缪尔·史莱特（Samuel Slater）仿制了当时世界上最先进的英国阿克莱特式水力纺纱机，并在距离纽约不远的罗德岛建立了美国第一家水力纺纱厂。此事标志着美国工业革命的开始，史莱特也因此被尊称为"美国制造业之父"。自此，美国的工业在当时全球最先进工业技术的驱动下进入发展的快车道。至1860年，美国的工业总产值已跃居全球第4位，成为世界工业强国。此时，美国东北部的机器制造业已初具规模，形成一个比较完整的工业制造业产业集群。其中，纽约州最发达的产业是服装加工、印刷出版、食品加工和机器制造，新泽西州的产业主要有化学、电器、食品加工、机器制造和纺织，康涅狄格州则主要生产青铜、黄铜、钢、银制品，也制造钟表、枪弹武器等。①

随着西进运动的推进，美国的工业制造业分布中心不断西移。至20世纪10年代，纽约湾区的工业制造业占全国的比重有些下降，但仍占据重要地位，其中，纽约州和新泽西州的工业总产值在美国各州中均排在前8名。纽约湾区拥有纽约港等优良港口，这使其成为产品进出口贸易的重要门户。发达的工业和地理区位优势，有力支撑着纽约湾区的发展。纽约湾区不断进行产业的转型升级，其中，工业制造业的技术不断升级换代，同时，服务业的占比不断提升。随着资本和人才的不断集聚，纽约湾区不断发展高新技术产业，从而进一步发展成为全球贸易中心和金融中心，直至成为世界经济中心。2021年，纽约湾区常住人口达到2340万人，城市化水平在90%以上，地区GDP约为1.8万亿美元，约占全美的10%，其中，纽约湾区制造业产值占到全美的三成以上。② 纽约湾区也因此被视为美国的经济中心。

---

① 韩毅：《美国工业现代化的历史进程（1607~1988）》，经济科学出版社，2007，第102~103页。
② 申明浩主编《粤港澳大湾区协同发展报告（2021）》，社会科学文献出版社，2021，第121页。

3. 科技之于东京湾区

东京湾区是日本近现代科技升级之路的主要策源地。东京湾区聚集了丰田、三菱、佳能、索尼等众多闻名世界的企业。毋庸置疑，东京湾区的产业集聚与其科技创新实力的不断积累密不可分。

二战后，由于不能再掠夺海外殖民地的原材料和资源，日本在本土自然资源贫乏的情况下实行"贸易立国"的基本国策，即建立沿海工业地带，引进原材料和技术，加工制成产品后再出口。"贸易立国"的战略方针引导日本经济在一片废墟中迅速恢复。这段时期，日本的工业发展主要依靠引进国外技术，其国内自主创新能力仍然较弱，但是，日本一些本土企业在模仿学习中逐渐增强研发实力，其中包括不少东京地区的企业，比如索尼、佳能、丰田等。到20世纪五六十年代，有些日本企业的研发水平已经在某些领域崭露头角。例如，1956年，索尼公司研制出世界上第一台晶体管收音机，从而名扬世界。丰田公司在模仿国外汽车生产技术的相当长一段时期内，坚持的理念是"模仿比创造更简单，如果能在模仿的同时予以改进，那就更好"。经过不断的成长，丰田在汽车技术、工业生产创新等领域取得卓越成就，1965年，丰田公司获得生产质量大奖——Deming奖，其制造技术实力获得全球工业界的赞许。

1967年，日本跃升为世界第二大经济体，但其当时亦面临工业转型升级的巨大压力。20世纪70年代，石油危机和《广场协议》导致日元升值，使得日本的工业制造业成本快速提升。作为应对，从80年代开始，日本政府着力引导本土企业更加重视技术研发。1980年，日本政府发布了《80年代通商产业政策展望》，首次明确了"技术立国"的方针，产业发展重点也随即从技术引进和加工出口转向知识密集型产业。1983年，日本制定了《高技术工业集中开发促进法》。1986年，日本政府出台了《科学技术政策大纲》，从而进一步明确了以科学技术促进国家发展的基本国策。之后，日本政府出台了与《科学技术政策大纲》配套的一系列政策法规。这一时期，日本企业的技术水平已跻身世界前列，其生产的产品也得到全球消费者的青睐。比如，20世纪80年代初，佳能公司首次将其研发成功的气泡喷墨打印技术应用到其喷墨打印机产品上，并将该产品推向全世界。1980年，日本的轿车产量首超美国，并且有半数出口到国外，其中仅小轿车就占据了美国约八成的进口车市场。进入90年代以后，东南亚工业的成本优势持续给日本工业制造业的发展带来竞争压力。在此大环境下，日本进一步升级科技创新立国的战略，日本的跨国企业积极参与全球供应链分工，并在全球供应链分工体系中发挥其研发优势。

凭借雄厚的产业基础、优越的区位条件和广阔的港口腹地，东京湾区在技术升级引领产业发展的道路上不断巩固其作为日本政治、经济、金融、文化等中心的地位。其中，东京湾东西两岸的工业区迅速扩张并且得到差异化发展。东岸的京叶工业带（包括千叶县8个市）主要发展电力、石油化工、造船、现代物流、航运、钢铁等行业；西岸的京滨工业带（包括东京、川崎和横滨）则发展精密机械、出版印刷、汽车零部件等行业。两个工业带的制造生产功能与东京在公司总部、研发、金融方面的资源和功能互补，形成庞大的产业集聚区，东京湾区因此成为全球先进工业制造业中心之一。目前，日本大部分著名企业都把总部设在东京湾区。东京湾区仅占日本国土面积的3.5%，集聚了全国30%的人口，其2019年的GDP达1.97万亿美元，占日本GDP的35%以上。如果把东京湾区作为一个独立经济体，那么在2019年全球GDP排名中，它可居第9位，排在巴西的前面。[1]

（二）构建庞大的大学系统，为产业和人才集聚提供后盾

对一个地区的产业发展而言，当地的大学系统既是企业在研发方面可以借助的重要力量，也是企业人才资源的主要培养基地。在发展地区产业的过程中，旧金山、纽约与东京三大湾区对大学的建设都极为重

---

[1] 申明浩主编《粤港澳大湾区协同发展报告（2021）》，社会科学文献出版社，2021，第111页。

视。三大湾区规模庞大且实力雄厚的大学系统，是其产业和人才不断集聚且深度融合发展的重要促进因素。

1. 纽约湾区的大学系统

美国两个湾区的大学，可从纽约湾区说起。纽约湾区的大学系统历史悠久，且整体实力非常雄厚。在1776年美国独立之前，其东北部殖民地区就已陆续成立了美国最早的9所大学，分别是哈佛学院（后改名为哈佛大学）、威廉和玛丽学院、耶鲁学院（后改名为耶鲁大学）、达特茅斯学院、新泽西学院（后改名为普林斯顿大学）、罗德岛学院（后改名为布朗大学）、国王学院（后改名为哥伦比亚大学）、费城学院（后改名为宾夕法尼亚大学）和女王学院（后改名为罗格斯大学）。这9所大学中除威廉和玛丽学院与罗格斯大学之外的7所大学与1865年成立的康奈尔大学一起，组成了美国首屈一指的常青藤大学系统。在上述10所大学中，坐落在纽约湾区的大学包括耶鲁大学、普林斯顿大学、哥伦比亚大学、罗格斯大学和康奈尔大学，占据了美国东北部这10所顶级古老大学的半壁江山。这些大学为纽约湾区的产业发展提供了强大的智力支持，也为当地源源不断地输送大量高素质青年人才。

随着纽约湾区产业发展对人才的需求日益增长，当地政府通过赠地等方式推动建设公立大学，同时大力鼓励社会力量办大学。其中，纽约州立大学（SUNY）自1816年成立以来，已发展成全球最庞大的高等教育系统，该系统截至2022年有64个成员分校；另外一个公立大学系统是纽约城市大学（CUNY），该大学系统截至2022年有25个成员分校。此外，纽约大学、康涅狄格大学、洛克菲勒大学、伦斯勒理工学院、新泽西理工学院等名校也在美国建国之后纷纷成立。据不完全统计，纽约湾区2022年拥有362所大学（含社区学院），其中纽约州有240所，新泽西州有80所，康涅狄格州有42所。[①] 庞大的大学系统既为纽约湾区集聚世界各类人才提供了重要载体，也为湾区企业界源源不

---

① 作者根据网络公开信息整理而成。

断地培养不同层次的人才。毫无疑问,纽约湾区大学系统对当地的产业集聚和人才集聚均起着极其关键的作用。

2. 旧金山湾区的大学系统

旧金山湾区大学系统的出现比纽约湾区晚了近一个半世纪,但其发展速度令世人惊叹。1851年,圣塔克拉拉大学成立,1853年,加州学院(后改名为加州大学伯克利分校)成立。此后,为适应当地经济发展需要,加州大学系统在戴维斯、旧金山、圣塔克鲁兹等地陆续设立分校,这些分校后来升级为与伯克利分校平行的独立高校。另外,旧金山湾区还有一些公立型的社区学院。在私立大学方面,旧金山湾区拥有以斯坦福大学为首的众多高校,其中包括一些外地名校在此设立的分校,比如卡内基梅隆大学硅谷分校、沃顿商学院旧金山分校。2022年,旧金山湾区拥有大学(包括社区学院)大约50所,该地区已形成以加州大学伯克利分校和斯坦福大学为双核心的创新集群和高等教育系统。

旧金山湾区的大学系统在当地高科技产业崛起过程中扮演了关键角色。20世纪70年代,当时还默默无闻的斯坦福大学将校园里的约4平方公里土地以极低廉的价格租赁给工商界或校友设立公司,其目的主要是为学校带来各种研究项目和实习机会。于是,大量企业迅速集聚到斯坦福大学的校园工业区,且很快约4平方公里的土地已不够用,后来设立的企业因而选址在斯坦福校园外围地带。这片高科技企业云集的地方就是"硅谷"的核心区。旧金山湾区的大学为当地的产业集群提供研发支撑、输送人才,同时也是当地企业家精神的培养者、当地企业技术和资本的牵线人。

3. 东京湾区的大学系统

东京湾区的高校集群是日本高校系统的典型代表,该地区集聚了260多所大学,约占日本780余所高校的34%,[①] 而且拥有以东京大学

---

① 申明浩主编《粤港澳大湾区协同发展报告(2021)》,社会科学文献出版社,2021,第111页。

为首的众多顶级学府。日本曾经学习了中国两千年。明治维新之后，日本迅速抛弃之前的学习对象，转而学习工业化的西方强国。相应地，日本大学系统的许多学科和领域亦快速全盘西化，并在很短时间内达到国际先进水平。

20世纪末，日本逐步普及大学教育。为满足需求，一大批私立大学陆续成立，以至于在目前的日本大学系统中，私立大学数量是国立、公立大学数量的3倍多。2014年，为提升本国大学的国际化水平，日本政府出台了"超级国际化大学计划"（TGUP）。入选TGUP的37所大学均是日本实力排名靠前的学校，其中，东京湾区有18所大学入选，包括6所顶尖型A类大学（东京大学、筑波大学、庆应义塾大学、东京工业大学、东京医科齿科大学、早稻田大学）和12所顶尖型B类大学（创价大学、立教大学、千叶大学、东京艺术大学、东洋大学、法政大学、芝浦工业大学、国际基督教大学、东京外国语大学、东京国际大学、上智大学和明治大学）。这些高水平大学为东京湾区聚拢了数量庞大的高端人才，与此同时，它们与湾区内的企业密切合作，形成了东京都市圈的智力集聚效应。

（三）发挥金融服务业在产才融合发展中的作用

金融资本既是经济活动的投入要素之一，又是推动人才获得人力资本回报的关键因素，因此，在产业、人才集聚的湾区，充分发挥金融服务业在资源配置中的作用，是地区发展战略的重要内容之一。纽约、旧金山和东京三大湾区在发挥金融业促进产业和人才发展作用方面，有许多值得借鉴的经验。

1. 纽约湾区的金融业

纽约金融业发展史是美国历史的主要脉络之一。1783年，美国独立战争结束。1784年，美国首任财政部部长汉密尔顿在纽约创立纽约银行（Bank of New York），并大规模发行国债，纽约地区的金融活动因而活跃起来。到18世纪90年代，纽约地区商业迅猛发展、人口急剧增长，并跃升为美国最大城市。可以说，此时的纽约已经具备成为金融中心的诸多条件,尤其是1792年纽约股票交易所的成立,以及同时期以"有限责任制"为基石的普通公司法在美国各州的陆续通过。①

纽约金融服务业的繁荣,很快为当地的产业发展带来积极效应。在19世纪以前,纽约与中西部许多地方之间的交通很不发达,高昂的物流成本使得纽约港的天然优势没能很好地体现。1817年,时任纽约州州长德威·克林顿力排众议,使美国历史上著名的人工大运河工程——伊利运河工程顺利动工。这项工程的预算是700万美元,这个数字在当时相当于美国联邦政府一年财政收入的1/3。对于如此庞大的投入,联邦政府财政上无法给予支持,最后是由华尔街帮助承销伊利运河工程债券,从银行家、普通民众和外国投资者那里募集到工程资金。1825年,伊利运河正式通航。经由伊利运河,农产品从西部运往纽约的成本骤降至原来的约1/20,而运输时间仅相当于原来的1/3。依靠收取过河费,纽约州政府在10年内就还清开拓伊利运河的巨额债务。伊利运河真正打通了纽约与美国五大湖地区的联系渠道,使纽约的经济二次腾飞。1820~1860年,纽约的人口从123700人猛增至1080330人,增长了7.7倍,其增幅远高于费城(费城的人口在同时期增长了4倍)。1800年,进口商品中仅约9%经纽约港进入美国,而到1860年,这个比例已猛升至62%。②

在过去200多年中,纽约华尔街在当地、美国乃至全球产业发展的多个重要关口扮演过关键角色。繁荣的金融业,不仅对纽约的财政、就业等方面贡献极大,还给作为近水楼台的当地企业提供了高效率融资渠道和低成本资金。此外,还有一个不可忽视的传导机制:华尔街发达的金融业,吸引了世界各地的投资家云集于此,这些专业人士擅长寻找和发掘各行各业的优秀企业,尤其是在资本密集型和创新密集型的行业中,而受此影响,各类优秀人才选择到此寻找机会。这一独特的机制,

---

① 〔美〕约翰·S.戈登著,祁斌编译,《伟大的博弈:华尔街金融帝国的崛起(1653-2019年)》(第三版),中信出版集团,2019。

② 〔美〕约翰·S.戈登著,祁斌编译,《伟大的博弈:华尔街金融帝国的崛起(1653-2019年)》(第三版),中信出版集团,2019,第78~79页。

为纽约湾区的金融业带来了产业集聚和人才集聚双重收益。比如，1892年，华尔街的金融大鳄摩根出资组建了通用电气公司（其前身为发明家爱迪生创建的爱迪生电灯公司）。再如，1944年，新泽西州的制药产业集群龙头企业强生在纽交所上市，此后，资本的力量帮助该公司的全球发展战略快速推进。

2. 旧金山湾区的金融业

旧金山湾区的金融业主要是风险投资，这得益于该地区高科技产业的发展。从20世纪八九十年代开始，伴随着旧金山湾区电子和计算机产业的崛起，众多风投公司从世界各地汇聚于此。目前，旧金山湾区每年风投总额超过200亿美元，占全美风投总额的1/3以上，该区域拥有全美四成以上的风投基金普通合伙人。[1] 在硅谷的门洛帕克（Menlo Park），有一条叫沙丘路的街道。这条街道虽然不长，但集聚了全球最大、最多的风险投资公司。这些风险投资公司为旧金山湾区初创企业的发展做出不可磨灭的贡献，沙丘路也因此被称为"创业者的圣地"。[2]

科技创新是一种风险较高的活动，因此，初创的科技公司通常发展前景并不明朗，这就让许多传统的金融机构望而却步。风险投资公司则不然。由于风险容忍度高以及在识别孵化创新创业等方面的专业性，风投公司在创新创业投资中的作用非凡，它们也因此被誉为企业背后的英雄。旧金山湾区的谷歌、苹果、脸书等著名科技公司都是在风险投资的助推下快速发展壮大的。

进一步地，旧金山湾区的科技龙头企业带动了当地其他相关服务业的发展。目前，旧金山湾区的产业主要涉及两大类行业：第一类是对高素质人才需求度很高的行业，第二类是与旅游相关的行业。其中，第一类包括高科技、金融服务等行业；第二类包括住宿、餐饮、文化艺术、休闲娱乐等行业。其中的逻辑不难理解。高科技产业和人才的不断聚集，

---

[1] 申卫峰：《旧金山湾区：科技硅谷是怎样炼成的》，《深圳特区报》2021年11月3日，第11版。
[2] 田轩：《创新的资本逻辑》，北京大学出版社，2018，第24页。

要求当地各种配套设施快速完善升级。其中，生产性服务、医疗保健、住宿、餐饮、休闲娱乐、文化艺术等行业发展迅猛就不足为奇了。这种行业发展特征从该地区一些行业的从业人数占所有行业从业人数比例的变化中就可见一斑。据统计，1990~2011年，旧金山湾区的专业、科技服务，医疗保健与社会照护，住宿和餐饮等服务行业的从业人数占比均有较快提升，分别提升4个、3.6个、2个百分点。2011年，这三个行业的从业人数的总和占所有行业从业人数的比重已达32.6%。相反，制造业从业人数的占比则大幅下滑，至2011年仅为9.3%，1990~2011年下降5.6个百分点（见表4-8）。

表4-8 1990~2011年部分年份旧金山湾区一些行业从业人数占比

单位：%

行业	1990年	2000年	2003年	2011年
专业、科技服务	7.8	10.3	9.4	11.8
医疗保健与社会照护	7.4	7.6	8.9	11
批发与零售	18.2	15.3	15.6	14.7
住宿和餐饮	7.8	7.7	8.6	9.8
制造业	14.9	13.1	10.9	9.3
教育服务	5.9	6.2	7.1	6.6
建筑	5.6	5.8	6.1	4.6
金融保险	5.8	3.9	4.8	3.7
交通和仓储	4.1	3.8	3.7	3
公司管理	0.6	3.4	2.3	2.1
艺术和娱乐休闲	1.6	1.3	1.5	1.9
租赁	2.4	1.9	2.1	1.8

资料来源：美国劳工统计局；The Bay Area: A Regional Economic Assessment (a report of Bay Area Council Economic Institute, October 2012), pp. 6-8。

3. 东京湾区的金融业

东京湾区金融业的一大特色是产业金融，其发展与东京湾区的产业发展高度关联。东京湾区的工业化始于明治维新时期。起初，东京湾区主要发展出口加工型产业,服务于这类产业的银行、证券、保险等金融业得到迅速发展。至20世纪90年代,东京湾区已拥有不少具有国际竞争力的制造业企业,这为其金融业的快速发展提供了产业基础。这个时期,日本强劲的经济实力加快了日元国际化进程,东京也因此逐渐发展成日本的金融中心。

东京湾区金融业的另一大特色是以间接融资为主的融资方式,其中银行是当地企业融资的最主要渠道。东京湾区银行机构数量占金融机构总数的比例超过30%,是世界三大高水平湾区中比例最高的。在日本,大型的实业集团公司一般都拥有自己的金融服务公司,比如丰田拥有自己的银行、保险等金融服务机构。丰田控股的MS&AD保险集团,在业务上主要围绕丰田的上下游供应链企业提供保险服务。这种银企关系,构成了联系较紧密的内部资本市场。内部资本市场的优势之一,是由于所服务的客户群比较明确,金融机构对客户的了解更深入,在产品和服务上更加精准和贴心。对于中小微企业,日本政府通常依托国有中小企业专营银行进行融资支持。如东京都产业劳动局推出东京都中小企业制度,规定东京的中小企业向银行借款时可申请政府指定机构提供的追加信用担保,由此产生的信用保证费由政府承担一半。宽松的融资环境,吸引了各地人才到东京湾区办企业,而这些企业对当地延揽各领域不同层次的人才起到了重要作用。从这个意义上讲,金融业的发展也促进了东京湾区的人才集聚。

第四节 推进粤港澳大湾区产才深度融合发展的着力点

过去几十年,粤港澳大湾区的产才融合发展取得了令人瞩目的成就,但面临的问题仍然不少。在挑战与机遇并存的国内外大环境下,关于如何推动大湾区产业与人才进一步深度融合发展,有诸多方面需要深入研究探讨。笔者认为以下几方面值得重点关注。

一 强化科技创新在大湾区产才融合发展中的作用

科技创新在一个地区的产业转型升级过程中具有引领作用，同时，科技创新也是一个地区集聚优秀人才的关键要素，因此，需不断强化科技创新的纽带作用，通过多中心、多节点、多层次、多维度的有效科创资源整合，促使大湾区的人才链、创新链、产业链在有机融合中发展。

（一）引导科技创新活动定位符合大湾区产业发展需求

大湾区具备较完善和先进的产业基础设施、严格的知识产权保护体系、日益活跃的国际科创合作环境，所以应该借助这些优势大力发展高附加值、高知识密度的高端产业环节，为大湾区的整体产业结构转型升级赋能。从世界著名湾区的科研型产业结构定位来看，纽约湾区重点部署医学、药学、生物化学等高端产业，旧金山湾区和东京湾区则重点部署电子信息、数据分析、信息传输等战略性产业。粤港澳大湾区的重点部署产业主要包括电子信息、数据分析及处理、无线通信、医疗、石油化工等产业。未来应大力引导大湾区内的科技创新活动目标与战略产业定位协调一致，发挥科技创新在大湾区产业转型升级中的引领作用。

（二）为科技创新要素在粤港澳大湾区内部的流动提供便利条件

由于大湾区是处于"一个国家、两种制度、三个关税区、三种货币"框架下的临海城市群，技术、资本、信息、人才等科技创新要素在制度、关税等软环境的隔离中并非处于完全流通状态。这种状况近年来已得到极大改善，但仍有很多工作要做。其中，为大力推动港澳创新人才到珠三角干事创业，可以依托大湾区（广东）创新创业孵化基地和广州南沙、深圳前海、珠海横琴等的港澳青年创新创业基地在体制机制创新、构建国际一流管理服务体系方面进行先行先试，促进珠三角其他城市围绕自己的资源、行业优势打造具有地方特色的创新创业基地；推动科研基金、创新创业资本在跨城创新活动中的优化配置。

(三) 打造重大科技创新平台以集聚更多高端人才

将前海深港现代服务业合作区、河套深港科技创新合作区、中新广州知识城、深圳国际创新谷、深圳光明科学城、广州南沙科学城、东莞松山湖科学城等纳入大湾区综合性国家科学中心主要承载区，搭建国家级、省级实验室和科研院所，通过引进院士团队等高端科研人才团队快速聚集科创人才。另外，随着科研数字化和数字化科研的兴起，未来世界级重大科技创新平台已呈现许多新的自组织形态，这就要求政府相关部门除了在政策和资金方面给予倾斜扶持，更要遵循符合新型科学研究规律和创新人才成长规律的生态治理思路。未来，可考虑在大湾区内探索并推动成立或设立专家创新创业联盟、国际科技组织、人才组织、国际组织分支机构等形式的组织机构，让区域内的科技创新生态系统在协同发展中不断进化升级。

二 提升大学系统在大湾区产才融合发展中的支撑水平

对粤港澳大湾区的产业界而言，大学系统既是开展研发活动的重要外部力量，也是培养人才的主阵地；此外，大学系统是大湾区集聚高层次人才的重要载体。目前，大湾区的大学系统已具备较雄厚的基础，但是，由于制度环境等方面的因素，粤港澳三地的大学系统各自独立发展，因此，未来需加强粤港澳三地大学的联动与合作，加快整合区域内的大学资源。

(一) 推动粤港澳三地大学之间开展师生交流学习合作

目前，珠三角的大学与港澳的大学之间主要通过访问学者、交流生、博士生双培项目等形式开展师生交流学习合作。这些一般都是小范围短期项目。未来，可考虑借鉴哈佛大学、麻省理工学院、波士顿大学等院校之间的学分互认合作，即学生可以到合作学校修课，其修课的学分被本校承认。比如，牵头中山大学、华南理工大学、南方科技大学与香港的几所大学组成小联盟，盟校之间学分互认。这种交流学习方式可迅速扩大粤港澳三地师生交流学习的范围，将对大湾区内部的知识传播起重要促进作用。

（二）加大力度推动港澳大学到珠三角城市设立分校或与内地大学合作办学

香港和澳门的大学实力比较雄厚，因此它们到珠三角地区合作办学能够帮助珠三角地区提升高教系统的整体实力。这方面的实践已经有一些成效，比如香港一些大学在深圳、珠海等城市设立分校。近几年，香港科技大学（广州）、香港城市大学（东莞）等大学陆续建成或落地。未来，珠三角政府相关部门除了继续鼓励这种合作办学，更应该在配套基础设施（比如港澳式幼教、中小学系统）方面着力，为港澳大学的教职工到内地分校工作解除后顾之忧。

（三）充分发挥大湾区内顶级大学在产学研合作方面的龙头作用

与世界著名湾区相比，粤港澳大湾区的大学在本湾区产学研合作方面的影响力还不够大。香港的大学科研实力雄厚，但由于香港的实业空心化，它们未能很好地在产学研活动中发挥自身作用。未来需加快破除湾区内部大学与企业之间在地理空间、制度差异等方面的壁垒，使湾区内顶级大学的科研活动更好地为地区产业发展服务。例如，可考虑推动香港一些大学根据自己的特色专业，在珠三角寻找产业特色比较匹配的城市，并开展深度合作。

三 将金融市场作为推动产才融合发展的着力点

金融资本是产业集聚和人才集聚的重要因子，纽约、旧金山和东京三大湾区均着力于以金融业促进产才融合发展，粤港澳大湾区应高度重视金融市场在产才融合发展中的作用。

（一）充分发挥香港、澳门在大湾区金融促进产才融合发展中的作用

金融网络在大湾区融入全球供应链体系中发挥着重要作用。长期以来，珠三角地区以金融网络为纽带经香港、澳门与世界各地形成紧密的商业联系。香港获得国际金融中心地位已有100多年，澳门则是中国大

陆与葡语八国①进行经贸文化往来的重要窗口。与香港金融市场高度关联的全球产业网络对中国顺利与世界实现产业、技术、人才等互联互通具有重要作用。考虑到放开中国在岸金融市场的潜在风险，香港作为离岸金融市场在中国与外国资本要素流通中能够起到很好的衔接作用。以香港为重要节点，大湾区未来可以构建一个离岸经济城市片区（比如香港、澳门、深圳、广州、珠海），以吸引全球的人才、企业和资本聚集在粤港澳大湾区，促进国内外技术、人才、资本等要素的良性互动，这对大湾区的产才融合发展具有重要意义。

（二）增强风险投资市场在粤港澳大湾区创新创业中的作用

大湾区要在产业和人才发展上更上一个台阶，营造良好的创新创业生态系统必不可少。然而，创新创业是具有较高经济风险的活动，因此，大湾区需要加快发展专业性强且风险偏好高的风险投资行业。以香港、深圳、广州为核心的大湾区风险投资行业，可在金融科技、绿色金融、普惠金融等前沿领域做足创投文章，为大湾区的创新创业环境赋能。另外，应借鉴旧金山湾区等世界级湾区的经验，发挥好大学在风险投资、创新创业两者之间的中间人作用。充分发挥风险投资的优势，在大湾区发掘和培育更多独角兽企业和"专精特新"企业。

---

① "葡语八国"指八个以葡萄牙语为官方语言的国家：葡萄牙、巴西、安哥拉、佛得角、几内亚比绍、莫桑比克、圣多美和普林西比、东帝汶。

第五章
优化人才空间布局，打造高水平人才雁阵格局

人才是粤港澳大湾区建设世界级城市群的重要生产要素。2019年2月发布的《粤港澳大湾区发展规划纲要》提出，"实行更积极、更开放、更有效的人才引进政策，加快建设粤港澳人才合作示范区"，建设"具有全球影响力的国际科技创新中心"。2021年9月，习近平总书记在中央人才工作会议上明确提出，要将在北京、上海、粤港澳大湾区建设高水平人才高地作为加快建设世界重要人才中心和创新高地的战略布局。[①] 粤港澳大湾区也是中国建设全球创新人才高地的制度改革先行示范区，近年来，广州、深圳、佛山和东莞等城市均出台了重磅的人才政策。粤港澳三地收入分配、产业发展和公共服务等领域制度政策的差异性造就了大湾区人才集疏模式的独特性。优化人才空间布局是实现粤港澳三地协同推进高质量发展的现实诉求。新的形势下，从空间结构视角深入分析粤港澳大湾区人才集聚疏散的态势、揭示人才空间动态演化规律，对于优化大湾区人才政策具有重要的实践价值。

---

① 《习近平出席中央人才工作会议并发表重要讲话》，中华人民共和国中央人民政府网站，2021年9月28日，https://www.gov.cn/xinwen/2021-09/28/content_5639868.htm?platform=win。

第一节 人才空间布局与人才高地建设

优化人才空间布局是建设高水平人才高地的重要内容之一。厘清影响人才空间布局的因素，既是认识人才分布的演化规律和动力机制的基础，也是明确建设人才高地进程中人才空间布局目标的前提。

一 人才分布与人才高地的关系

人才分布包括人才集聚和人才均衡分布两个方面，二者都与建设高水平人才高地存在紧密的联系。

（一）人才集聚是人才高地的题中之义

有学者提出，人才高地是指人才发展的极核区、高势能区。人才高地的特征主要体现在五个方面：人才数量分布的高密度、人才素质的高标准、人才结构的高匹配、人才流动的高活力和人才产出的高效益。[①] 还有学者认为，人才高地的具体条件特征是优秀人才聚集度高、创新平台多、创新制度好，过程特征是创新氛围浓、创新文化优、创新活动频繁，结果特征是创新效能强、创新成果多、创新价值高、创新贡献大。[②] 可见，一般认为，集聚数量众多的人才、人才集中分布或者人才密度较高是人才高地的主要特征之一。

（二）人才集聚是建设人才高地的重要前提

人才离不开特定的地理空间，研究表明各类人才的分布具有空间集聚效应。[③] 一方面，人才集聚可以带来信息共享效应、知识溢出效应、创新积累效应、集体学习效应、激励竞争效应等，[④] 这些都有利于促进

[①] 李楠、刘晓琪、时芸婷：《粤港澳大湾区人才高地建设中的问题及对策建议》，《广东经济》2021年第4期。
[②] 萧鸣政、应验、张满：《人才高地建设的标准与路径——基于概念、特征、结构与要素的分析》，《中国行政管理》2022年第5期。
[③] 肖昕茹：《人才地理学研究综述》，《人才开发》2008年第8期。
[④] 牛冲槐、张敏、张洪潮、李刚：《人才聚集效应研究》，《山西高等学校社会科学学报》2006年第2期。

科技创新，是建设人才高地乃至世界创新中心的重要驱动力。另一方面，人才在地理空间上的集聚会产生自我强化的累积效果，即人才集聚会进一步刺激更多的人才集聚于此。回顾梳理世界科学和人才中心转移历史可以发现，科技创新和人才集聚往往相伴相生，相互促进，形成良性循环。

（三）人才均衡分布是高水平人才高地的标志之一

人才均衡分布不仅是人才合理配置的内容之一，还是经济社会健康可持续发展、缩小区域间发展差距的必然要求。人才空间格局存在发展、演化的阶段性。建设人才高地过程中，人才一般会先在少数条件优越的地区点状集聚，使当地发展成增长极，在集聚产生成果和效益后就会产生向周边地区扩散的空间溢出效应并对更广泛的外围地区形成辐射效应，最终在一个较为广泛的地域内形成各类人才合理搭配、各层次人才合理分工的均衡分布格局。具备这种特征的分布格局是高水平人才高地的基本特征。

（四）人才均衡分布为实现人才高地的使命提供原动力

建设高水平人才高地，努力打造中国建设世界重要人才中心和创新高地的重要战略支点，根本目的是为全面建设社会主义现代化国家提供人才支撑。实施区域协调发展战略是新时代国家重大战略之一，是贯彻新发展理念、建设现代化经济体系的重要组成部分。由于人才在区域经济社会发展中占有主导地位，人才均衡分布是区域均衡协调发展的重要驱动力。推动人才分布均衡化，在缩小地区人才差距的同时实现各地区人才与产业的良性互促和动态平衡，是实现区域协调发展的原动力。

二 人才空间布局的影响因素

人才是活跃的资源，其在广大地理范围内迁移流动和配置的现象越发常见频繁。人才空间布局取决于自然因素、经济因素、社会因素和人才政策因素的相互博弈。

（一）自然因素

自然因素为人才空间集聚提供天然环境，是影响人才空间布局的基础性要素。自然因素对人才空间布局的影响，首先是水土资源和气候的影响，人才集聚地区都是自然环境宜居的地区。其次是资源承载力的影响，人才集聚地区要能够支持得起大规模的人口和产业集聚。最后是生态环境的影响，水质、空气质量与绿化覆盖率越来越成为人才选择留驻地区的重要考虑因素。

（二）经济因素

经济因素是形成人才空间布局的核心驱动力，主要通过四个要素产生影响。第一，高新技术产业分布状况是人才空间布局的形成基础。高新技术产业分布越多的地区，对人才的吸引力就越强，所以一般会形成人才在高新技术产业带周边集聚的现象。完善的产业体系和突出的产业优势必然会对全球的专业人才产生巨大吸引力，而高层次人才的会聚又能为产业发展注入源源不断的动力，实现产业链、人才链、创新链相互促进、深度融合。第二，收入水平是调节人才空间布局的直接力量。人才一般首先选择向高收入地区集聚，地区收入差距会直接造成人才吸引力的差距，最终形成人才集聚规模的差异。第三，职业发展条件是影响人才空间布局的主导力量。充足的就业机会、良好的职业发展前景、充裕的人才培训机会，都会对人才形成强大的吸引力。第四，生活成本对人才空间布局有一定的调控作用。较高的生活成本是人才流动的障碍性因素，人才会向实际工资较高而生活成本较低的地区集聚。一个城市的生活成本受交通、饮食、住房等多方面价格的影响，其中房价的影响最大。受上述各方面要素的综合影响，城市化已经成为人才集聚的主要动力，人才空间布局表现为人才不断向特大城市、大城市群、大城市带等高度城市化地区集聚。

（三）社会因素

社会因素为人才空间布局形成提供良好保障。人才在选择留驻地时除了关注经济方面的因素之外，还会考虑当地是否具有良好的科研环境、优质的教育环境、高质量的医疗服务等人才充分发挥自身价值的保障因素。科研环境反映地区的创新能力、科技水平和市场化程度，关乎人才成长和发展的平台。发达的高等教育可以为所在区域营造良好的文化氛围和智力环境、提高人才密度,高校也对人才具有很强的吸引作用。包括子女受教育质量、医疗卫生条件、交通便利性和城市消费设施充足性等在内的公共服务条件在人才空间集聚过程中也发挥着重要作用。[①] 正因为如此,大城市因其相对优越的人居环境、完备的公共服务和多元包容的社会文化环境,在对人才的吸引力方面明显比中小城市有优势。除此之外还有户籍的影响,目前大城市尤其是一线城市严苛的户籍管理制度限制了人才的涌入,成为影响大城市人才吸引力的重要因素。但同时,由于大城市户籍所承载的丰厚福利,针对人才降低落户门槛成为吸引人才的重要政策工具。

(四) 人才政策因素

人才政策是重构人才空间布局的重要因素。经济社会因素影响下出现的是人才要素在空间中的自然配置状态,一般会形成发达地区人才高度集聚、欠发达地区人才总体稀疏的空间分布格局。人才政策一般是通过经济、社会因素的间接作用改变人才的流向的,既包括通过提高住房、薪资等方面的物质激励标准引进人才,也包括通过健全人才公共服务、加强平台载体建设、完善人才权益保障、建立公开透明的市场监管机制等改善吸引和培育人才的社会环境,从而改变人才空间布局。当然,在实施人才政策过程中,物质激励具有"立竿见影"的作用,所以人才政策所涉及的经济收益的巨大差异造成了地区间人才吸引力的差异,从而加剧了发达地区人才高度集聚和欠发达地区人才匮乏的两极分化。为人才提供更多的家庭保障,也是提高人才吸引力的主要手段,特别是住房条件的保障、人才配偶就业的保障与人才子女教育的保障。[②] 经济发达地区因其较强的经济实力而具备提供人才家庭保障的雄厚基础,因此也就在人才空间布局重构中占据优势地位。

[①] 古恒宇、沈体雁:《中国高学历人才的空间演化特征及驱动因素》,《地理学报》2021年第2期。

[②] 张炜、景维民、王玉婧:《什么决定了一线城市对人才的吸引力?——基于随机森林法对影响要素的检验分析》,《科技管理研究》2017年第22期。

三 粤港澳大湾区优化人才空间布局的目标

优化人才空间布局是建设高水平人才高地的重要内容，但人才分布也是一个经济、社会、政策等因素共同作用下产生的"被动"结果。人才本身就是非常活跃的资源，所以在建设人才高地过程中，人才分布格局将因各地区的经济状况、社会条件和出台的各类政策的"此消彼长"而处于不断的变化之中。总之，人才分布格局取决于经济社会发展格局。

粤港澳大湾区存在地域的广泛性、经济社会发展的层级差异性和产业多样性等特性，这是制定粤港澳大湾区发展战略和建设粤港澳大湾区高水平人才高地的现实条件。2019年2月公布的《粤港澳大湾区发展规划纲要》明确指出，未来粤港澳大湾区要形成极点带动、轴带支撑的网络化空间格局。具体来讲就是：以香港、澳门、广州、深圳四大中心城市作为区域发展的核心引擎，发挥比较优势做优做强，对周边区域发展起到辐射带动作用；支持珠海、佛山、惠州、东莞、中山、江门、肇庆等重要节点城市充分发挥自身优势，形成特色鲜明、功能互补、具有竞争力的重要节点城市，既强化与中心城市的互动合作，又带动周边特色城镇发展；最终建成大中小城市合理分工、区域发展高度协调、城乡融合发展的大湾区发展格局。

人才空间布局是否理想，其最终的衡量标准在于是否与经济社会发展格局相适应、是否有利于促进区域均衡发展。粤港澳大湾区要构建与极点带动、轴带支撑的网络化空间格局相适应的人才空间布局，形成人才发展的雁阵格局是较为理想的选择。

雁阵格局本是经济学中描述产业梯度和产业转移的一个术语，在2021年9月的中央人才工作会议上，习近平总书记在对人才工作的战略布局中提出"雁阵格局"。[①] 人才雁阵格局主要强调地区人才差异化

[①] 《习近平出席中央人才工作会议并发表重要讲话》，中华人民共和国中央人民政府网站，2021年9月28日，https://www.gov.cn/xinwen/2021-09/28/content_5639868.htm?platform=win。

战略定位及由此形成的人才环流，核心是实现人才梯度协调发展，促进中国区域创新能力提升。[①] 可见，人才雁阵格局是特定人才队伍结构与地域分工合作相结合的一种人才发展格局。总体来看，作为分工合作的有机整体，粤港澳大湾区在内部形成人才的雁阵格局，具有良好的现实基础。香港、广州和深圳拥有丰富的高校科研院所，汇聚了一批引领产业发展的高新企业，具备发挥"头雁效应"的良好基础，应打造成创新创业人才荟萃高地。珠海、佛山、东莞、中山、惠州等周边城市则侧重领军、专业、特色性科技人才及团队建设，可打造具有重要影响力的产才融合发展引领高地，承接广深、港澳外溢的高端技术产业，推动产业结构升级，稳步发展自身创新能力。其他更外围的城市或县级市乃至工业强镇，则把工匠型高素质劳动者和技能型人才作为人才队伍建设主攻方向，围绕加快产业转型升级发力。总之，不同类型、不同层级的城市应形成不同层级人才发展的战略支点，真正做到各类人才各得其所，实现人尽其才、才尽其用。

第二节　粤港澳大湾区人才空间布局特征

利用2010年第六次和2020年第七次全国人口普查、2015年1%人口抽样调查、《广东统计年鉴》以及《香港统计年刊》、澳门《统计年鉴》等的统计数据，分别以拥有大学文化程度的人口和研发人员的数量与密度为主要指标，从人才数量与人才密度的空间分布状况、人才重心、标准差椭圆、不均衡指数、空间自相关性等方面揭示粤港澳大湾区人才空间布局及其演变趋势。尽管以县（区）为研究单元的人口空间分析能够深入了解人才在更微观空间的分布特征，但考虑到大湾区包括人才在内的各项政策往往是以市级政府为发布主体的，所以本书只分析

[①]《打造"高峰突起、高原竞秀、高地多姿"的雁阵格局》，寰球人才网，2022年4月13日，http://www.globalhr.com.cn/index.php/phone/Result1/result_data/id/197.hqrc。

市级层面的人才空间布局。

一 人才空间布局及其演变

（一）描述粤港澳大湾区人才空间布局的方法

用 ArcGIS 软件对粤港澳大湾区各城市人才状况数据进行可视化展示。对于各地人才状况的分级分类，采用自然断点法将各城市的各项指标值分为数值大小不同的五类。自然断点法是一种根据数值统计分布规律分级和分类的统计方法，是对分类间隔加以识别，在数据值差异相对较大的位置设置其边界（点），用这些点把研究对象分成性质相似的群组，从而使各个类之间的差异最大化。对粤港澳大湾区的市级行政单元进行五分位划分。虽然各类指标的绝对数值都有明显增长，但自然断点法分级的结果反映的主要是各城市之间人才状况排序的相对变化。

（二）粤港澳大湾区人才总量的空间布局及演变状况

1. 拥有大学文化程度人口数量的空间布局及其演变

2010年，从粤港澳大湾区各城市拥有大学文化程度[①]人口的数量来看，属于第一分位段的是广州、深圳和香港三地，属于第二分位段的是佛山和东莞，第三分位段的是惠州和珠海，第四分位段的是中山、江门和肇庆，第五分位段的是澳门（见表5-1）。拥有大学文化程度人口数量较多（第一、第二分位段）的城市位于"香港-深圳-东莞-广州主轴"上。

到2015年，与2010年相比，各城市拥有大学文化程度人口的数量都有明显增长，但第一、第二分位段的城市与2010年相比没有变化。发生变化的是珠海、江门和肇庆，其中珠海由第三分位段降至第四分位段，肇庆由第四分位段滑落到第五分位段，而江门由第四分位段上升到第三分位段（见表5-1）。虽然第三、第四、第五分位段的城市有部分调整，但拥有大学文化程度人口数量较多（第一、第二分位段）的城

---

① 根据第七次全国人口普查的统计口径，大学文化程度指大专及以上。

市位于"香港－深圳－东莞－广州主轴"上的特点没有改变。

到 2020 年，各城市人才数量仍都有明显增长，但各城市的五分位划分的结果与 2015 年相比变化不大，只有香港从第一分位段降到第二分位段（见表 5－1）。2015～2020 年香港拥有大学文化程度的人口数量也保持了增长，但广州和深圳的增长速度更快，以至于总量明显超过香港。数据显示，2010～2020 年，香港拥有大学文化程度人口数量增长了 40%，但其他城市基本都增长了 1 倍以上。当然，拥有大学文化程度人口数量较多（第一、第二分位段）的城市集中于"香港－深圳－东莞－广州主轴"上的特点依然没有改变。

表 5－1　2010 年、2015 年、2020 年粤港澳大湾区各城市拥有
大学文化程度人口数量的分类

	2010 年	2015 年	2020 年
第一分位段	广州、深圳、香港	广州、深圳、香港	广州、深圳
第二分位段	佛山、东莞	佛山、东莞	香港、佛山、东莞
第三分位段	惠州、珠海	惠州、江门	惠州、江门
第四分位段	中山、江门、肇庆	珠海、中山	珠海、中山
第五分位段	澳门	肇庆、澳门	肇庆、澳门

2. 研发人员数量的空间布局及其演变

研发人员数量的空间布局与拥有大学文化程度人口数量的空间布局有很大不同。2010 年，只有深圳属于第一分位段，属于第二分位段的只有广州，而香港、东莞、佛山和中山都属于第三分位段，惠州、珠海、江门和肇庆属于第四分位段，澳门属于第五分位段（见表 5－2）。

2015 年，广州和深圳同属于第一分位段，东莞、佛山和中山上升到第二分位段，香港仍然处于第三分位段（见表 5－2），表明广州、深圳、东莞、佛山和中山在研发人员数量上都比香港有优势。

2020 年，第一分位段的城市只有深圳，第二分位段的只有广州，而第三分位段的则有东莞和佛山，香港和中山、珠海、惠州、江门一同分到第四分位段（见表 5－2）。

从 2010~2020 年分位段的变化来看，各城市研发人员数量的相对位置变化不大。由于自然断点只会在差距最明显的地方划下分界线，所以城市之间差距的拉大或缩小也能够使各城市所处的分位段发生变化。其中，香港位置的变化，是由广州、深圳、佛山、东莞研发人员数量增长速度相对较快所致。

表 5-2 2010 年、2015 年、2020 年粤港澳大湾区各城市研发人员数量的分类

	2010 年	2015 年	2020 年
第一分位段	深圳	广州、深圳	深圳
第二分位段	广州	东莞、佛山、中山	广州
第三分位段	香港、东莞、佛山、中山	香港、惠州、江门	东莞、佛山
第四分位段	惠州、珠海、江门、肇庆	珠海、肇庆	香港、中山、珠海、惠州、江门
第五分位段	澳门	澳门	肇庆、澳门

（三）粤港澳大湾区人才密度的空间布局及其演变趋势

人才密度就是指在一定区域内人才资源在人口资源中所占的比重，表示某一区域内人才密集的程度。本部分根据每万人口中拥有大学文化程度的人数和每万人口中研发人员数两个指标分析人才密度的空间分布状况。

1. 每万人口中拥有大学文化程度的人数空间布局及其演变

2010 年，从粤港澳大湾区各城市的每万人口中拥有大学文化程度的人数看，处于第一分位段的是香港和广州，第二分位段的是深圳、珠海和澳门，第三分位段的只有佛山，第四分位段的是东莞和中山，第五分位段的是惠州、江门和肇庆（见表 5-3）。

到 2015 年，从粤港澳大湾区各城市的每万人口中拥有大学文化程度的人数看，处于第一分位段的只有香港一地，第二分位段的是广州、深圳和珠海，第三分位段的是佛山和澳门，第四分位段的是东莞、惠州、江门和中山，第五分位段的是肇庆（见表 5-3）。

2020 年的分布状况与 2015 年完全一致，各分位段的城市没有差别

(见表 5-3),但各城市每万人口中拥有大学文化程度的人数都有明显增长。

表 5-3　2010 年、2015 年、2020 年粤港澳大湾区各城市每万人口中拥有大学文化程度的人数的分类

	2010 年	2015 年	2020 年
第一分位段	香港、广州	香港	香港
第二分位段	深圳、珠海、澳门	广州、深圳、珠海	广州、深圳、珠海
第三分位段	佛山	佛山、澳门	佛山、澳门
第四分位段	东莞、中山	东莞、惠州、江门、中山	东莞、惠州、江门、中山
第五分位段	惠州、江门、肇庆	肇庆	肇庆

2010~2020 年,各城市每万人口中拥有大学文化程度的人数排序的相对位次变化不大,但其差距出现了一定变化。从具体数值来看,排位较靠后的江门、惠州和肇庆三地,每万人口中拥有大学文化程度的人数在 11 座城市中是增长幅度最大的。2010 年,每万人口中拥有大学文化程度的人数最高的香港和最低的肇庆的这一人数的比值高达 4.89,到 2020 年这两地依然分别是最高和最低的,但其比值已经降至 3.93。所以,可以认为,粤港澳大湾区各城市的差距已经明显缩小。

此外,拥有大学文化程度人口密度与拥有大学文化程度人口数量的分布格局并不完全一致。例如珠海,虽然拥有大学文化程度人口的数量明显少于东莞,与中山基本持平,但在拥有大学文化程度人口密度上却明显比东莞、中山高,从而一直位列密度较高的第二分位段。

2. 每万人口中研发人员数的空间布局及其演变

2010 年,从每万人口中研发人员数看,位于第一分位段的只有深圳,第二分位段的只有中山,广州、珠海和佛山都属于第三分位段,香港、东莞、江门和肇庆处于第四分位段,惠州和澳门处于第五分位段。研发人员密度较高的只有深圳和中山(见表 5-4)。

到 2015 年,深圳和中山都位列第一分位段,广州、佛山和珠海位列第二分位段,东莞位列第三分位段,珠三角核心地区的研发人才密度

都比较高。而惠州、江门和肇庆位列第四分位段,香港和澳门处于第五分位段(见表5-4)。

2020年的每万人口中研发人员数分布状况又有了一定变化,第一分位段的只有深圳一地,而第二分位段的也只有珠海一地,广州、佛山、东莞和惠州都处于第三分位段,中山和江门处于第四分位段,肇庆、香港和澳门处于第五分位段(见表5-4)。

表5-4 2010年、2015年、2020年粤港澳大湾区各城市每万人口中研发人员数的分类

	2010年	2015年	2020年
第一分位段	深圳	深圳、中山	深圳
第二分位段	中山	广州、佛山、珠海	珠海
第三分位段	广州、珠海、佛山	东莞	广州、佛山、东莞、惠州
第四分位段	香港、东莞、江门、肇庆	惠州、江门、肇庆	中山、江门
第五分位段	惠州、澳门	香港、澳门	肇庆、香港、澳门

2010~2020年,各城市研发人员的密度都有一定程度的提升,内地城市比香港、澳门有更大的进步。

总体来看,粤港澳大湾区人才分布并不均衡,大致呈现"中轴-两翼"或者是"中心-外围"的分布格局。从人才数量上看,人才主要集中于"香港-深圳-东莞-广州主轴"上,从人才密度来看则是珠三角中心区城市相对较高,但是在粤港澳大湾区并不存在唯一的人才中心。

二 人才分布重心和标准差椭圆及其演变

(一)人才分布重心的计算方法

人才分布重心即人才重心,是指一个区域内人才分布的平均点,是测量人才分布集中趋势的方法。人才重心可以反映某一区域内人才分布状况,人才重心的移动方向和移动距离也可以揭示人才分布的时空变迁。

除人才重心之外，反映人才分布的方向和强度的还有标准差椭圆。标准差椭圆是分析人才空间分布离散趋势的有效工具，由椭圆中心、偏向角、长轴和短轴构成，椭圆中心是人才重心，偏向角（长轴与正北方向的夹角，即从正北方向顺时针旋转到长轴位置所转过的角度）代表人才分布的主要方向，长轴代表在主要方向上人才分布偏离人才重心的程度，短轴代表在次要方向上人才分布偏离人才重心的程度。长短半轴的值差距越大，表示人才分布的方向性越明显；长短半轴越接近，表示方向性越不明显。

ArcGIS工具里面提供了"椭圆大小"（ellipse size）这个参数，表示生成的椭圆的级别，一共有三个。三个级别的椭圆，分别可以包括68%、95%和99%的数据。本章指定的标准差为1，按照空间正态分布的标准，第一级椭圆可将约占总数68%的人才包括在内。接下来，本书将根据2010年和2020年的人才数据，计算粤港澳大湾区的人才重心和标准差椭圆的变化。

（二）粤港澳大湾区人才数量的分布重心与标准差椭圆

1. 拥有大学文化程度人口的分布重心与标准差椭圆

ArcGIS分析结果显示，2010年和2020年拥有大学文化程度人口的分布重心都在东莞市范围内，位于东莞市西南部。2020年的人才重心比2010年向东北方向略有偏移，但位移的距离不大，向东偏移只有511米，向北偏移了1087米。

从标准差椭圆来看，2010年和2020年拥有大学文化程度人口的标准差椭圆的旋转角度（偏向角）基本一致，2010年为122度，2020年为117度，说明粤港澳大湾区拥有大学文化程度人口分布的总体方向并没有发生很大的改变，主要呈"西北－东南"分布模式，拥有大学文化程度人口大致沿"香港－深圳－东莞－广州主轴"方向分布。2020年的标准差椭圆与2010年相比，长半轴缩短了2380米，短半轴延长了671米，长短半轴的差距有所缩小，表明2020年拥有大学文化程度人口的分布比2010年更趋于均衡。

2. 研发人员的分布重心和标准差椭圆

2010年，粤港澳大湾区研发人员的分布重心也位于东莞市的西南部，到2020年出现明显的位移，向东移动了5104米，向北移动了2382米。

2010~2020年粤港澳大湾区研发人员标准差椭圆的旋转角度没有发生明显变化，2010年为109度，2020年为100度，说明粤港澳大湾区的研发人员分布总体方向基本没有发生改变，主要沿"香港－深圳－东莞－广州主轴"方向集聚，并沿"西北－东南"分布模式。但是，2020年标准差椭圆的长半轴比2010年缩短了6993米，而短半轴延长了2377米，长短半轴的差距明显缩小，表明2020年研发人员的分布比2010年更趋于均衡。

（三）粤港澳大湾区人才密度的分布重心与标准差椭圆

1. 每万人口中拥有大学文化程度人数的分布重心与标准差椭圆

2010与2020年，每万人口中拥有大学文化程度人数的分布重心均位于广州市南沙区。与拥有大学文化程度人口的分布重心相比，该重心位置明显偏南。不过，该重心发生了向西北方向的位移，2010~2020年向西偏移了602米，向北移动了2992米，其向北位移的趋势更加明显，北移幅度大于拥有大学文化程度人口的分布重心北移的幅度。

从标准差椭圆来看，每万人口中拥有大学文化程度人数的分布变化并不明显。首先，其分布的总体方向基本没变，从旋转角度看，2010年为115度，到2020年演变为102度，每万人口中拥有大学文化程度人数仍然呈"西北－东南"分布模式。再者，2020年标准差椭圆的长半轴比2010年延长了5332米，短半轴也延长了251米，表明10年间粤港澳大湾区的人才核心区域开始向外扩展，体现的是人才分布趋于均衡。

2. 每万人口中研发人员数的分布重心与标准差椭圆

每万人口中研发人员数的分布重心也位于广州市南沙区。2010~2020年，该重心发生了向东北方向的偏移，向东移动距离为5237米，向北移动距离为1187米。总体来看，每万人口中研发人员数的分布重心位移的幅度不大。

但是，每万人口中研发人员数的标准差椭圆发生的变化较为明显。标准差椭圆的方向发生了较大变化，2010年的旋转角度是101度，表现为"西北－东南"走向，而2020年则是70度，呈"西南－东北"走向。2020年椭圆的长半轴比2010年缩短472米，而短半轴延长了2270米，长短半轴的差距明显缩小，表示每万人口中研发人员数的分布更加分散。

综合上述结果可以发现：不同指标反映的人才重心都有一定程度向北偏移的趋势，表明内地人才发展速度相对较快。人才标准差椭圆的范围一直都包含香港、深圳和东莞以及广州、佛山、中山和珠海的大部分区域，这些区域也是粤港澳大湾区经济发达、产业集聚的核心区域。人才核心区域在2010~2020年出现了向外扩展的现象，表明人才分布出现了离散趋势，但是其扩展范围非常有限，并且人才集聚中人才仍然主要沿着"香港－深圳－东莞－广州主轴"在"西北－东南"方向上分布。

三 人才不均衡指标及其演变

（一）测度人才空间布局的不均衡程度的方法

测度不均衡程度的常用指标有三个，分别是变异系数、基尼系数和泰尔指数，都能反映人才分布的集聚或分散趋势。

1. 变异系数

变异系数，又称"离散系数"，其定义为标准差与平均值的比值：

$$CV = \frac{\sigma}{\mu} \quad (5-1)$$

其中，σ表示各观测值原始数据的标准差，μ表示各观测值原始数据的均值，在本章中是指包括各类人才数量在内的所有测度人才状况的指标的均值。

变异系数可以消除单位和（或）平均数不同对两个或多个资料变异程度比较的影响。小于0.1表示弱变异，0.1~1表示中等变异，大于 1 表示强变异。①

2. 基尼系数

基尼系数本来是用来测度收入分布差距的指标,其本质思想与变异系数并无二致,都是考察一组数值的差异性,并使得基于不同数值向量计算出的结果可比较。其原理也可用来测度空间区域差异性。基尼系数的计算公式为:

$$Gini = \frac{1}{2n^2\bar{x}} \sum_{i=1}^{n} \sum_{j=1}^{n} |x_i - x_j| \qquad (5-2)$$

其中,n 为所有研究单元数,x_i 和 x_j 分别为在两个不同的地域 i 和 j 研究对象的观测值,在本章中是测度人才状况的指标,$\bar{x}$ 为所有观测值的均值。基尼系数的值在 0 到 1 之间。基尼系数越小,则空间分布越均衡;值越大,则空间集聚程度越高。

3. 泰尔指数

泰尔指数本来是利用信息理论中的熵概念来测量收入不平等程度的工具,常被作为分析区域差异的一个重要工具。其计算公式为:

$$Theil\ Index = \frac{1}{n} \sum_{i=1}^{n} \frac{x_i}{\bar{x}} \ln\left(\frac{x_i}{\bar{x}}\right) \qquad (5-3)$$

n 为所有研究单元数,x_i 为各地域研究对象的观测值,在本章中是所有测度人才状况的指标,$\bar{x}$ 为观测值的均值。

三个系数或指数各有侧重、互相补充,可以全面地反映人才空间布局的不均衡程度。②

(二) 变异系数

1. 人才数量的变异系数

2010 年,粤港澳大湾区各城市拥有大学文化程度人口数量的变异

---

① 刘继龙、刘璐、马孝义、付强、王海江、张振华、张玲玲、虞鹏:《不同尺度不同土层土壤盐分的空间变异性研究》,《应用基础与工程科学学报》2018 年第 2 期。

② P. D. Allison, "Measures of Inequality," *American Sociological Review* 43(1978):865–880.

系数为 0.998，2015 年的变异系数为 0.952，2020 年上升到 1.021，三个年份的变异系数都在 1 附近上下波动，表示粤港澳大湾区各城市拥有大学文化程度的人口数量差距很大，人才分布呈现高度不平衡的特征，而且这种不平衡的趋势在 2010~2020 年一直没有缓解的趋势。

粤港澳大湾区各城市 2010 年、2015 年和 2020 年三个年份研发人员数量的变异系数都略高于拥有大学文化程度人口数量的变异系数，分别高达 1.190、1.014 和 1.172，都属于大于 1 的"强变异"，即粤港澳大湾区各城市研发人员数量的分布呈现高度不平衡特征。

2. 人才密度的变异系数

反映人才密度的两项指标的变异系数都明显低于反映人才数量的两项指标。2010 年，粤港澳大湾区各城市每万人口中拥有大学文化程度的人数的变异系数为 0.510，2015 年下降到 0.434，2020 年又进一步下降到 0.423。而每万人口中研发人员数的变异系数，在 2010 年、2015 年、2020 年也分别为 0.703、0.545 和 0.568，即 2020 年明显低于 2010 年的水平（见表 5-5）。由此可见，粤港澳大湾区的人才密度在各城市之间的分布不均衡程度趋于降低。

表 5-5　部分年份粤港澳大湾区各城市人才指标的变异系数

年份	拥有大学文化程度人口数量	研发人员数量	每万人口中拥有大学文化程度的人数	每万人口中研发人员数
2010	0.998	1.190	0.510	0.703
2015	0.952	1.014	0.434	0.545
2020	1.021	1.172	0.423	0.568

（三）基尼系数

2010~2020 年，人才数量指标的基尼系数都保持在 0.5 左右，表明人才数量存在严重的地区不平衡。2010 年拥有大学文化程度人口数量的基尼系数为 0.508，到 2015 年变为 0.495，2020 年为 0.504，三个年份基本持平。研发人员数量三个年份的基尼系数分别为 0.550、0.500 和

0.560，其变化也不明显（见表5-6）。基尼系数在0.5左右表明人才数量分布已经达到明显不均衡的程度。

人才密度指标的基尼系数明显低于人才数量指标。2010年每万人口中拥有大学文化程度人数的基尼系数为0.284，2015年降至0.245，2020年进一步降至0.234。每万人口中研发人员数三个年份的基尼系数分别为0.355、0.296和0.311。基尼系数在0.3上下，证明人才密度分布较为均衡，而基尼系数在2010~2020年还有所下降，表明各城市的人才密度趋于均衡（见表5-6）。

表5-6 部分年份粤港澳大湾区各城市人才指标的基尼系数

年份	拥有大学文化程度人口数量	研发人员数量	每万人口中拥有大学文化程度的人数	每万人口中研发人员数
2010	0.508	0.550	0.284	0.355
2015	0.495	0.500	0.245	0.296
2020	0.504	0.560	0.234	0.311

（四）泰尔指数

泰尔指数的变化趋势与基尼系数和变异系数基本一致。反映人才数量的两项指标（拥有大学文化程度人口数量和研发人员数量）的泰尔指数在2010年、2015年和2020年都处于较高的水平，而且没有发生明显变化（见表5-7）。反映人才密度的两项指标（每万人口中拥有大学文化程度的人数和每万人口中研发人员数）的泰尔指数明显小于人才数量指标，并且出现了一定程度的下降。

表5-7 部分年份粤港澳大湾区各城市人才指标的泰尔指数

年份	拥有大学文化程度人口数量	研发人员数量	每万人口中拥有大学文化程度的人数	每万人口中研发人员数
2010	0.442	0.545	0.134	0.210
2015	0.414	0.434	0.095	0.140
2020	0.443	0.553	0.087	0.157

总之,从人才不均衡指标来看,粤港澳大湾区人才数量存在明显的地区分布不均衡,并且在2010~2020年不均衡程度基本保持不变;而人才密度的地区分布相对较为均衡,而且呈现出日趋均衡的态势。

四 粤港澳大湾区人才分布的空间相关性

(一)测度人才分布空间相关性的方法

测度和判断人才分布是否存在空间相关性的方法是空间自相关分析,所用工具包括全局空间自相关指数和局部空间自相关指数两类。[1] 全局空间自相关指数(Global Moran's I,又称"全局莫兰指数")反映的是统计范围内研究对象空间自相关的整体水平。Global Moran's I的取值范围是[-1,1],指数大于0,表示研究对象的分布呈空间正相关,即呈现聚类趋势;指数小于0,表示研究对象的分布呈空间负相关,即呈现离散趋势;指数等于0,表示不存在空间自相关性。局部空间自相关系数(Local Moran's I,又称"局部莫兰指数")反映的是每个地区与相邻地区研究对象分布的空间关联性。

空间自相关分析要运用GeoDa软件,在通过显著性检验的基础上绘制Moran散点图和LISA集聚图。

Moran散点图反映的是全局空间自相关状况,可以划分为四个象限,表示一个区域与邻近地区之间的四种关系:"高-高型"表示区域自身是高值,周边的其他地区也是高值,二者空间差异程度较小;其他三种分别是"高-低型""低-低型""低-高型"。[2] 如果所研究的区域主要分布在"高-高型"和"低-低型"两个象限,就表示存在正的空间自相关性,即出现了相似值集聚;如果主要分布在"高-低型"和"低-高型"两个象限则表示存在负的空间自相关性,说明相似的

---

[1] L. Anselin, "Local Indicators of Spatial Association—LISA," *Geographical Analysis* 27(1995): 93-115.

[2] 需要注意的是,"低-低型"和"高-低型"中的"低"表示地理单元的观测值低于所有观测值的平均值,而不是与周边地区相比相对较低。

观测值趋于疏散；如果观测值均匀地分布在四个象限，则表示研究的地区之间不存在空间自相关性。

LISA集聚图可以判断各个区域的局部相关类型及其聚集区域是否在统计意义上显著。LISA集聚图将地理空间分为"高-高集聚""高-低集聚""低-低集聚""低-高集聚""不显著"五种类型。"高-高集聚"区域俗称"热点"，代表自身属性水平高且周边地区水平也高的区域；"低-低集聚"区域俗称"冷点"，代表自身和周边地区的属性水平都较低的区域；"低-高集聚"区域代表自身属性水平低，但周边地区属性水平高的区域；"高-低集聚"区域代表自身属性水平高，但周边地区属性水平低的区域；"不显著"区域代表属性水平不存在显著空间自相关、呈空间随机分布的区域。

（二）粤港澳大湾区人才总量分布的空间自相关分析

1. 拥有大学文化程度人口数量的空间自相关分析

2010年、2015年和2020年拥有大学文化程度人口数量的全局莫兰指数分别为-0.148、-0.151和-0.163，从散点图可以看出各城市主要分布在"高-低型"和"低-高型"象限，表示负的空间自相关性，说明拥有大学文化程度人口数量的空间分布是趋于疏散的（见图5-1、图5-2、图5-3）。LISA集聚图的结果则显示三个年份的空间自相关

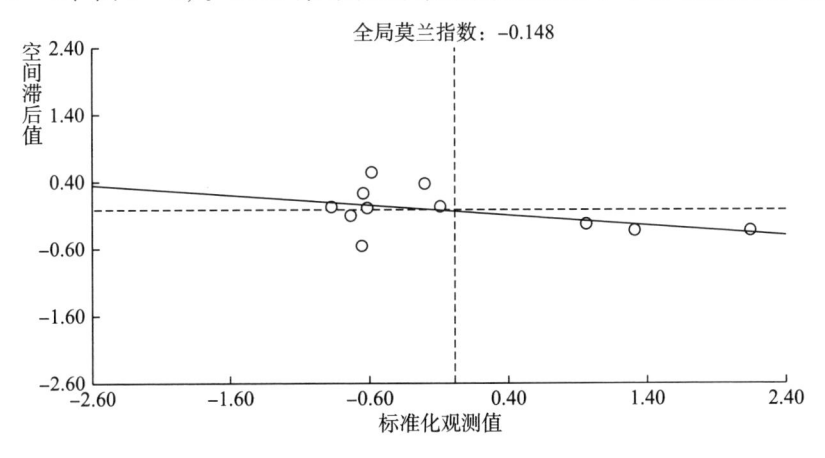

图5-1 2010年拥有大学文化程度人口数量的Moran散点图

都不显著，也就是说 2010～2020 年粤港澳大湾区各城市的拥有大学文化程度人口数量不存在显著的空间自相关，没有形成人才连片布局，拥有大学文化程度人口呈空间随机分布。

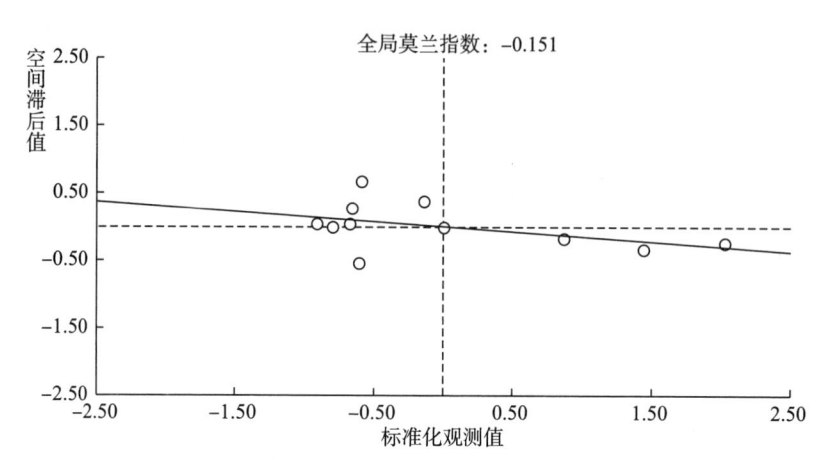

图 5-2 2015 年拥有大学文化程度人口数量的 Moran 散点图

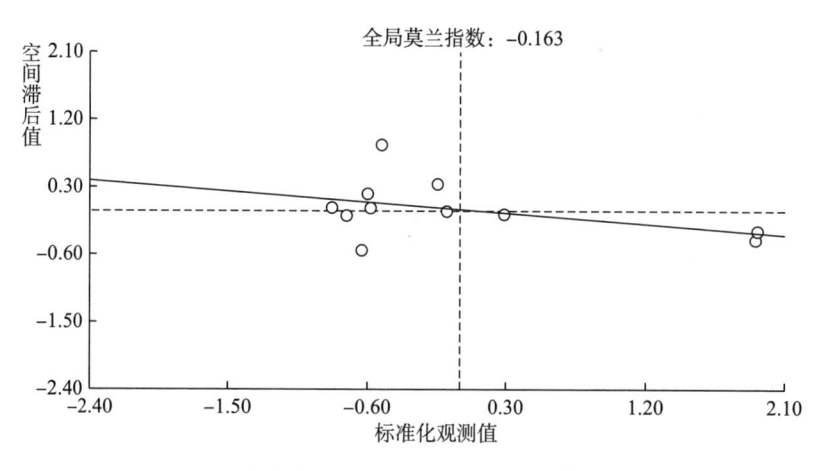

图 5-3 2020 年拥有大学文化程度人口数量的 Moran 散点图

2. 研发人员数量的空间自相关分析

研发人员数量的全局莫兰指数也是负值，2010 年、2015 年和 2020 年分别为 -0.215、-0.183 和 -0.164，表明研发人员数量的空间分布也是趋于疏散的。从 LISA 集聚图来看，三个年份都是只有惠州一处显著，属于"低-高集聚"类型，即自身研发人员数量较少，而周边地市研发人员数量较多。其他城市研发人员数量则呈空间随机分布。

(三) 粤港澳大湾区人才密度的空间自相关性分析

1. 每万人口中拥有大学文化程度人数空间自相关

2010年、2015年和2020年每万人口中拥有大学文化程度人数的全局莫兰指数也全部低于0，三个年份分别是-0.003、-0.031、-0.013，表明各城市每万人口中拥有大学文化程度人数在地理空间上呈现疏散的趋势。

LISA集聚图显示，2010年、2015年和2020年的空间自相关分析结果一致，都是只有东莞和中山两地显著，二者均是"低-高集聚"类型。这表明东莞和中山拥有大学文化程度人口密度显著低于周边城市。

2. 每万人口中研发人员数空间自相关

2010~2020年，每万人口中研发人员数的全局莫兰指数也一直低于0，2010年为-0.209，2015年为-0.185，2020年为-0.161，表示其空间分布趋于疏散。LISA集聚图则显示三个年份每万人口中研发人员数的空间自相关都不显著，说明每万人口中研发人员数表示的人才密度也没有形成连片布局，而是呈空间随机分布。

总之，粤港澳大湾区各城市没有显著的人才集聚中心，也没有出现团式集中、片区式增长现象，而是分散发展。粤港澳大湾区尽管存在人口分布不均衡现象，但并没有出现相连的少数地区集聚大量人才的空间集聚极化现象。

第三节 粤港澳大湾区人才空间布局存在的问题

将粤港澳大湾区人才分布的现状与优化人才空间布局的目标相对比，可以发现在建设粤港澳大湾区人才高地进程中，优化人才空间布局还面临较多的困难和挑战。

一 粤港澳大湾区各城市人才分布明显不均衡

香港、深圳和广州在2010~2020年一直是人才的主要聚集地区，湾区东岸和湾区西岸人才数量相对较少、人才密度相对较低，整个大湾区的人才分布呈现以"香港－深圳－东莞－广州"为中轴、人才数量由中轴向外围逐渐递减的不均衡分布格局。从不均衡指标来看，人才数量和人才密度都存在明显的地区不均衡。尽管人才密度的地区分布比人才数量更均衡，但二者在2010~2020年都基本保持不变，虽然人才密度的不均衡指标有所降低，但并没有改变其分布不均衡的特征。

粤港澳大湾区人才数量与密度分布不均衡的深层次原因是各个城市经济社会发展水平悬殊。2021年，同处于大湾区的深圳和肇庆国民经济生产总值相差十倍以上。这种经济差距在较短时期内不会发生明显改变，甚至还有进一步拉大的可能。

此外，各城市的产业结构、主导产业和优势各不相同，也造成了对人才吸引力的不同，导致各城市人才集聚能力存在差异。虽然各城市都在积极推动产业转型升级，但在短时间内城市产业结构及发展方向较为稳定，各城市产业对人才的吸附能力的差距一时也不会消除。

经济实力和产业结构的不同造成了粤港澳大湾区各城市创新能力不平衡、创新要素分布不均衡等问题，进而造成高层次人才的数量与密度在城市间表现出显著的差异。

总之，粤港澳大湾区人才分布不均衡问题植根于经济社会发展的不平衡，在实现区域经济均衡发展之前，难以得到根本性的解决。

二 人才集聚地对周边的辐射效应不明显

从整体来看，粤港澳大湾区已在"香港－深圳－东莞－广州"一线形成了人才集聚地带。一般认为，人才集聚到一定程度之后就会对周边地区产生辐射效应，并且辐射源与被辐射区域的地理距离越近则其辐射效应越强。但是，空间自相关分析结果显示，这些人才集聚地与其周边地区的人才数量与密度并不存在显著的相关关系，香港、广州、深圳的人才集聚并没有影响到其他城市，既不存在对周边地区的虹吸效应，也没有对周边地区产生辐射效应而形成人才集聚区域。粤港澳大湾区内部，人才数量和人才密度在各城市之间基本上呈现随机分布状态。

人才集聚地的辐射效应不明显，一个可能的原因是广州、深圳两个特大城市还具有进一步集聚人才的潜力，仍然处于人才集聚的阶段。当然，由于广州和深圳是全国性的一线城市，对全国乃至全球范围内的人才都有较强的吸引力，其人才集聚并不一定要靠对周边城市的虹吸效应来实现。

人才集聚地的辐射效应不强，也反映出集聚地之外的其他城市对人才的吸引力有待提升，没有形成与人才集聚地协调发展的格局。虽然其他城市不具备与核心城市争夺人才的实力，但是错位发展、实行区域人才一体化的发展战略等，也能够加强人才集聚地与其他地区之间的人才资源流动，强化人才集聚地的辐射效应。然而，目前集聚地之外的其他城市在这方面的努力还明显不够。

三 大湾区人才协同发展存在较多体制机制障碍

在"一国两制"的框架下，粤港澳三地政治制度、经济制度、法律制度和行政管理制度等存在多种差异，妨碍了湾区内人才要素的流通。"广州南沙－深圳前海－珠海横琴粤港澳人才合作示范区"早在2012年就被列为"全国人才管理改革试验区"，旨在于"一国两制"框架下指导制定支持粤港澳人才合作的特殊政策和灵活措施。但是，其十余年来所取得的效果并不太理想。一是人才合作体制不顺。政府主导多元育才合作联盟少联系、缺规划、无法据，协作引才出现同质化、碎片化、浅表化现象。二是合作中市场化运行机制不足。市场化评才中政府、市场、社会三者互认关系未理顺，产业聚才中产业优势互补、链条衔接不足。三是人才协同发展的配套政策处于较低的发展水平。粤港澳三地的医保和社保互不认可，异地就医、异地养老的难度高；子女异地入学、医院异地转诊等跨境公共服务程序复杂、成本高昂；人才互认制度推行难度大，港澳专业人才对内地的职称制度还缺乏认可度。这些都成为阻碍粤港澳大湾区人才协同发展的体制机制问题。

四 人才均衡发展面临较多难题

粤港澳大湾区内部各地区的经济水平相差过大，在薪酬收入、福利状况等方面都存在差异，由此导致了人才不均衡分布的格局。各地政府为了吸引人才，纷纷出台人才政策。但是，粤港澳大湾区的人才政策缺乏整体规划，大湾区内各城市人才招引政策存在同质化的无序竞争，人才合作尚未成为主流。

当前，大湾区内各个城市出台的人才新政策，主要涉及人才引进、人才培养与发展、人才激励、人才管理等方面，旨在以物质奖励与荣誉表彰吸引人才、以生活工作上的优待留住人才、以扶持创新创业发展优惠政策发挥人才效能。各城市对人才的扶持政策都侧重于物质待遇和公共服务两个方面，普遍存在以经济激励为主要抓手的特征，一定程度上造成了政策的趋同化现象。

人才政策趋同化还会造成恶性竞争。基于行政体制下的城市本位主义观念，各城市为了在引才竞争中取得优势，出现了生活待遇和支持力度互相攀比和脱离地区实际盲目引进人才的情况，缺乏区域间的协调和差异化定位，导致人才政策的无序竞争。

第四节 优化粤港澳大湾区人才空间布局的对策建议

构建与极点带动、轴带支撑的网络化空间发展格局相适应的人才空间分布格局，将粤港澳大湾区打造成所有城市各扬所长、错位发展的人才聚集地。

一 促进人才良性有序流动

（一）加强人才流动的调控力度

结合粤港澳大湾区城市群发展方向和产业定位，整合各城市现有的人才政策，在全湾区层面制定统一的人才发展规划，引导人才流动跟上产业发展的需求，推动城市产业集聚与人才集聚同步规划、同步实施，实现产业集聚人才、人才促进产业发展的良性互动。

（二）增强非中心城市的人才吸引力

加强除香港、澳门、广州、深圳这几个中心城市以外的人才外围地区的产业援助和公共服务设施建设，高水平搭建人才服务平台，高品质推进人才保障工程，精细化配置教育、医疗等公共服务，提高其人才吸引力，削弱人才不断向中心城市集聚的发展态势。

（三）加强人才市场供求信息监测

依托人才公共服务机构、经营性人力资源服务机构和行业协会，建立健全大湾区统一、动态的人才市场监测体系，推动全省人才资源大数据平台建设，定期发布各城市主要人力资源市场供求信息及其分析报告。建立人才需求预测预警机制，加强对重点领域、重点产业、重大工程人才发展统筹规划和分类指导，实现各城市急需紧缺人才资源共享、服务互通。

（四）强化人才流动的法治保障

健全人才流动法规制度体系，强化人才流动相关法规与教育、科技、文化等领域立法的衔接，加大对知识产权、科技成果转化收益分配等的保护力度。落实人才流动在服务期、竞业限制、保密等方面的规定，防止人才无序流动。

二 增强人才中心集聚地的辐射能力

香港、广州、深圳等人才集聚较多的城市作为区域发展的核心引擎，要主动在粤港澳大湾区人才整体布局和人才市场一体化战略规划制定中担负起领导者的责任，带头培养一支能够参与国际人才市场竞争的人才开发队伍，努力提升人才供给质量和人才治理能力，增强粤港澳大湾区的人才总体竞争力。

持续优化人才柔性引进机制。综合利用项目式、兼职式、候鸟式、联盟式、咨询式等多种不同的柔性引进人才的模式，使人才集聚地的高端人才尽可能多地参与大湾区范围内的创新创业项目。通过政策引导与财政补贴等措施，鼓励中心城市的高层次人才在大湾区范围内的产业与企业发展、重点项目建设等方面发挥智囊团的作用。

加大人才集聚地对其他城市人才发展的帮扶力度。借助各人才集聚地的优势资源，重点搭建高层次人才交流、对接平台，突出强调其对区域经济社会及产业发展的支撑作用。在全大湾区范围内构建统一规范的教育培训市场，积极发挥人才集聚地的各大院校以及社会培训机构的作用，从而满足区域内各城市各类人才教育培训的需要。鼓励支持一批影响大、覆盖广、运营效果好的中介平台开展跨区域服务，拓展高级人才援助、人才租赁、人才信用担保等业务，提高人才服务的社会化与专业化水平。

三 深入推进区域人才协同发展

粤港澳三地政府应将制度和政策对接作为加强粤港澳大湾区人才政策建设的重要内容。加强粤港澳人才流动、人才培养、资源互认、公共服务等方面的政策协调和制度衔接，共同制定和优化人才公共服务领域的福利服务对接办法，实现公共服务"软联通"，促进粤港澳人才要素的有序高效流动。借鉴欧盟经验，探索推行三地通用的社保卡，持卡者在粤港澳大湾区任一城市都能获得所需社保服务。在做好港澳居民在粤港澳大湾区使用港澳医保直接支付医疗费用工作的基础上，进一步完善便利港澳居民跨境就医的政策举措，探索建立粤港澳三地通用的电子医保卡，争取实现满足持卡者在三地就医需求。深度整合三地教育资源，实现互享互用，扩大优质教育服务供给。引进国际知名人力资源服务机构，培育发展专业化、产业化、国际化的人力资源服务业产业集群，提升大湾区配置全球人力资源的能力。推进三地人才评价中标准贯通、流程统一、内容协同和数据一致的服务指标体系建设，实现信用共管、准入一体、信息互通、执法协作和结果互认。

建设开放互通、布局合理的区域创新体系。充分发挥粤港澳科技和产业优势，推进"广州－深圳－香港－澳门"科技创新走廊建设，探索有利于人才、资本、信息、技术等创新要素跨境流动和区域融通的政策举措，共建粤港澳大湾区大数据中心和国际化创新平台。

四 促进区域人才一体化

构建粤港澳大湾区内部的人才雁阵格局。依托不同类型、不同层级城市建设人才发展战略支点，充分发挥其在雁阵格局中的节点支撑作用。在香港、广州和深圳等人才集聚较多的城市重点加强顶尖、高端、战略性高层次人才培育及团队建设。对于其他地级市尤其是人才集聚地周边的城市，重点加强领军、专业、特色性科技人才培养及团队建设；对于相对偏远的城市或者县级市、特色工业镇，重点培养和引进工匠型高素质劳动者与技能型人才，最终形成分层次的人才与产业、空间完美结合的雁阵格局。

探索通过产业合作带动人才交流与合作。形成"产业＋人才"生态圈，带动资金流、物流、信息流和知识流的便捷高效流动，最终带动大湾区各城市产业互相补充、人员自由流通、制度相互融合，共享人才聚集带来的红利。

统筹规划大湾区各城市的人才政策。各地政府应摒弃城市本位和行政区本位思想，立足于整体区域的发展，着眼于区域人才一体化目标，结合本地的实际情况，根据城市产业发展定位，制定差异化的人才培育和引才政策，减少内耗式竞争。

第六章
全面深化综合改革，推进人才治理现代化

《粤港澳大湾区发展规划纲要》（以下简称《规划纲要》）实施以来，锚定构建世界级"人才湾区"目标，广东以更加积极、更加开放、更加有效为方向，以粤港澳大湾区、深圳先行示范区和横琴、前海、南沙、河套四个合作区建设为牵引，以强化与港澳规则衔接、机制对接为抓手，以更大魄力在更高起点上持续深化人才发展体制机制改革，以不断优化的人才生态集聚天下英才，激发人才创新创造活力，初步形成了人才一体化发展体制机制。但囿于"一国两制、三个关税区"的制度差异以及粤港澳大湾区仅成立数年的现实条件，人才机制改革"破"与"立"和制度探索创新还需要时间沉淀、调整、优化和加强。习近平总书记在2021年9月的中央人才工作会议上强调，要下大气力全方位培养、引进、用好人才，在做出建设世界重要人才中心和创新高地战略布局的同时，要求高层次人才集中的中心城市开展人才发展体制机制综合改革试点。[①] 同年11月1日，广东省委人才工作会议提出，要以粤港澳大湾区高水平人才高地建设为牵引，以国际一流的高标杆、粤港澳协同的高势能、人才强省建设的高要求，实施人才体制改革工程，全方位释放人才创新创造活力。[②]

---

① 《习近平出席中央人才工作会议并发表重要讲话》，中华人民共和国中央人民政府网站，2021年9月28日，https://www.gov.cn/xinwen/2021-09/28/content_5639868.htm?platform=win。

② 《以在粤港澳大湾区建设高水平人才高地为牵引 奋力开创新时代人才强省建设新局面》，《新快报》2022年11月2日，第2版。

2022年5月22日召开的中国共产党广东省第十三次代表大会强调，在高质量发展阶段的重大历史关口，广东要抓住建设粤港澳大湾区高水平人才高地这一重大历史机遇，深化人才发展体制机制改革，持续实施更加积极、更加开放、更加有效的人才政策，①推进人才强省建设。2022年12月8日，中国共产党广东省第十三届委员会第二次全体会议通过决议，提出要不断增创人才发展新优势。②粤港澳大湾区要深刻把握和借鉴人类文明演进历程中的全球人才中心形成规律与经验，坚持党管人才，发挥"一国两制"独特制度优势，有机结合有为政府和有效市场，坚持需求导向、问题导向，立足国情、区情，对标全球最好最优，守正创新，向用人主体授权，积极为人才松绑，完善人才评价体系，持续在人才培养、使用、评价、服务、支持、激励等机制改革方面下功夫，全力解决一直反映强烈的突出问题，争创既有湾区特色又有国际竞争优势的人才发展体制机制，推进人才治理现代化，充分激发新的人才发展活力。

第一节 坚持党的全面领导，创新完善人才工作机制

综观中外人才高地建设，人才中心的形成和发展无不依赖于能有效联结政府、高校院所、企业、社会组织等各类建设主体，在中心形成和发展过程中有效有序互动运作，并与外部环境有机结合的完备机制。具有中国特色、"一国两制三法系"特征的粤港澳大湾区人才高地建设，既要坚持党对人才高地建设的全面领导，又要充分发挥"一国两制"制度优势，突出政府引领、市场为主，充分调动各方参与建设的积极性，形成强大的推进合力。

---

① 李希：《忠诚拥护"两个确立" 坚决做到"两个维护" 奋力在全面建设社会主义现代化国家新征程中走在全国前列创造新的辉煌——在中国共产党广东省第十三次代表大会上的报告》，《南方日报》2022年5月31日，第1版。

② 《中国共产党广东省第十三届委员会第二次全体会议决议》，《南方日报》2022年12月9日，第3版。

一 坚持党管人才,厘清政府与市场的关系

近年来,大湾区各城市围绕人才高地建设,结合本地发展需要,纷纷出台系列人才规划政策,实施各具特色的人才工程,取得显著成效,但也存在政府大包大揽推动、市场主体参与不足等问题。人才工作是系统复杂的工程,高水平人才高地建设更是一项事关国家和大湾区发展主动与发展安全、影响深远的战略工程,既需要通过深化改革,让人才、知识、技术、管理、资本、信息等要素的活力竞相迸发,又要处理好活力与有序的关系,让参与各方形成推进高地建设的强大合力。为此,大湾区需坚持党管人才原则,尊重市场规律和人才成长规律,厘清政府与市场、社会的关系,持续深化"放管服"改革,向用人主体放权,为人才"松绑"减负,优化人才资源配置市场环境,促使政府调控与市场调节有机结合,凝聚团结好各类主体,激发各类主体活力,形成人才高地建设的磅礴力量。

(一) 突出组织制度优势,创新党管人才工作机制

健全党管人才领导体制,创新方式方法,提高党管人才工作水平。发挥新型举国体制的制度优势和"一个国家、两种制度、三个关税区"的独特优势,发挥国家战略导向作用,加强政府主导、规划引领和政策引导。大湾区要按照中央人才工作会议战略部署,对高水平人才高地建设进行科学系统的战略谋划和顶层设计,明确目标定位、战略重点、空间布局、重大工程等,各地要结合发展实际、自身优长、所处区位,找准定位,因地制宜编制好发展规划和制定相关政策举措,压实推进重点工程责任,实现人才的差异化发展,避免陷入扭曲市场配置人才资源规律的恶性"抢才"大战。改善人才管理体制,进一步提高政府宏观调控水平,为市场有效配置人才、用人主体自主用才、人才创新创业、中介组织开展优质服务提供良好环境。发挥党总揽全局、协调各方优势,进一步强化三地协同、部门协调,形成分工协作、功能互补、密切配合、社会力量广泛参与的人才高地建设推进格局。

（二）突出市场优势，充分发挥市场在人才资源配置中的决定性作用

针对当前人才市场发展不平衡、不充分以及政府干预过多、监管不到位问题，大湾区要发挥市场化程度高、对市场规律的认识和驾驭能力强的优势，对标国际先进地区，强化规则衔接，通过法治手段，逐步建立统一的管理制度和管理规范，推动形成统一的人力资源大市场。转变政府人才管理职能，推动政府由"划桨人"向"掌舵人"转变，明晰政府部门宏观调控与监督管理职责清单和边界，减少政府对人才资源的直接配置，保障和落实用人主体在人才培养、引进、使用、激励方面的自主权，健全人才评价、流动、激励机制，加强对人力资源服务机构的规范和监管，营造公平透明的市场环境，维护用人单位和人才的合法权益。加强市场主体培育，推动三地人力资源服务机构优势互补、功能整合，形成与高水平人才高地建设相适应、具有全球竞争力的人力资源服务高地。

二 强化对接衔接，构建人才发展协同机制

在"一国两制""三个关税区""三法域""多中心"区域建设人才高地，是前所未有的探索。为推动大湾区人才高地建设，国家在科研项目、个人所得税、通行便利化、住房和其他生活服务保障以及创新创业等方面给予最有力的政策支持、赋予最宽松的制度环境。但囿于制度法规差异、管理机制不同、事权不对等，大湾区人才一体化发展仍面临诸多体制机制障碍。如人才创新创业、社会保障、公共服务等方面的政策衔接，不仅需要三地政策措施的制定和调整，还会涉及一系列法律法规、政策的修改。在涉及粤港澳合作的诸多领域，具体政策事权在中央国家一级，省级、市级政府权限不足，难以探索创新，使大湾区各城市人才政策衔接难度极大，一项政策措施的制定或调整往往需要多个部委协调完成。为此，大湾区要利用好国家赋予的先行先试探索机遇，建立健全人才协同发展机制，进一步加强各类规则、机制以及公共服务供给

的"软联通"衔接和基础设施建设"硬联通"连接,消除人才发展各要素流动配置障碍,降低流动成本,增强文化价值认同,形成利益共同体。

(一) 创新人才协同发展机制

按照《规划纲要》"加强政策协调和规则衔接""创新完善各领域开放合作体制机制,深化内地与港澳互利合作"的要求,广东省委和省政府提出"以规则相互衔接为重点,着力破除制约大湾区建设的体制机制障碍,促进各类要素在大湾区便捷流动和优化配置"[①]。2017年12月,广东省委组织部等11部门联合出台了《关于粤港澳人才合作示范区人才管理改革的若干政策》,在广东自贸试验区开展港澳法律等专业人才在大湾区便利执行、资格互认的探索,不断在人才联合培养、资格互认、创新协同等方面取得新突破,有效地推动了大湾区人才协同发展。但由于制度差异、事权不对等、管理理念偏差原因,人才协同发展仍存在较多的体制机制障碍。为此,大湾区在高水平人才高地建设中,需进一步完善粤港澳人才协同发展联动工作机制和协调实施机制,增强协调实施机构的规划引导和监督仲裁功能,形成共商共建共管共享的新体制。争取中央支持,设立大湾区高水平人才高地推进专责领导小组,作为推动三地人才政策衔接的机构。设立推动人才协同发展的常态化议事机构,建立重大事项协商机制和日常沟通对接制度。支持前海、横琴、南沙、河套四大平台以清单式申请授权方式在粤港澳人才协同发展重点领域深化改革。以"全国人才管理改革试验区""粤港澳人才合作示范区"为依托,聚焦人才培养、人才流动、人才开放、协同创新、人才服务、人才环境等领域开展大湾区人才协同发展创新性政策试点,推动创造型、引领型改革取得突破,打造区域人才协同发展体制机制标志性引领性改革品牌。探索实施"境内关外"的科技创新管理制度和

---

① 《省委、省政府印发关于贯彻落实〈粤港澳大湾区发展规划纲要〉的实施意见》,《南方日报》2019年7月5日,第4版。

国际科技合作机制，创新合作模式，推动科技创新联合攻关。探索创新科研资源共建共享机制，推动粤港澳共建产学研国际化创新平台、联合实验室或联合研究中心，围绕前沿引领技术、共性关键技术、现代工程技术、颠覆性技术开展协同创新，联手培养研发团队和技术人才。建立健全重点实验室开放共享机制，支持三地科研人员利用重点实验室的场地、设备、技术、数据、前期研究基础等开展科研工作。探索创新科研成果转化机制，成立专门的成果转化服务机构，推动科技成果跨境转移转化，对接全球创新资源，共建科研成果转化高地。深化科技创新要素自由流动等方面的体制改革，进一步简化科研用品通关程序。

（二）加强规制衔接和政策协调

加强规制衔接和政策协调、消除制度差异带来的障碍、降低要素流动成本、形成利益共同体是实现大湾区人才协同发展治理的关键。首先，粤港澳三地要积极主动作为，争取中央人才工作协调小组设立专门委员会牵头做好大湾区人才一体化发展的顶层设计，授权广东省地级市分类分批试行内地与港澳高等教育学分互认与转换机制、高等教育学历相互承认机制等，构建更加畅通的人才成长渠道。聚焦"高精尖缺"，整合广东"珠江人才计划"、深圳"孔雀计划"、香港"优秀人才入境计划"等人才引进政策，联合制定出台大湾区高端创新人才引进计划。按照"分类有序、突出重点、先易后难"原则，加快推进大湾区职业资格互认体系建设，制定相关港澳专业人士执业管理办法（国家法律法规暂不允许的除外）。在前海、南沙、横琴粤港澳人才合作示范区进一步放宽职业资格互认要求，稳妥扩大教育、卫生、司法、会计、民政、社工和专利代理等领域的职业资格互认试点范围，拓宽技能鉴定"一试三证"职业范围。围绕制约人流、物流、资金流和信息流等运行的难点痛点堵点，深入实施"湾区通"工程，整合三地出入境的政策和服务措施，放宽往来通行要求，适当降低在大湾区工作生活人员往来粤港澳三地的通行门槛，并提高通行便利性。围绕人才在大湾区学习、就业、创业、生活和获得民生福祉等需求，探索"一事三地""一策三地""一规三地"多样化实现形式,① 建立人才公共服务无缝对接机制,逐步实现在大湾区内地城市工作的港澳人才享有"市民待遇"。探索制定大湾区人才优惠税收体系,形成"同人异地同税"的大湾区税收模式。

(三) 加强人文交流凝聚价值共识

人文交流是拉近心理距离,增进理解、互信的重要方式。针对当前粤港澳三地文化、理念、价值观、认知层面的差异,港澳人才对内地城市发展潜力、大湾区的战略地位了解不够,参与、融入大湾区建设意愿不强等情况,开展宽领域、多形式、多类型人文交流,有利于强化人才对大湾区认同感、归属感,凝聚人才价值共识,为大湾区人才协同发展提供内生动力。同时,采取灵活多样方式,进一步加大面向港澳居民的政策宣传解读和大湾区推广力度,为港澳市场主体、港澳人才了解大湾区建设情况、重要政策等提供资讯渠道。

第二节 聚焦人才供给自主可控,创新完善人才培养支持制度机制

人才培养是一切发展的前提和基础,是关乎国家和民族长远发展的大计。中国共产党始终重视培养人才,不断增加教育投入,公共财政教育经费支出从1952年的11.62亿元提高到2021年的3.76万亿元。自2012年起,国家财政性教育经费投入占GDP比重实现了连续10年不低于4%,建成了世界上规模最大的高等教育体系和人才培养体系。文盲率从新中国成立初期的80%降至2021年的2.67%,2021年,劳动年龄人口平均受教育年限达10.9年,高等教育迈入普及化阶段。② 当今世

---

① 李希:《忠诚拥护"两个确立" 坚决做到"两个维护" 奋力在全面建设社会主义现代化国家新征程中走在全国前列创造新的辉煌——在中国共产党广东省第十三次代表大会上的报告》,《南方日报》2022年5月31日,第1版。
② 怀进鹏:《胸怀国之大者 建设教育强国 推动教育事业发生格局性变化》,《学习时报》2022年5月6日,第1版。

界，人才的竞争实质上是人才培养的竞争。在2021年9月的中央人才工作会议上，习近平总书记指出，中国拥有世界上规模最大的高等教育体系，完全能够培养出大师。要有这样的决心、这样的自信，要下大气力全方位培养、引进、用好人才。[①]《规划纲要》实施以来，粤港澳大湾区服务国家所需、立足湾区所要，不断完善人才培养机制，结成教育联盟，形成人才培养合力，多维度多元化加大人才培养力度，高校数量达150多所，已形成高等教育规模数量和质量上的显著优势。但与产业优势和需求相比，大湾区的人才培养不管是在数量还是质量上都亟待进一步提升，产业人才缺口大、人才结构不优等问题一直是大湾区发展面临的关键瓶颈。坚定人才自主培养自信，创新完善全链条人才培养支持制度体系，探索政府、高校、企业等多元主体参与的人才培养机制，加快建立人才资源竞争优势，是大湾区高水平人才高地建设的重中之重。

一 充分发挥高校作为人才培养主阵地作用

高校是培养和集聚人才的主阵地。大湾区建设高水平人才高地，需加快国际教育示范区建设，并充分发挥高校在人才培养上的基础性作用。

（一）全面深化教育领域综合改革，为人才高地建设提供充足的人才储备

近年来，大湾区按照《规划纲要》要求，以建设高水平、开放型、国际化高等教育资源聚集高地为目标，加快高校建设和高等教育开放合作，掀起了高校建设和教育资源集聚热潮，教育高地建设成效显著。截至2021年6月，大湾区有推进建设中的大学、学院、研究生院、新校区约30所（个），世界100强大学5所，多于全球其他湾区；拥有全国数量最多（53所）的"双一流"高校异地机构，其中深圳、珠海、东

[①]《习近平出席中央人才工作会议并发表重要讲话》，中华人民共和国中央人民政府网站，2021年9月28日，https://www.gov.cn/xinwen/2021-09/28/content_5639868.htm?platform=win。

莞、佛山 4 座城市占 47%。广州、深圳两市在校大学生总量已超北京、上海两市之和，2018~2021 年在校研究生数量增幅亦大于北京、上海（见表 6-1）。通过合作办学、合作建校等模式，新建了广东以色列理工学院、深圳北理莫斯科大学，香港城市大学、香港都会大学、香港理工大学、香港大学、澳门科技大学、澳门城市大学等港澳高校纷纷落户大湾区内地城市办学，香港科技大学（广州）正式开学，具有法人资格的中外、内地与港澳合作办学机构占到全国总数的一半。但对照高水平人才高地建设需求，大湾区高等教育不论是规模还是发展水平都与其存在较大差距，与大湾区领跑全国的经济地位不匹配。根据第七次全国人口普查数据，2020 年大湾区内地 9 市受高等教育人口比例为 17.51%，远低于旧金山湾区的 46%、纽约湾区的 42% 和东京湾区的 36.70%（见图 6-1）。因此，大湾区要抢抓高水平人才高地建设机遇，充分发挥三地高校优势，汇聚全球高等教育资源，建设高等教育集群，建设人才自主培养主阵地。一是以教育现代化为目标，全面深化教育领域综合改革。坚持教育优先发展，既全面深化综合改革，又增强教育改革的系统性、整体性和协同性。坚持"四个面向"，立足大湾区发展战略，扩大

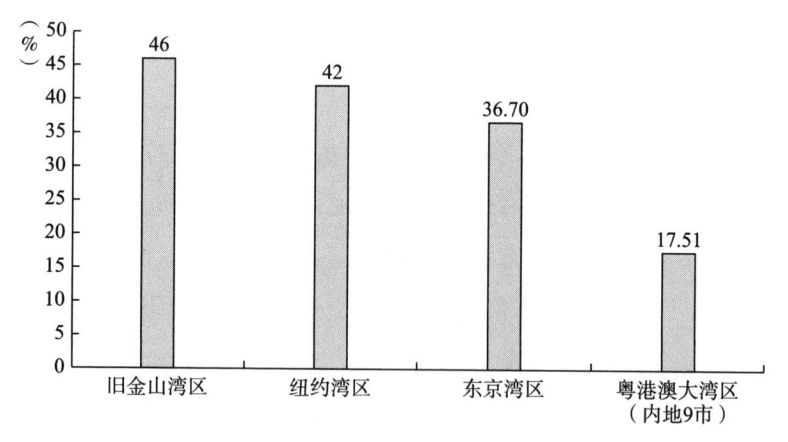

图 6-1　全球四大湾区受高等教育人口比例比较

资料来源：旧金山湾区、纽约湾区、东京湾区数据来自全球化智库（CCG）《粤港澳大湾区人才发展报告（2018）》；粤港澳大湾区数据根据第七次全国人口普查数据计算得出。

优质公共教育资源供给，优化区域教育资源配置。支持教育集团化办学，推动大湾区内地城市更多高校进入国家"双一流"建设高校范围，加快世界一流大学和一流学科建设，形成有效支撑大湾区战略性支柱产业集群、战略性新兴产业集群的重点学科群。突出科教融合、产教融合，加快大湾区大学、广州交通大学、深圳理工大学、深圳海洋大学、中山科技大学等高校建设，建设一批支撑5G/6G、人工智能、量子信息、生物医药、海洋经济、数字经济、新材料、大健康等高端前沿产业发展的高水平国际化高校，提升教育服务大湾区高水平人才高地建设水平。二是以粤港澳教育联盟为基础，提高高等教育开放合作水平。发挥广州大学城、中新广州知识城、广州南沙科学城、广州科学城、深圳光明科学城、深圳西丽湖国际科教城、深圳大运深港国际科教城、东莞松山湖科学城等重大平台作用。一方面，推动粤港澳教育合作走深走实，形成实质性、制度化高等教育合作机制，发挥三地各自教育优势，建设一批高水平基础学科人才培养基地，合力培养基础学科人才和高水平复合型人才。发挥港澳高校资源优势，推动鼓励更多港澳高校与大湾区内地城市合作办学、办校，并推动学校尽快建成招生。促进高等教育要素资源在大湾区有序高效流动，推动城市高校合作交流，共建共享网络学习交流平台，进一步扩大学历学分、职业资格互认范围。另一方面，发挥港澳与全球知名高校联络优势，合力谋划引进世界一流大学来大湾区合作办学、创新育人形式，探索"学校+"、共建特色学院等办学模式，深化高等教育国际交流合作，建设一批高水平国际化高校。三是以课程改革为契机，建立国际一流的课程体系。建强做优优势特色学科和特色教育课程体系，积极吸纳全球先进教育理念、经验，建立一流国际课程体系，联合开展国际化课程资源开发、共建共享。总结应对新冠疫情期间线上教育经验，充分利用5G技术发展在线教育，成立在线开放课程联盟，提升大湾区高校优质课程资源开放程度，创新慕课协同教学模式，打造湾区高等教育金字招牌课程。四是突出高端人才引育，加强高素质国际化师资队伍建设。加大选派优秀教师到国内外进修培训力度，培养"德才兼备、融会中西、通专结合、具有国际视野"的国际化师资队伍。支持高校引进、聘用国内外高端教育人才和学术团队。

表6-1 2018年、2021年北京、上海、广州、深圳在校大学生、在校研究生数量

单位：万人

城市	2018年		2021年	
	在校大学生	在校研究生	在校大学生	在校研究生
北京	58.1	33.6	59.6	41.3
上海	51.78	15.85	54.87	19.1
广州	108.64	10.11	141.26	14.57
深圳	10.38	1.76	14.52	2.28

资料来源：根据相关城市统计年鉴数据整理。

（二）优化职业（技工）教育发展体制机制，培养高素质技术技能人才大军

瞄准世界一流职业教育，面向全球科技前沿，对接产业需求，以职业能力和综合素质培养为核心，探索大湾区特色职业教育高质量发展模式，推进职业（技工）教育扩容提质和高端化、国际化发展。一是理顺优化职业教育办学体制机制，健全职业教育中高本一体化体系。将职业（技工）院校纳入教育部门统一管理范畴，统筹中等职业教育与普通高中教育发展，将技工院校招生纳入高、中职院校统一招生计划和统招平台，与高、中职院校在学历文凭、招生平台、办学经费等方面享受同等政策，教师资格、学生资助由教育部门按照相同层次职业院校师生标准认定、管理，统筹落实落细技工教育各项扶持政策。建立学历证书与职业技能等级证书互通衔接机制。结合技工院校专业教培需要，建立以技能水平、实操能力为主要衡量标准的技工教师招录机制，改变唯学历、唯职称的状况。探索技工院校跨区招生。有序发展本科层次职业学校，支持具备条件的国家"双高计划"高职院校晋级为本科层次职业学校，推动符合条件的技师学院进入高等学校序列。二是深化产教研融合与校企合作，推动高职教育提质培优。统筹谋划职业（技工）教育

区域布局和专业设置，扶持建设一批定位准确、特色鲜明、校企合作深化、培养质量高、综合实力强、能有效服务高端产业的高水平职业院校和紧贴现代产业发展需求的重点专业、特色专业与专业群，以及综合性高水平产教融合实训基地和产教融合园区，形成层次合理、类型丰富、特色鲜明、与大湾区产业发展相适应的现代职业教育体系。加强职业（技工）院校校区和实习实训设施、场所等基础设施建设，提升职业教育现代化水平和服务能力，为大湾区高质量发展提供多层次的技术技能人才支撑。实施制造业人才"十百千万"培育行动，支持制造业龙头骨干企业、制造业创新中心、企业技术中心、行业协会等组建重点产业人才联盟，发展高质量职业教育。实施强芯人才培育行动、"十万"数字化产业工人培训工程，开展"产业数字化转型人才培养"试点。[①] 健全产教研融合、校企合作激励支持政策体系，制定产教融合国有资产管理办法，规范公办应用型本科高校、职业院校与头部企业共建校企合作职业教育集团、产教融合联盟，共建产业学院、企业学院等，形成多元办学格局。开展产教融合型企业认定。支持职业院校聘请企业高层次人才执教，打通学校人才培养与企业需求对接的"最后一公里"。三是丰富教育培训载体，扩大优质职业（技工）教育服务供给。发挥职业（技工）院校、行业协会、大型企业、职业培训机构各自优势，支持建设一批技术技能人才培养基地、示范基地、产教融合示范区，建设一批全开放、多功能、综合性、示范性的区域性公共实训基地以及硬件设计、开发和测试等实践教学平台，逐步形成门类齐全、定位明确、技术先进、功能协调，具有大湾区产业特色的职业技能培训网络体系。完善远程职业培训公共服务平台，大力推进线上职业技能培训。支持各类院校、行业组织、龙头企业、培训机构，根据新产业、新技术、新技能发展要求，加快产业技术课程、职业培训包、培训教材、培训项目开发步

---

① 《广东省人民政府关于印发广东省制造业数字化转型实施方案及若干政策措施的通知》，广东省人民政府网站，2021年7月6日，https://www.gd.gov.cn/zwgk/wjk/qbwj/yf/content/post_3338922.html。

伐，联合打造"大湾区技工"体系化精品课程。鼓励企业购买培训服务，对新开发的经评审符合要求的职业培训包，视开发成本给予相关资助。四是紧贴产业需求，打造职业技能教育培训标准。对标国际，贴近产业、服务市场，突出职业共性、标准互认共享、便利人才流动，成立职业技能培训课程标准技术委员会，三地联手制定技能培训标准规范。有效推进职业教育专业教学标准和课程标准研究与其成果转化应用，将各地探索制定的职业技能培训标准提炼上升为全区标准，加快职业技能标准化体系建设。引入国际标准，加快职业技能等级证书开发，完善职业资格评价、职业技能等级认定、专项能力考核及企业自主评价体系，健全教材课程、培训标准体系，探索第三方技术技能型人才培养质量评价，推动职业技能教育朝高标准、品牌化、规范化方向发展。

（三）创新培养评价机制，培育大批高水平基础研究人才

基础研究人才是高水平人才高地的基石，基础研究人才培养能力决定着人才供给的自主可控力，而高校特别是高水平研究型大学基础学科领域广、学科交叉融合好、基础研究积淀厚、科研平台集中程度高、大家大师荟萃，人才培养是专业化和体系化的，在培养基础研究人才方面具有独特优势。习近平总书记指出，"人才培养首先要聚焦解决基础研究人才数量不足、质量不高问题"，要走好人才自主培养之路，高校特别是"双一流"大学要发挥培养基础研究人才主力军作用，全方位谋划基础学科人才培养，建设一批基础学科培养基地，培养高水平复合型人才。[1] 在高水平人才高地建设中，大湾区要从战略全局高度做好顶层设计，高校要担起基础研究人才培养的时代重任，发挥好培养基础研究人才主力军作用。一是改革创新育人模式。坚持"四个面向"，优化高校学科布局和动态调整机制，强化基础研究人才培养机制创新，不断探索基础学科拔尖人才培养新模式，全力提升高校基础理论教育教学质

---

[1] 《习近平在中央人才工作会议上强调 深入实施新时代人才强国战略 加快建设世界重要人才中心和创新高地 李克强主持 栗战书汪洋赵乐际韩正出席 王沪宁讲话》，新华网，2021 年 9 月 28 日，http://www.news.cn/politics/leaders/2021-09/28/c_1127913654.htm。

量。尊重基础研究人才成长规律和学科属性,因材施教,拉长培养链条,灵活应用"三制三化"即学分制、书院制、导师制和小班化、个性化、国际化育人方式,探索完善基础学科高中、本、硕、博衔接的体系化选拔培养体系。试点创办"科技高中",开设高品质的 STEM 课程,前移基础研究人才培养端口,争取更多高校开展基础学科招生强基计划试点。发挥好中国科协和教育部联合实施的中学生科技创新后备人才培养计划("英才计划")、教育部等部门的"基础学科拔尖学生培养试验计划"等对基础研究人才培养的助推作用,争取更多国家基础研究人才培养基地、拔尖学生培养基地落地。高校要发挥基础学科众多的优势,注重对人才的学科交叉培养,畅通基础学科和应用学科转换通道,为基础学科学生本、硕、博就读期间更换学科专业、学位层次提供便利,鼓励开展各种学术交流,拓宽国际交流学习渠道,增强基础研究人才培养的开放性,培养跨学科复合型、创新型人才。高水平研究型大学要发挥基础研究实验室、研究平台种类较为齐全和高层次人才集中优势,探索新型科研组织方式,强化科技部门、教育部门的协同,推动基础研究与人才培养紧密结合,科教协同培养基础研究人才。实施基础研究人才专项、青年科学家专项,运用青年科学基金等,稳定支持一批优秀的基础学科人才、基础研究人才。二是健全基础研究投入稳定增长机制。长期以来,中国基础研究投入占 R&D 投入比重约为 5%,远低于美国 2013 年的 18%、日本 2011 年的 12.3% 和德国长期保持的 20% 左右。为此,要加大基础研究投入力度,优化投入结构。增加基础研究、基础学科实验室建设经费,提高研究人员薪酬待遇,吸引优秀学生投身基础研究。出台鼓励企业、风险投资机构、社会支持基础研究的政策,鼓励高校、科研院所与大型企业联合设立基础研究人才基金。加大对基础研究博士后的支持力度,注重吸引全球的优秀大学毕业生尤其是博士以及团队在大湾区开展研究,为壮大基础研究人才队伍做好人才储备。

(四)鼓励创造力培养,培养规模庞大的创新人才队伍

顺应当今创新、变革的时代特征,以培养一流的科学家和工程师、

提高民众科学技术素养为目的，实施大湾区教育创新计划，加大 STEM 教育力度，培养学生的科学素养、技术素养、工程素养和数学素养，增强教育的时代性、针对性。以尊重学生个性发展和突出创造力培养为指向，创新教育内容和方式方法，更加重视科学精神、创新能力、批判性思维的培养培育，培养学生的创新兴趣和创新思维。优化培养专业结构，扩大自然科学、工程技术等专业面向技能人才的招生规模。鼓励支持大学建立工程研究中心、增加教学仪器设备更新投资；设立各种培养高层次科技创新型人才的特别计划和项目，如"青年研究计划""青年研究奖"；增加学生实习实训时间，并增强实习的有效性和刚性约束属性，提升学生应用理论知识解决实践问题与开展创新创造的能力。

二 发挥企业在人才接续转化培养中的独特作用

企业是对人才进行使用开发、在岗培训、技术技能提升的主体。企业直面市场需求，贴近生产一线，可以通过产训结合、工学一体、校企一体实现人才培养上的供需无缝对接。2021 年，大湾区有国家高新技术企业 5.7 万家，独角兽企业 50 多家。根据财富中文网发布的 2022 年《财富》世界 500 强榜单，大湾区有 24 家企业进入世界 500 强，[①] 占全国上榜企业总数的 16.55%。规模庞大、层次类别丰富的企业群体是大湾区人才接续转化培养、储备的重要场所，事实上，为提升企业综合竞争力，不少企业都有自己的"人才培养计划""人才梯队建设计划"，甚至设立企业大学，如华为大学，既为企业发展提供人才保障，也兼顾为社会培养人才，但重使用轻培养仍是当前企业的普遍状态。大湾区高水平人才高地建设需要充分发挥企业在人才接续培养和开发使用中的主体作用。

（一）强化执法监督，引导企业发挥重要办学主体作用

加强劳动执法监督，督促企业按照《中华人民共和国劳动法》要

---

① 《2022 年世界 500 强榜单公布 大湾区 24 家企业上榜》，粤港澳大湾区门户网，2022 年 8 月 4 日，https://www.cnbayarea.org.cn/news/focus/content/post_991205.html。

求,将职工培训纳入劳动合同和集体合同,按规定比例提取并用好年度职工教育培训经费,建立人才培养经费稳定增长机制。落实《中华人民共和国职业教育法》"行业组织、企业、事业单位等应当依法履行实施职业教育的义务"的规定,出台实施细则,明确企业在参与、开展职业教育上的职责和义务以及相关激励政策,推动企业深度参与职业教育、提供高质量职业教育。

(二) 加强激励扶持,调动企业人才培养积极性

落实技能人才培养补贴、奖励等相关政策,将企业投入技能人才培养的相关费用全额列入企业成本,税前列支或抵扣地方教育费附加等,引导企业完善职工、技能人才培养机制;发挥政府财政人才专项、产业发展专项资金的导向作用,引导企业发挥人才投入主体作用;由奖励人才向奖励企业转变,对人才投入大、人才工作扎实有效、人才效能得到有效激发、人才价值得到良好体现的企业予以补贴和奖励、优先申报各级项目的资格和荣誉。加强部门协调配合,确保用地、金融、税收等鼓励政策落地见效,形成集成效应,发挥企业建设人才培训实训载体、科创平台作用,发挥平台引才、聚才、用才、成才效用。加大对校企一体办学、产教融合型企业支持力度,对产教融合型企业给予"金融+财政+土地+信用"的组合式激励,针对企业开展职业教育的各项经费投入给予税收减免等优惠。发挥党委、政府组织协调优势,为企业利用高校和科研院所的资源和优势,广泛开展产教合作,共建教学平台基地,推动企业人才增量提质牵线搭桥。

(三) 建立湾区标准,为企业人才培养提供指引

建立健全职业分类动态调整机制,发挥港澳对接全球、标准体系相对完备的优势,组织协调粤港澳三地相关机构、标准化技术机构、行业标准化资源和专家力量成立专门机构,统筹推进新职业发布和大湾区职业技能标准编制工作,联手开发职业技能培训标准规范、课程标准,并建立与产业发展、行业企业生产标准变动相匹配的职业标准动态调整联动机制。指导高新企业在新业态领域申报新职业、新工种,推动企业职

业规范上升为湾区职业标准，以系统化、精准化和科学化的职业分类与职业标准，指导企业制修订职业教育标准和培训方案。衔接政府组织培训和企业内部培训，向达到国家或大湾区职业技能标准的人才，发放国家或大湾区职业资格证书；对尚无国家或大湾区标准的，尊重企业标准，以能否满足企业生产、创新一线实际需要为考核鉴定标准。对不具备培训条件的中小企业，各级人力资源和社会保障部门要帮助企业做好人员的岗位和技能培训。

（四）健全评价互认，增强企业人才自我培养主动性

落实落细有关提高技能人才待遇、畅通发展通道等的政策，建立健全以市场为导向、以用人单位为主体、以职业技能等级认定为主要评价方式的技能人才评价认定机制，推出"1+N"技能等级认定体系。探索学分积累、互认、转换，形成学历、学位、文凭与资格证书等值互换平台和路径，推动普通教育、职业教育与培训机构横向对接，为技能人才待遇确定、职务晋级提供依据和标准，全面激发人才自主学习、自我提升动力。建立健全企业办学评价体系，将职工培训规模、职工技能提升情况作为考评标准。组织开展技术比武、技术创新与攻关等活动，引导企业以评促培，加大人才培养力度。

第三节 聚焦高水平聚天下英才，创新完善人才开放制度机制

国际化、聚集性是高水平人才高地的关键要素。随着人才高地建设加速，大湾区引才留才能力、人才集聚趋势显著增强，正成为各类人才大有可为、大有作为的热土。据2023年5月31日智联招聘公布的《中国城市人才吸引力排名：2023》，深圳、广州、佛山、东莞、珠海、中山、惠州分别位居2022年中国最具人才吸引力城市100强第3、第4、第15、第17、第25、第33、第38，大湾区内地9个城市中有7个进入

100强中的前50名。① 但大湾区聚集的人才主要来自本国和本区域，人才队伍呈现相对稳态化特征，即使是港澳，其国际人才比例也很低，没有形成类似纽约、东京的国际人才规模优势，与全球其他湾区相比，大湾区人才国际化水平偏低，人才来源多元性不足。2019年，全球国际移民人口占全球人口的3.5%，发达国家的国际人才占其常住人口比重为10%~20%②，香港外籍人士占总人口比重约为10%，来粤工作的外国人才占比仅为1.19%，远低于发达国家的10%~20%的整体水平、纽约的36%、新加坡的33%、硅谷的50%。澳门特别行政区18.85万名外地雇员中有12万人来自内地，其中7.6万人来自广东，占63.33%。第七次全国人口普查结果显示，截至2020年11月1日0时，在广东的港澳台居民和外籍人员达41.85万人，③ 其中港澳台居民约占46.69%。综观世界人才中心和世界其他三大湾区的发展经验，粤港澳大湾区高水平人才高地建设，要牢牢把握未来科技创新、产业变革大势，利用综合改革试点权限，吸纳国际经验，探索创新，加快构建具有国际竞争力的人才双向开放制度体系和体制机制，争取获得人才开放新优势。

一 创新政策机制，提升人才开放竞争力

对标全球最好最优，将主要涉及人才规则、规制、管理、标准等的制度型开放作为着力点，用好"全国人才管理改革试验区""粤港澳人才合作示范区"独特优势，抓住南沙国际化人才特区建设机遇，聚焦人才"引进来""走出去"关键环节，积极开展探索创新，构建融通港澳、接

---

① 《中国城市人才吸引力TOP100出炉 浙江11市全上榜 杭州位列第5》，"浙江日报"百家号，2023年5月31日，https://baijiahao.baidu.com/s?id=1767417520315330067&wfr=spider&for=pc。
② 《丽评NO.7丨后疫情时代，各地区如何挖掘国际高端人才？》，搜狐网，2021年6月1日，https://www.sohu.com/a/469809011_120692933。
③ 《超40万港澳台居民及外籍人员居住广东，人数居首位》，"羊城派"百家号，2021年5月11日，https://baijiahao.baidu.com/s?id=1699440929820897593&wfr=spider&for=pc。

轨国际的人才双向开放制度体系,增强全球人才资源聚集力、配置力。

(一) 加强对发达国家人才政策动态的研究

人才是实现民族振兴、获得国际竞争力的重要战略资源。习近平总书记强调:"当今世界的竞争说到底是人才竞争、教育竞争。"[①] 世界百年未有之大变局的加速演进,全球新一轮科技革命和产业变革的深入发展,加剧了全球人才竞争,而人才竞争的背后是制度的较量。为吸引或留住各类高端人才,各国纷纷调整移民和人才政策。近年来,英国的"杰出人才签证"、德国的"专业人才战略"、法国的"卓越计划"、澳大利亚政府的"全球人才计划"、以色列的"卓越计划"、日本的"全球化人才培养战略"、加拿大的"首席研究员计划"、韩国的"智力回归计划"等在全球人才争夺战中产生较大影响。加强对全球特别是发达国家人才政策动态与趋势的研究,对加快形成具有国际竞争力的人才制度有重要意义。

(二) 创新人才出入境、停居留和工作生活便利化机制

在大湾区内地城市率先降低商务签注准入门槛,降低申请条件要求,延长许可逗留时限,拓展商务签注涵盖的行业领域,研究推出科研、创业、会展等多种签注类型。探索外国人才"一证通用"改革,为持有中国或港澳护照,经三地任一方认定为高端人才者,发放人才通关绿卡,凭卡可无限次自由通关、实现工作许可即时审批。对于外国人,合法居留满5年即可申请大湾区长久居民证,持有大湾区任一方签发的长久居民证,可凭证无限次自由通关。试行为大湾区内地高校、科研院所、重点企事业单位邀请的外籍知名专家学者、商务来访的企业境外分支机构外籍员工,换发入境有效期不超过5年的多次入境有效F字签证。逐步放宽专业领域境外人才从业限制、外国留学生实习就业限制,实施假期工作签证。加快推进珠三角技术移民试点工作,探索建立

---

① 《习近平:加快建设科技强国 实现高水平科技自立自强》,新华网,2022年4月30日,http://www.news.cn/politics/leaders/2022-04/30/c_1128611928.htm。

涵盖国际高层次人才、技术人才、创业人才、留学生和海外华人等群体的技术移民体系，制定和试行大湾区外国人才入籍政策，建设国家移民政策实践基地，允许外籍人才境外直接申办中国"绿卡"。优化外籍人才在大湾区就业审批流程，压缩办理时间。允许在大湾区就业创业的港澳及外籍人才聘雇外籍家政服务人员，申请办理私人事务类居留许可。在总结珠澳口岸通关经验基础上，在深港口岸探索"合作查验、一次放行"或推广"一地两检"查验模式。合理配置口岸电子自助查验通道规模，推广人员"卡式化"自助通关，采用大数据、互联网、人脸识别等先进技术，提供智能化通关服务和"无感通关"体验。

（三）不断优化外国人才服务体系

健全外国人才签证、永居、移民、国籍、税收、金融、社会保障等领域的申办政策体系，优化外籍人才"落地即办、未落先办、全程代办"服务流程，推动服务流程的体系化、网络化、智能化。打造外籍人才办理永久居留"直通车"，缩短审批期限。实施重大项目、重点企业"人才服务包"制度，制定"一对一"服务举措，在引进落户、工作居住证办理、人才子女入学、配偶就业等方面提供保障。在外国人才比较集中和人才国际化水平较高城市设立移民事务服务站点、国际人才社区和数字化服务平台，为外国人才提供"政务+商务+生活"一站式服务。建立境外人才融资"一站式"服务体系，试点外国人才薪酬购汇便利化和单独参加医保政策。

（四）加大与国际接轨的人才保障力度

着重加大住房、教育、医疗等涉及人才发展关键需求的领域的保障力度，为境外人才提供"舒心"的工作生活条件。多元投入，住房补贴、人才公寓、共有产权房等多策并举，完善人才安居体系；科学布局、加快建设国际学校，为人才子女提供高水平的国际教育服务；强化国际化医疗服务保障，探索在三甲公立医院建立国际医疗服务体制，为人才提供多元化医疗服务和国际医疗保险结算服务。鼓励用人单位为海外高层次人才建立补充养老金和补充医疗保险。

二 聚焦高精紧缺,提升人才开放层级能级

建设高水平人才高地,需要大湾区科学把握全球化演变新趋势下人才流动规律,立足世界一流,以全球视野推进人才发展更高水平对外开放。大力吸引集聚全球高端人才、智慧资源、创新要素,开辟人才"走出去"新渠道、新路子,提高人才国际化水平。

(一)聚焦前沿引领,加大战略人才引进力度

围绕全球科技创新高地和新兴产业重要策源地建设需求,从卡脖子技术领域和国家安全需求出发,加大对科技前沿一流人才和一流科学家的引进力度;从争取战略主动、引领未来方向出发,加大对能创造新技术、新领域、新产业的科学家、工程师、技能人才,能创造新市场、新业态、新岗位的创业人才,能带来新理念、新时尚、新生态的创意人才等战略人才的引进力度;从新兴产业需求出发,加大对人工智能、量子信息、集成电路、生物医药、区块链等战略性新兴产业领域人才及团队的引进力度;从企业、机构发展需求出发,大力引进跨国公司,国内外头部企业、机构的高层次经营管理人才、管理团队以及国际政府及非政府组织、行业协会、专业团体负责人,大力引聚业界精英、文化大师等。① 大力实施创新和科研团队引进计划、大数据领军人才与创新团队引进计划、现代服务业和先进制造业人才集聚计划、留学人员入湾创业计划等,为引进的一流科学家、学科带头人、高水平创新科研团队提供"一事一议"重点支持。探索实行针对急需紧缺人才的特殊制度。

(二)打造战略支点,发挥大科学装置和实验室引才聚才作用

充分利用初步形成的大科学装置集群和多层次实验室体系优势,发起国际大科学计划,以综合性国家科学中心先行启动区为主阵地,利用国家新型显示技术创新中心、国家第三代半导体技术创新中心、中微子实验站、中国散裂中子源等科研重大平台,以及国家工程技术研究中

---

① 汪怿:《拓宽渠道,聚天下英才而用之》,《神州学人》2022年第1期。

心、重点实验室等引才聚才，为人才提供国际一流的创新平台。借鉴国际"全职+流动"的人员聘用方式，建立健全灵活、适用面广、多元化、多层次的实验室（创新中心、研究中心）人才聘用管理与流动机制，按人才类型采用不同的聘用方式和考评标准，强化人才、项目和基地的有机结合，鼓励实验室研究人员与高校教研人才双向流动。建立高度开放的科技资源共享机制，对外开放大型先进仪器设备，吸引世界全球一流人才和科学装置用户访问，并从知识融合、协同创新、文化生态等方面入手营造类海外、超海外发展环境，吸引全球优秀科技人才，打造全球人才竞争制高点和高水平人才高地的战略支点。

（三）创新方式方法，加大"柔性引才"力度

把握好信息技术创新发展给人才引进、使用带来的机遇，"刚性引才"与"柔性引才"相结合，创新丰富利用全球智力资源方式方法。制定、宣传鼓励柔性引才政策，为有需求部门柔性引才提供政策指引和支持。依托国际科学计划、国际合作项目引用人才；建立大湾区"人才飞地"，鼓励支持企业、高校、科研院所在全球人才密度大的城市、技术源头所在地和共建"一带一路"国家与地区设立协同创新中心、研发机构、联合实验室、分支机构或离岸孵化基地，通过"人才+项目+基地"运行模式，在全球范围内吸引、储备和培养科技与产业人才；采用在线指导、服务外包、咨询顾问、人才租赁、智力兼职等非传统方式就地吸引使用高层次人才；通过兼并购买企业、购买或资助国外实验室，实现海外"就地取才"。建立长效短期服务机制，为不能前来的国际人才提供服务大湾区发展的机会和渠道。灵活应用"揭榜挂帅"制度，以项目招引全球高层次人才和团队。

（四）创新政策措施，千方百计拓宽引才渠道

充分利用跨国公司、头部创新企业、行业骨干企业引才渠道，支持企业开展国内外技术研发合作，发起成立国际性行业协会、产业联盟、人才引进联盟，抱团引才引智，利用全球智力资源。鼓励企业借鉴 SRC（Semiconductor Research Corporation，美国半导体研究联盟）做法，通

过联合出资聘请高校、科研机构人才承接企业急需科研项目，资助研究生与设立奖学金等方式引才、用才和储才。[1] 发挥政府、驻外机构、华人社团作用，为企业参加国际技术合作、中外政府间经济技术合作项目进行人才寻访，搭桥引线、开辟渠道。注重发挥海外离岸创新创业基地引才聚才作用，通过项目发布，吸引创新创业人才。粤港澳联合设立大湾区海外人才寻访基金，依托相关机构在全球范围内寻访人才。大力培育具有国际竞争力的人力资源服务机构、国际化第三方专业服务平台，吸引国际组织及其分支机构入驻，为大湾区引才聚才提供国际化、专业化、市场化服务。全面优化各类人才计划、人才工程遴选方式，实行高校、科研院所、头部企业等人才引进推荐认定制度。

（五）畅通拓宽渠道，加大人才"走出去"力度

提高对"走出去"培养人才、储备人才重要性认识，进一步完善人才选派机制，形成全方位、多层次、多元化的人才"走出去"路径。政府、企业、高校、科研院所、社会机构合力开辟人才"走出去"渠道，鼓励支持各类人才跨国家、跨地区、跨领域交流合作，促进不同知识和技术体系的交流融合，着重培养、储备具有全球视野的国际化人才。强化政策落地见效，优化科研人员因公出国学术交流合作审批制度，落实好大湾区内地高校、科研机构和企业科技人员办理3年多次往来港澳商务签注政策。

第四节　突出实效激发活力，创新完善人才使用制度机制

《规划纲要》实施以来，大湾区各城市秉持以人为本理念，尊重人才、尊重用人主体，出台了一系列制度和配套政策举措，不断完善政府宏观管理、市场有效配置、单位自主用人、人才自主择业的人才管理

---

[1] 金钟：《美国芯片产业，靠什么走到今天？》，观察者网，2022年9月26日，https://www.guancha.cn/jinzhong/2022_09_26_659479.shtml。

体制，促进人尽其才、才尽其用。但在城市间愈演愈烈的"抢人大战"中，也不同程度存在"跟风抢""随意用""乱点将"以及重引轻用等人才使用问题，既导致人才资源闲置和浪费，又增加了用人成本。高水平人才高地建设，要坚持需求导向、以人为本，创新完善人才使用制度机制，让人才成长与大湾区发展同频共振、相得益彰。

一 以用为本，放管结合，向用人主体充分授权

习近平总书记在中央人才工作会议上强调，要根据需要和实际向用人主体充分授权。[①] 推进高水平人才高地建设，不能党委政府唱"独角戏"，必须建立健全政府为主导、企业为主体、市场化运作的人才工作体系，发挥用人主体在人才培养、引进、使用中的积极作用。

（一）向用人主体充分授权

一方面，构建以综合贡献、承担科技项目情况、高端人才显示度、市场认可度和人才规模等为指标的"积分制"人才工作考评体系，对符合条件的用人单位赋予人才评价自主权，引导用人主体改变为完成考核指标"凑人数"的人才工作目标指向，坚持需求导向，既"适岗"用才，使人才各得其所，又重视培养挖掘人才潜能，为各类人才干事创业搭建平台。另一方面，根据需要和实际，扩大地级市及以下用人主体的人才"引育留用管"自主权。对人才密集、管理规范、信誉良好的企事业单位，按照"能放则放、应放尽放"原则，赋予更充分的用人自主权。探索大湾区高校、科研院所、医院以及重大科研平台留编引才、设置特设岗位用才。探索允许符合条件的境外人员担任法定机构、事业单位、国有企业的法定代表人或负责人。建立健全对用人主体的授权反馈机制、问责监督机制和外部监督体系，引导用人主体切实履行好主体责任，增强服务意识，提高保障能力。

[①] 《习近平出席中央人才工作会议并发表重要讲话》，中华人民共和国中央人民政府网站，2021年9月28日，https://www.gov.cn/xinwen/2021-09/28/content_5639868.htm?platform=win。

(二)用人主体积极作为

一是抢抓机遇,探索创新。身处人才工作最前沿的用人主体,要深刻领会中央人才工作会议精神,转变过去被动等待工作状态,以时代紧迫感精准科学抢抓中央赋予的以"放权""松绑"为核心内容的人才"引育用"改革机遇,提升改革与承接、利用政策的能力和水平。根据单位人才发展实际和科研属性,在"破四唯""立新标",试点"揭榜挂帅""赛马制"等科研体制改革,人才自主评定和激励以及人才流动等方面大胆探索创新。构建充分体现知识、技术等创新要素价值的收益分配机制,对急需紧缺的特殊人才,实施特殊政策,不求全责备,避免论资排辈、都用一把尺子衡量,[①] 用好用活各类人才。用人主体要完善内部约束,主动接受人才工作主管部门的监督指导,使各项人才改革探索有序规范,确保授权事项落细落实、经得起追溯和问责,提高人才获得感。二是坚持"四个面向",做强服务保障。用人主体要胸怀"国之大者",立足前沿,紧扣关键领域、关键环节、重头产业、重大项目,为各类人才搭建广阔的干事创业平台,并持续创新扶持、服务、鼓励人才勇闯科学"无人区"举措。向战略科学家和领军人才充分授权,赋予其更大技术路线决定权、更大经费支配权、更大资源调度权。[②] 支持科研人才根据需要组建跨学科、跨领域、跨院系的创新攻坚团队,开展联合协同攻关,产出高质量原创性成果。

二 以信任为基础,松绑规制并举,为人才松绑减负赋能

以信任为基础,遵循人才成长规律和科研规律,从稳定经费、精简科研管理、加强包容保护等关键领域着手,进一步完善科研资源配置政

[①] 《习近平出席中央人才工作会议并发表重要讲话》,中华人民共和国中央人民政府网站,2021年9月28日,https://www.gov.cn/xinwen/2021-09/28/content_5639868.htm?platform=win。

[②] 《习近平出席中央人才工作会议并发表重要讲话》,中华人民共和国中央人民政府网站,2021年9月28日,https://www.gov.cn/xinwen/2021-09/28/content_5639868.htm?platform=win。

策，建立充分信任、放手使用、保障有力的人才发展机制。深化战略科技人才放权改革，赋予人才更大技术路线决定权、更大经费支配权、更大资源调度权。综合目标、过程与结果的不同导向，探索基础研究稳定支持新机制，给予基础研究和原始创新更多时间和空间，在项目立项、经费保障、成果转化、职称评定、绩效考评、荣誉奖励等方面鼓励人才自主自发研究、进行自下而上的探索性创新，加大对人才自主设置课题与基础性探索创新的扶持力度。探索重大科研项目"揭榜挂帅""赛马制""军令状"等竞争性人才使用模式，实行首席专家负责制，推行"负面清单"管理制度，以实绩论英雄。压实科研单位主体责任，对科研项目实行审计、监督、检查结果互认，一个项目周期"最多查一次"，不用管理行政人员方式管理科研人员，让人才静心做学问、搞研究，多出成果、出好成果。健全相关法规，明确成果的产权划分、归属、处置，规范风投创投机构行为，切实维护人才合法权益。与此同时，以"四个面向"引导人才发展方向，加强对人才素质修养的思想引领和精神关怀，在政治底线、国家安全上绝不退让，在学术伦理、学术诚信上加强监管，确保人才始终行进在正确的人生发展和科学研究轨道上。

三 以多元化市场化为导向，破立齐抓，创新人才评价激励机制

人的活力激发，要靠良好的制度。党的十八大以来，党中央高度重视人才评价改革，围绕人才评价中的"顽瘴痼疾"，强化改革顶层设计，推出系列政策措施，支撑全面激发人才创新活力的基础性制度体系框架已基本建立。广东省各级相关部门、高校、科研院所按照中央改革部署，积极开展人才评价改革实践探索，推进人才评价向科学化、精细化、专业化方向发展。但人才评价制度不合理，唯论文、唯职称、唯学历、唯奖项、重"帽子"等问题仍然比较突出，需要通过持续深化人才评价改革加以解决。

（一）建立健全多元分类人才评价体系

坚持问题导向，遵循分类思维，积极开展人才评价改革试点，"破

四唯"和"立新标"齐抓,加快建立以品德、质量、绩效、贡献为导向,与国际接轨,引导人才潜心研究和创新的多元化人才评价制度。综合用好政府、市场、技术专家、专业组织、用人主体等多元评价视角,利用薪酬评价、市场价值、投资评价、同行评价、第三方评价、社会评价等手段,探索将项目评价、项目绩效、科技奖励、验收审批等职能转移给专业第三方机构承担,克服评价的单一性、行政化和官本位倾向,增强评审评价的科学性、公平性和引导性,保障对人才评价的全面性、灵活性,促进人才评价与引进、培养、使用、激励等充分衔接。按照承担国家重大攻关任务及基础研究、应用研究和技术开发、社会公益研究等分类、分领域、分赛道,① 根据科研人员、技术支撑人员、技术转移转化管理人员等身份分级分类科学精准评价人才,注重从理论价值、应用价值、社会价值等三方面对科技成果价值进行综合评价。完善人才薪酬政策,构建充分体现知识、技术等创新要素价值的收益分配机制,让事业激励人才,让人才成就事业。

(二) 创新基础研究人才评价激励机制

基础研究是一项既需要长期积累又具有很大确定性的工作,需遵循基础研究特点和规律,实事求是地创新基础研究人才评价激励机制,构建体现创新能力、质量、贡献的人才评价体系,引入国际同行评价,引导推动科研创新面向国际前沿。科学设置考评周期,对于中长期基础研究项目,要适当延长考评周期,避免过多的中期考核和有违研究规律的硬性时间要求,为基础研究人才提供相对宽松的学术和成长环境。

(三) 持续深化职称评价改革

开展代表作制度改革,鼓励高校、科研院所结合自身特点自主设置代表作成果清单。深化特色产业职称评审、企业技能人才自主评价改

---

① 《习近平主持召开中央全面深化改革委员会第二十六次会议》,新华网,2022年6月22日,http://www.news.cn/2022-06/22/c_1128766853.htm。

革,在重点骨干企业开展用人主体自主认定人才试点。拓宽职称评审领域,加快推进前沿技术、新业态等领域的职称评价,建立健全科技成果转化与应用人才技术职称评定制度。提升专利发明与经济效益在职称评审中的权重。完善特殊机制,对急需紧缺特殊人才实施特殊政策,如掌握顶尖技术的领军人才、经济贡献突出的管理人才、社会影响力大的社科人才、工艺精湛的技工人才等特殊人才,在评价时可不受年龄、学历、职称、持股比例等限制。设立境外人才职业资格评价鉴定机构,组建高层次人才举荐委员会,试行由举荐委员会提名可直接认定为高层次人才的制度。

四 以市场为主导,有序共享,创新人才流动机制

人才要素自由流动是全球人才中心形成发展的共同经验。党的十八大以来,以习近平同志为核心的党中央围绕制约人才流动的户籍、身份、社保等问题不断加大改革力度,全力破除人才流动体制机制障碍,畅通、规范人才流动。在深化人才流动制度改革过程中,大湾区各地各部门充分尊重人才流动规律,注重发挥市场在配置人才资源中的决定性作用和更好发挥政府作用,"硬联通""软对接"并举,在推动基础设施互联互通、港澳及海外人才来往、跨国跨境人才交流合作、以市场化方式配置人才等方面开展实践探索,如除广州、深圳以外的珠三角城市率先探索户籍准入年限同城化累计互认,为广东省选调生设置定向港澳选拔职位以及事业单位面向港澳籍居民公开招聘等,不求所有、但求所用的柔性引才理念深入人心,有力推动了大湾区一体化发展。但"一国两制""三个关税区"特殊环境下的大湾区在人流、物流、资金流、信息流等要素流动方面仍存在体制机制障碍。例如,当前的赴港澳签注政策还难以满足大湾区人才"说走就走"的流动需求,传统的查验模式和技术、直通车两地牌配额管理难以满足大湾区大规模、高频次往来的通关需求,科技资讯交流仍不顺畅,等等。促进要素流通,既要充分发挥市场在资源配置中的决定性作用,又需要发挥中央政府统筹全局、协调各方的作用和粤港澳三地政府紧密联系与合作的作用，推动三地规则衔接和机制对接。

（一）探索创新清单管理制度

一是借鉴欧盟公民资格制度经验，制定大湾区"人才绿卡"制度，给予具有资格的人才在大湾区充分流动的自由；探索外国人才互认机制，取得A类工作许可的外国人才进入大湾区任一城市创新创业就业后，一地认定、多地互认，避免反复自证，推动人才资源共享，移除制度差异带来的人才流动制度障碍。二是发布大湾区境外职业资格认可目录。借鉴北京经验，积极推进境外职业资格认可，围绕大湾区高质量发展急需专业领域人才，粤港澳联合发布大湾区境外职业资格认可目录，对持有目录中境外职业资格的外籍人员，放宽学历、学位、工作经历、年龄等限制，允许其办理工作许可，给予有效期在5年以内的多次签证或居留许可，符合条件的可办理永久居留。根据大湾区发展需要动态调整目录，对急需紧缺领域用加法，并配套制定实施细则，确保大湾区需要的人才引得进、留得住、用得好。

（二）努力共建人才统一大市场

向大城市和大都市圈集聚是人才流动的一般规律。进入城市群时代的大湾区中，同城、融城是城市发展大势。大湾区要以构建统一大市场为目标，完善党政机关、企事业单位、社会等各方面人才顺畅流动的制度体系，支持前海、南沙、横琴以清单式申请授权方式在人才、资本、信息、技术等要素跨境流动和区域融通重点领域开展创造型、引领型改革，带动广州、佛山、东莞、中山等市的省级改革创新实验区协同探索，建立更加开放的人才流动制度，畅通境内外人才"留"与"流"渠道，促进人才一体化发展。一是深入实施"人才通"工程，探索新类别签注、专业资格和职业资格互认，进一步消除粤港澳三地人才评价、执业等方面的障碍。加快人事档案管理服务信息化建设，进一步完善社会保险关系转移接续办法，持续推动在大湾区内地城市工作和生活的港澳居民民生方面更多享有"市民待遇"，减少人才流动制度成本。

降低往来港澳商务签注申请条件，探索高校、科研机构、医院、企业的教学及科技人员按需办理往来港澳有效期为3年的多次商务签注，企业商务签注备案不受纳税额限制。放开大湾区大学毕业生在港澳就业的限制，实现人才流动自由化。二是改革完善户籍制度，放宽入户条件，为人才流动解绑，从过去重学历、职称转向重就业创业，以行政干预转向更有效发挥市场对人才资源配置的决定性作用，促进人才发展要素有序顺畅流动，实现高效配置。

（三）健全引导人才向艰苦边远地区和基层一线流动激励机制

受自然条件、经济社会发展状况等因素以及珠三角虹吸效应影响，粤东西北地区、艰苦边远地区和基层一线长期面临留人难引才更难、人才匮乏问题。据教育部门统计，2010年至今，来广东就业的大学毕业生仅有约15%流入粤东西北，其中绝大部分为当地生源。同时，粤东西北地区人才外流问题严重，潮州市每年外出求学的大学生回乡就业率不到30%；肇庆市属高校毕业生留肇率不足10%；云浮市常年外出就业的劳动力超60万人，大约占全市劳动力的40%，本地户籍高校毕业生留在云浮就业的约有40%。人才区域分布主要集中于大湾区内地的珠三角城市，既不利于人才资源的空间优化布局，也不利于区域协调发展战略的实施。必须建立健全流动激励机制，聚焦粤东西北地区、艰苦边远地区、革命老区经济社会发展和提升公共服务水平、改善民生的人才需求，实施各类人才支持计划，引导优秀人才向粤东西北地区、艰苦边远地区、基层一线和吃劲岗位流动，进行创新创业，实现、放大知识价值和人生价值；不断完善人才管理政策，畅通人才流动渠道，为粤东西北、艰苦边远地区和基层一线引才、留才、用才提供制度保障。

第五节 "雁阵"引领功能区支撑，构建区域人才发展新格局

2020年，珠三角地区、广东沿海经济带东西翼和北部生态发展

区受过高等教育的人数占广东省全省比重分别为80.78%、12.04%和7.18%,近2/3中专以上学历人才和3/4的中级以上技工集中于珠三角,区域差异大、发展不平衡是大湾区人才发展的基本区情。受珠三角核心区强大的集聚势能影响,逐步形成了以香港、深圳、广州、东莞、珠海为头雁,中新广州知识城、广州南沙、深圳前海、珠海横琴、东莞松山湖、佛山三龙湾、中山翠亨新区、江门高新区、肇庆高新区等为重要支点的区域人才布局与创新布局。新时代,推动区域人才协调发展、协同共用是大湾区建设高水平人才高地的重要任务。大湾区要根据不同区域所处的不同发展阶段、发展任务、发展方式和发展需求,坚持发展导向,从人才需求实际出发,因地制宜,分区分类施策,基于功能区的区域资源禀赋和产业需求层次,建设类型丰富的人才高地、聚集载体、网络支点,充分发挥不同层次、不同类型人才集聚单元的人才示范引领效应、平台集聚效应和节点支撑效应,形成"雁阵"引领、特色突出、梯度分布的区域人才发展新格局。

一 增强和发挥穗深港的"头雁效应"

广州、深圳、香港要以推动大湾区高水平人才高地建设为牵引,积极借鉴全球人才中心经验做法,对标国际先进水平,突出高端特色和国际化人才导向,联动协同推出系列创新性人才政策举措,实施系列人才工程,以开放包容的环境、世界级人才平台、高品质人才生态,引育战略性人才力量和高水平人才队伍,提升人才国际竞争力、影响力、辐射力,在大湾区高水平人才高地雁阵格局中发挥"头雁效应"。

(一)发挥人才队伍建设中的辐射带动效应

发挥穗深港良好的区位条件、雄厚的产业经济基础、厚实的科教资源、业已形成的科技创新走廊等综合优势,建设以高端化为引领的人才发展核心区,辐射带动大湾区高水平人才队伍建设。穗深港澳协同开展"湾区人才"发展重点行动,加快培育战略人才力量。结合国际科技创新中心建设,依托鹏城实验室、广州实验室两大"国之重器"以及国家级重点实验室、大科学装置、高水平研究型大学和科研院所、科技领军企业、行业龙头企业、跨国公司研发中心,加大对战略科学家、科技领军人才和青年科技人才的引进力度,打造全球高端人才集聚地。同时,以高水平人才高地建设为契机,推动高端人才的区域流动与共享,放大穗深港澳高端人才溢出效应。依托穗深港教育资源优势,协同建设人才自主培养主阵地,发挥人才培养"头雁"示范引领效应,通过教育培养合作、帮扶以及产业、人才双转移等方式,进一步加大对其他地区基础研究人才、科技领军人才、创新团队以及青年科技人才的培养力度,为珠三角其他城市、沿海经济带、北部生态发展区培养更多高水平工程师、高技能人才等能工巧匠。

(二)发挥人才发展体制机制综合改革的示范引领效应

广州、深圳要以建设大湾区人才体制机制改革示范区为目标,充分发挥在中国特色社会主义先行示范区建设和前海、横琴两个合作区建设中的先行探索作用,对标全球最好最优,聚焦人才发展重大改革试点,推动创造型、引领型改革突破。在人才引进,境外人才服务管理,向用人主体充分授权,为人才松绑减负,为人才创新创造活动提供更有力的政策支持、更便捷的融资渠道、更安全的知识产权保护等领域先行先试,打造标志性引领性改革品牌。深化"放管服"改革,在人才发展全周期、全过程制度设计和体制机制改革创新中,推出一批可复制可推广、有较高显示度的改革举措,带动佛山、东莞、中山等市的省级改革创新实验区以及沿海经济带、北部生态发展区协同探索。

二 增强和发挥不同类型、不同层级城市的节点支撑效应

以努力建成基于自身人才优势和需求的高水平人才高地战略支点为目标,依托佛山三龙湾科技城、惠州河桥科技城、东莞松山湖科学城和滨海湾新区、中山翠亨新区、江门高新区、肇庆高新区等以及各城市教育城、工业园、实验室、研发中心、工程技术中心、"双一流"高校、科研院所,集聚全球高水平创新要素资源,努力育聚一批世界级的领军

人才和高水平团队、青年科技人才队伍和卓越工程师队伍，加强特色性科技人才及团队、工匠型高素质劳动者和技能型人才队伍建设，在大湾区高水平人才高地建设中发挥"群雁"的节点支撑效应。

三 分类施策打造区域人才功能区

制定实施差别化的人才发展政策，优化调整人才结构，引导人才合理流动。紧扣主体功能重点领域引育、集聚人才，壮大人才队伍，在珠三角地区重点集聚创新型人才和高端制造业人才，在沿海经济带重点打造先进制造业人才队伍，在北部生态发展区重点打造生态环保人才队伍，加快形成"一核一带一区"人才发展格局。

（一）建设以高端化、国际化为特征的高水平人才高地主阵地和主引擎

珠三角核心区要建设与世界级城市群、具有全球竞争力的现代化经济体系和世界级先进制造业集群相适应，以高端化、国际化为主要特征，结构合理、创新创业和辐射带动能力强的人才队伍，成为建设大湾区高水平人才高地的主阵地，为"双区"和"四个合作区"建设、国际科技创新中心打造、率先实现高质量发展提供广泛的人才和智力支撑，成为辐射带动沿海经济带和北部生态发展区人才加快发展的核心区和主引擎。围绕新一代信息技术、高端装备制造、智能制造、绿色低碳、生物医药、数字经济、新材料、海洋经济等战略性新兴产业发展需求，实施新一代人工智能产业人才队伍、新能源汽车产业人才队伍、数字经济产业人才队伍、海洋经济产业人才队伍、先进装备制造产业人才队伍等高素质战略性新兴产业人才队伍培育集聚战略，着力育聚支撑"一核"制造业高质量发展的卓越工程师队伍，支撑高水平科技自立自强的战略科学家成长梯队、一流科技领军人才和创新团队与优秀青年科技人才队伍；围绕现代服务业发展需要，建设现代服务业人才培养基地，优化升级现代服务业人才政策体系，加强生产性服务业人才、总部经济人才、文旅产业人才的培育和集聚；围绕智能制造、"互联网＋制造"等领域，重点培养先进设计、关键制造工艺、材料、数字化建模与仿真、工业控制及自动化、工业云服务和大数据运用等方面的专业技术人才、创新型技术领军人才；围绕优势传统产业转型升级需要，以技师、高级技师、经营管理人才、新型农业经营人才为重点，以智能工厂、机器人应用、"互联网+"为引育着力点，在智能家电、高端面料、新型建材、功能食品饮料、现代中成药等优势传统产业重点领域和关键环节集聚一批优质高端人才。

（二）建设以高素质技能型人才队伍为重点的沿海重大产业人才集聚带

围绕打造世界级沿海经济带的战略定位，依托区位优势、资源禀赋和产业基础，重点培育沿海产业人才、海洋创新人才，提升沿海经济带人才的集聚力和辐射力。强化珠三角沿海片区人才引领作用，探索创新珠三角沿海片区与沿海经济带东西两翼人才交流合作机制，实现产业转移、创新转化与人才共建共享互促互进；建设沿海经济带东西两翼创新转化人才队伍，依托珠三角沿海城市原始创新能力，发挥沿海经济带东西两翼的承接转化带动作用，在沿海经济带东西两翼培育从事创新成果转移转化的专业人才队伍，打通科技创新价值链的"最后一公里"，形成"创新在珠三角，转化在东西两翼"的模式；围绕沿海经济带东西两翼临海制造业、海洋新兴产业、临港重化产业、港口物流业、滨海旅游业、现代能源产业、新兴农渔业等沿海产业发展，同时满足沿海经济带东西两翼地区产业与珠江东岸高端电子信息制造产业带、珠江西岸先进装备制造产业带联动发展需要，遵循产业发展规律和人才成长规律，打造东西两翼沿海产业人才集聚高地；围绕重大产业向沿海经济带东西两翼布局的战略要求，满足沿海经济带东西两翼产业与珠江东西两岸产业联动发展需要，深化沿海经济带人才交流合作。

（三）建设北部生态绿色发展人才聚集区

围绕全省重要的生态屏障功能定位，以生态保护修复和绿色产业体系建设需求为导向，重点引进和培育生态保护修复和绿色生态产业紧缺拔尖人才、创新创业团队，不断加大智力帮扶和本土人才开发力度，丰富与提升人才知识和技能，促进各类生态绿色人才向北部生态发展区集聚，努力打造一支人员充足、结构合理、适应北部生态重要屏障巩固发展和绿色产业体系建设需要的高素质生态绿色创新型人才队伍。引育、壮大生态绿色党政人才队伍、生态保护专业技术人才队伍、绿色生态产业人才队伍，搭建生态环境保护引才聚才平台，建成生态绿色"人才圈"；围绕北部生态发展区的特色优势产业，加强农业关键核心技术、农业生物技术、种业等领域高端人才引育，培养一批研究骨干和学科带头人；加强农业科技特派员队伍建设，加大返乡入乡人才创新创业扶持力度，持续加强智力帮扶；聚焦乡村振兴和北部生态发展区需要，持续实施高素质农民培育计划，以提高农业从业人员职业技能和乡村公共服务水平为核心，壮大技能、专业人才队伍，建设一支立足本地、服务乡村、带强产业、带动致富的本土人才队伍。

四 统筹创新区域人才发展政策机制

（一）全面实施以功能区为引领的区域人才发展新战略

树立"一盘棋"系统思维，突破行政区划局限，以"核""带""区"主体功能区配套政策改革为引领，统筹分类施策和协同发展、高端引领和整体开发、人才聚集与辐射，建立健全"一核一带一区"人才政策联动机制，推动三大区域根据资源禀赋和比较优势在产业与人才双转移和互动上多维对接。建立健全区域人才政策与其他宏观调控政策联动机制，不断增强人才政策外溢效应。聚焦人才发展不平衡特别是高端人才分布严重不均问题，建立高端人才评价互认和户口不迁、关系不转、身份不变、双向选择、能出能进的人才柔性流动使用机制，探索区域人才资源共享新模式。聚焦大湾区制造业转型升级中共性技术、工程转化问题以及中小企业高技能人才、高级工程师短缺问题，设立特色制造业工程师协同创新中心，探索"一个特色产业＋一个共性技术平台＋

一批共享工程师"①的企业共享人才和平台模式。加强人才政策信息对接，搭建信息平台、专家数据库、人才协会联盟等基础性平台，促进"一核一带一区"人才政策同步、专家人才资源和信息共享共用。促进区域教育医疗资源共享、人才优惠政策联动，营造市场统一开放、规则标准互认、要素自由流动的发展环境，促进区域人才资源高效流动。

（二）探索实施区域倾斜人才政策

针对粤东西北地区、边远贫困地区、革命老区人才生态欠佳问题，考虑以上地区发展需求，实施区域倾斜人才政策。适当降低基层公务员和专业技术人才招录门槛，放宽年龄、学历限制和专业要求，灵活采用定向招考、单独招考、直接考察等方式方法，优先招录在以上地区工作达到一定年限的编外人员。创新基层收入分配机制，在优先保障足额兑现国家、省基层人才待遇的同时，探索年薪制、协议工资制等灵活分配方式，吸引高层次人才到欠发达地区创新创业。强化基层导向，将基层工作经历作为人才选拔任用的刚性条件，创新使用职称评价、资金奖补、退税返费等政策手段，引导更多优秀人才投身基层一线，投身乡村振兴事业。

（三）创新完善区域人才对口帮扶协作机制

建立珠三角高新区与沿海经济带东西两翼地区和北部生态发展区高新区对口帮扶机制，开展园区对园区、孵化器对孵化器、平台对平台的精准帮扶和合作共建。支持珠三角地区与沿海经济带东西两翼地区和北部生态发展区专业镇精准对接合作，共建协同创新平台、产业技术创新联盟。持续强化智力帮扶协作，研究并使用更多的市场手段，鼓励和引导发达地区人才资源向欠发达地区流动。重点围绕产业共建项目和民生社会事业，建立人才对口精准帮扶协作机制，实现对口地市重点产业人才和民生社会事业人才共享共用、柔性流动。推动珠三角核心区和对口

---

① 韩婕：《让人才智力充分涌流——党的十八大以来我国人才流动制度改革向纵深推进》，《中国人才》2022年第10期。

帮扶贫困地区的县与县之间在县干部挂职上精准对接，探索乡镇、行政村之间干部结对帮扶。大力推动省属国有大型企业、大型民营企业、三甲医院、高等学校等参与帮扶，到欠发达地区创建分支机构、分校或分院，通过项目合作、联合研发、技术转化、人才培养，带动欠发达地区人才队伍建设。

（四）深化拓展区域人才合作交流

围绕区域协调发展和共同富裕，不断创新干部人才交流合作方式，推动"一核一带一区"园区、科研单位、高等院校和企业之间的人才交流常态化、制度化，实现互为所用、融合提升、共促发展。不断创新和丰富项目合作形式，依托专题论坛、人才培训交流等载体和形式，组织发动各城市、各行业、各高校和科研院所，在不同层次和不同领域开展人才项目合作，以灵活有效的项目载体和丰富多样的合作形式，吸引更多的高素质高层次人才到沿海经济带和北部生态发展区创新创业，对基层一线干部、贫困村致富带头人开展培训，提升欠发达地区人才发展内生动力。粤东西北要立足生态环境比较优势，利用交通基础设施改善、信息技术水平提高机遇，加大柔性引才用才力度。结合实际需要，建设各级各类"候鸟"人才工作站点、功能性"人才飞地"，充分挖掘使用大湾区甚至全球"候鸟"人才资源，缓解区域人才短缺和结构性矛盾问题。

第六节　聚焦人才生态优化，创新完善人才综合服务制度机制

借鉴全球其他湾区经验，对照最高标准和最优环境，粤港澳三地协同发力，共筑国际化、便利化、智慧化、宜居乐业的人才发展生态。

一　以数字化一体化提升人才开放合作服务能级

（一）推进人才服务数字化

深化"放管服＋数字政府"改革，以营商环境综合改革示范为牵

引,结合"数字湾区"建设,以人流、物流、资金流、信息流更便捷流动为目标,逐步建立城市间、部门间人才信息共享机制。依托"数字政府"改革建设,着力破解人才服务管理信息孤岛问题,采取"互联网+政务服务"模式,构建纵向贯通、横向连接的信息数据网,推进组织、科技、人社、公安、海关等部门之间的信息系统互联、数据共享互认,形成统一、规范、多级联动的线上审批服务体系,实现一网管理、数据共享、网上申报、实时查询、全程监督。进一步完善线上数字平台和线下服务窗口,促进人才服务工作数字化转型,以"人才绿卡"为载体全方位优化整合人才住房、医疗、子女教育、社会保障等政策和服务事项,实现人才创新创业全生命周期"一卡通办"。整合各级各类移动政务服务平台和资源,扩展政务服务平台应用,提升"一网通办"能力,"网上办""指尖办"更便捷。在完善现有"安居""就业""旅游""交通"4个板块基础上,进一步增加、丰富"粤港澳大湾区政务服务专区"板块,提供"一站式"办理出入境证件服务。港澳台居民身份实现实名、实人认证,个人电子证照应用领域扩大,就业创业便利化。在总结江门经验基础上,推广一站式"跨境通办"服务模式探索,支持大湾区内地各城市在港澳设立跨境通办服务窗口,为人才提供不动产跨境抵押登记、社保、医保及商事登记等业务"零出关办理"服务。上线"湾区通"App,一站式集中提供湾区资讯、办事指南和服务入口。

(二)推进人才公共服务一体化

深化实施"湾区通"工程,加大推进粤港澳三地社保、医疗、教育等互认互通力度,畅通人才民生领域服务衔接渠道,推动在大湾区内地城市工作和生活的港澳居民在民生方面更多享有"市民待遇"。强化省级统筹,推进粤省事、粤商通、粤智助等政务App服务事项标准化同源管理,加快政务服务事项在大湾区内的"无差别"办理,实现"省内通办""市内通办"。增设港澳居民内地职业资格考点和资格评审受理点,就近提供优质服务。推动珠三角9市和港澳两地的双向互通互认，建立大湾区统一的医疗服务平台，满足居民异地就医的需求，保证医保卡持有者在粤港澳三地可迅速获得医疗服务，为高层次人才就医开辟绿色通道。赋予处于义务教育阶段的港澳人才子女在珠三角9市享受与当地居民子女同等的教育权利。促进人才服务市场化专业化，允许社会资本在大湾区建立国际人才子女学校，为大湾区国际人才子女提供优质的教育资源与环境。

（三）共建人才大数据中心

针对当前人才数据不全、底数不清、分布不明，以及用人主体找人难、用人不易等问题，粤港澳三地要加强资源共享、信息互通，整合政府、社会组织和企业数据库，支持广州建立统一的大湾区人才大数据平台，发布人才流动信息，为用人主体提供引进、使用、评价、培训人才等方面的技术支持。建立覆盖现代产业的人力资源统计信息系统，建立企业技术需求库、科技成果转化项目库、人才数据库，实现"三库"数据交互、对接交流，向社会和企业提供个性化的"订单式"服务。

（四）科学布局差异化建设人才港体系

高标准推进大湾区（广东）人才港建设，对标国际一流，聚集人才"服务、交流、展示、创新"关键环节，以"实体＋云端"服务模式，"省级主港＋市县分港""实体港＋云港"全省一体化人才服务平台体系，打造具有全球影响力的"国家级、综合性、示范性、国际化湾区人才服务平台"，为人才流动、创新交流、成果转化、安居落户、子女入学、交通出行等提供高端化、全链条、一站式服务保障。高规格建设好中新广州知识城国际人才自由港，以"海外人才创新创业'零跑动'"为目标，通过整合涉外人才服务事项，积极探索人才发展和自由流动的体制机制，为海内外人才创新创业提供政策、金融、上下游企业及公共资源等领域的"一站式"服务，积极试点外国人业务"一窗受理""容缺受理"和高端人才互认，为硕士及以上学历留学生创业提供便利的综合服务。高水平建设前海国际人才港，以国际人才自由港、国际人才服务港、国际人才运营港、国际人才数据港和人才传播中心、体验中心、服务中心、科创中心、培训中心、评价中心、猎投中心、转化中心、数据中心为功能定位,① 整体推进线上线下一体化的人才服务创新综合体建设,打造全要素人才功能生态圈,为国际人才在前海、大湾区就业、创业、投资和生活提供服务。突出衔接港澳、服务国际化人才特区创建,建设好南沙国际人才港,与港澳人力资源服务机构协同发力,面向全球引进不同类型、不同层次的人力资源服务机构,创新发展跨境人力资源服务,形成具有国际竞争力的人力资源服务产业集群和服务全球高端人才在大湾区高效流动的重大平台。务实推进中山大湾区国际人才港建设,以宜创宜业宜居、产城人深度融合为目标,打造以翠亨新区人才港总部为枢纽、以中山24个镇街及市内各人才港服务网点为框架的人才服务综合集群,为来湾全球人才提供政策咨询、人才认定评定、奖补发放、需求匹配、项目对接等"一站式"服务。②

二 高标准共建高能级多层次多类别人才发展载体

(一) 携手打造世界级重大创新平台

抓住大湾区国家技术创新中心、国家新型显示技术创新中心、国家第三代半导体技术创新中心、国家5G中高频器件创新中心获批建设机遇,③ 发挥其人才制度改革试验田作用,依托鹏城实验室、广州实验室两大国之重器等重大创新载体,广深港科技创新走廊、广珠澳科技创新走廊"两廊"以及散裂中子源二期等重大科技基础设施建设,强化11座城市的创新协同,探索创新联通港澳、接轨国际的科技创新管理机制,携手建设一批承载全球一流人才的世界级创新平台、国际一流实验室、高校、科研院所、新型研发机构等,布局建设一批大科学装置和产

---

① 《前海国际人才港"开港",打造全要素人才功能生态圈!》,深圳新闻网,2022年1月5日,http://www.sznews.com/news/content/2022-01/05/content_24860598.htm。
② 《中山大湾区国际人才港将正式启动建设》,中山网,2021年3月23日,http://www.zsnews.cn/news/index/view/cateid/35/id/665205.html。
③ 《政府工作报告》,《南方日报》2022年1月24日,第2版。

才融合的孵化器、产业园，培育一批一流的科技领军企业。通过世界级重大创新平台，牵头组织大科学计划和大科学工程，参与国际科技合作，引聚世界一流领军人才，参与国际科技组织和重点领域与新兴技术标准、规则制定，深度融入全球创新网络，加快提升大湾区国际科技治理话语权。

（二）建设一批高水平科技创新平台

高标准建设好国家（省）重点实验室、工程技术研究中心、企业技术中心等科创平台，扩大科技创新平台规模，力争打造一批具有较强影响力的标志性创新平台，形成吸引国内外高端人才、集聚各类创新要素的"强磁场"。全面提升粤港澳联合实验室创新效能，加强公共科研平台、中试转化平台、重大科技基础设施等的建设，推进科研仪器、试验样品、耗材、科技经费跨境使用，科学数据共享共用，打造集约高效、开放共享的创新平台。不断强化三地各级政府与高校、科研院所的战略合作，引进和共建更多重点实验室、院士工作站、科技企业孵化器、新型研发机构、博士（后）"三站一基地"（博士后科研流动站、博士后科研工作站、博士工作站、博士后创新实践基地）等各类创新创业孵化平台，谋划布局一批"科创+特色产业"平台，共同打造区域性科创基地，提升人才项目承接孵化能力，建设创新人才集聚高地。通过税收优惠、研发经费补贴等政策，支持有实力的企业自建或与高校、科研院所共建重点实验室、新型研发机构、博士后科研工作站和创新实践基地等创新平台。扶持行业领军企业加大基础研发投入力度，开展产业共性基础技术研发，打造新型共性技术平台。进一步探索博士后科研工作站多元投入机制，引导社会资本采用设立奖励基金、企业冠名、联合投资等形式参与博士后科研工作站建设，扩大站点规模。探索推广"科创飞地"模式，支持企业在全球创新资源集聚地设立研发机构，开展驻地招才引智、协同创新。

（三）共建具有国际竞争力的科技成果转化基地

探索建立粤港澳三地科技成果转化协同机制，共建科技成果转化服务体系，推动三地科技服务机构协作联动、资源融通。加强与全球高校和科研机构技术转移办公室、国际技术转移促进和服务机构的合作交流，以具有竞争力的开放高效的成果转化生态，集聚全球成果转化创新服务资源，提高科技成果转化能效，将珠三角国家科技成果转移转化示范区建设成为具有国际竞争力的科技成果转化基地和全球技术转移枢纽。依托东莞松山湖高新技术产业开发区科技成果转化中心，建设国家技术转移人才培养基地，加强特色化、产业化、国际化高水平技术转移人才队伍建设。围绕大湾区重点产业建设一批粤港澳合作成果中试基地和科技成果转化基地。鼓励粤港澳高校与粤港澳大湾区内企业共建联合实验室，推动高质量成果产出。创新健全共建共治共享机制，高标准推进创交会成果转化基地、环广州大学城科技成果转化基地、大湾区中医药科技成果转化基地、大湾区国际技术转移中心等开放平台建设。

第七节　聚焦人才治理效能，构建新时代人才发展治理法治化体系

国家治理体系和治理能力现代化是党的十八届四中全会提出的全面推进依法治国的目标要求之一。法治化是国际共通的治理工具。人才治理法治化，既是高水平人才高地的内在需求，也是加快形成具有国际竞争力的人才制度优势的重要保障。党的十八大以来，以习近平同志为核心的党中央立足人才强国建设，把人才工作法治化置于恢宏的治国理政整体战略格局中，持续推动人才发展体制机制改革向纵深推进，逐渐形成了中国特色人才治理制度优势。在肩负率先探索责任的大湾区，自《规划纲要》实施以来，围绕人才高地建设，粤港澳三地在人才治理法治化探索上对标先进、大胆借鉴、加强衔接、密集出招，初步形成人才治理生态优势。但总体而言，大湾区人才法治化建设滞后，人才发展仍面临法律法规供给不足、相关主体权责不清、城市间存在人才恶性竞争等问题，大部分城市的人才工作主要依靠政策创新推动，相对于国家法

律和地方法规，人才政策位阶偏低，刚性和延续性较弱，时常因与其他制度相抵牾而难以落地，影响人才稳定性预期。不论是广东省还是深圳市、珠海市制定的人才发展条例，均属地方人才法规，适用地域有限。大湾区要以提升人才治理效能、激发人才创新活力为目标，突出重点、统筹兼顾，注重协同、系统、整体、有序，积极借鉴港澳及发达国家成功经验，构建科学规范、开放包容、运行高效的新时代人才发展治理体系，营造优质的人才法治生态。

一 加强衔接国际的人才法规建设

（一）联合制定大湾区人才促进法

对照高水平人才高地战略目标，及时清理陈旧低效的人事法规，充分利用立法权，借鉴发达国家成熟的人才综合立法、人才分类立法模式，衔接国际惯例，结合大湾区实际，将《规划纲要》实施以来，粤港澳三地探索实施并行之有效的经验做法，特别是广东省和深圳、珠海等市人才发展条例实施以来的成熟探索做法总结并以法律形式固定下来，将人才政策优势转化为人才立法优势。以此为基础，制定能充分体现人才发展规律、创新创造特点的大湾区人才促进法，确立人才、用人主体、社会组织的权责利，稳定利益相关方预期，保护人才事业发展相关主体合法权益，增强育才、引才、用才"恒心"。大湾区人才促进法制定工作，要在制约大湾区高水平人才高地建设的关键领域、关键环节率先推进，突出推动粤港澳人才发展协同、三地人才规则衔接和机制对接，深化区域人才在基础研究、技术攻关、技术转移、成果转化等领域的合作，健全以创新能力、质量、实效、贡献为导向，政府、企业、社会多元主体参与的人才评价，发挥对战略人才、领军人才、青年优秀人才和卓越工程师等的优惠政策标准的引导和规范作用，以及在全球人才引进、人才知识资源收益分配、人才安全立法等领域的改革发展的作用；明确对人才工作政策、体制机制、方式方法创新和人才开发投入增长的要求，鼓励支持人力资源服务业发展。

（二）制定大湾区人才市场管理条例

以建设统一开放、竞争有序的人才大市场为目标，制定大湾区人才市场管理条例及相关配套服务法规规章，规范人才市场活动，促进人才资源合理流动和优化配置。明确政府在建设人力资源市场，规范、促进人力资源服务业高质量发展中的职责。制定完善港澳和海外人才在大湾区工作服务管理办法，在技术移民、职业资格管理等方面依法制定配套管理办法。依法依规控制非法就业、阻止极端宗教势力渗透，提高人才安全度。

二 加大人才工作执法力度

（一）从倚重政策倾斜向营造法治环境转变

法治环境因具有公平、普惠、稳定、有序等特点而成为最重要的制度优势。适应大湾区人才发展从追求数量向结构优化、质量提升、配置优化转变的需要，在坚持党管人才原则前提下，遵循人才成长成才规律和市场规律，依法深化人才发展体制机制改革，加强人才工作法治建设，及时清理不适应新形势新任务要求的人才政策，将成熟做法经验上升为法规。将法治思维和法治方式贯穿人才引进、开发、使用、评价、激励、流动、安全、保障全过程，促进人才工作发展与人才工作中的良性竞争，营造法治化的良好社会环境，形成依法治才的社会理念和风尚。

（二）健全人才工作执法监督机制

更严格地监督和考评政府部门和用人单位对人才依法做出的政策承诺的兑现、与人才依法订立的合同的执行，加强人事争议仲裁和行政复议工作，维护用人单位和人才的合法权益。建立健全人才工作者容错纠错机制和澄清保护机制，按照"三个区分开来"原则，对人才引育、使用、服务、保障等过程中出现的失误和错误进行区分。对在改革创新符合国家所确定的方向，且为公为民、尽职尽责，不存在谋取私利及利益输送前提下发生的失误，按照有关规定从轻、减轻或者免予追责；对于因受不可预知或不可抗力等因素影响而产生的偏差、失误，将其列入容错免责范围。经程序认定予以容错纠错免责的单位和人才工作者，在年度考核、评先评优、职务职级晋升、职称评聘和表彰奖励等方面不受影响。同时，既要防止容错纠错机制被当作人才工作失序、违规的"挡箭牌""保护伞"，也要避免不问纠错成效，"一容了之"，要容纠并举，避免重复犯错。

三 健全知识产权全链条多元化协同保护机制

针对"一国两制三法域"给知识产权司法纠纷解决带来的法律适用困难、作用受限等问题，应对新科技、新模式、新业态发展和全球科技竞争白热化对知识产权保护体制机制提出的新要求、新挑战，大湾区要以建设具备湾区特色、世界一流水平的知识产权强区为目标，对标全球，发挥湾区区位、资源和知识产权国际合作交流网络优势，持续深化粤港澳知识产权合作、知识产权保护工作体制机制改革，健全知识产权综合管理体制，加强知识产权创造、运用、保护、管理、服务全链条保护，[①] 形成知识产权"大保护"工作新格局，全面提升大湾区在全球知识产权治理领域的影响力和塑造力。

（一）协同创新完善知识产权保护法律体系

严格执行民法典相关规定，贯彻落实《知识产权强国建设纲要（2021—2035年）》，粤港澳联手制定《粤港澳大湾区知识产权保护条例》，构建区域一体化的知识产权制度、符合知识产权案件规律的诉讼规范，制定与知识产权多元化纠纷调解、仲裁机制配套的法律法规，明确知识产权多元化纠纷解决的机制框架、知识产权审查授权标准、知识产权侵权认定标准等。推进知识产权有关法律规定域外适用，提高知识产权保护制度的国际化水平。

---

① 《习近平在中央政治局第二十五次集体学习时强调 全面加强知识产权保护工作 激发创新活力推动构建新发展格局》，人民网，2020年12月1日，http://politics.people.com.cn/n1/2020/1201/c1024-31951378.html。

（二）加强知识产权保护合作机制建设

针对知识产权维权存在的"周期长、取证难、成本高、赔偿低"问题，大湾区要尽快建立知识产权跨区域、跨部门快速确权、维权机制，纠纷处理快速协同保护机制，重大案件联合查办和移交机制，行政执法和刑事司法衔接机制，强化判决裁决结果互认与执行，实现区域内纠纷的一次性解决。市场监管部门要创新完善专利快速审查机制，为国家重点发展产业和大湾区战略性新兴产业等提供专利申请和确权的快速通道。适应新技术、新产业、新模式发展需要，健全侵权假冒线索智能发现机制，通过大数据、人工智能、区块链等技术手段，探索创新网上网下一体化查处打击模式，实现全方位执法保护。完善知识产权纠纷多元化解决机制，推动粤港澳三地调解仲裁机构建立协作机制，加强调解仲裁合作、互认。完善知识产权纠纷调解协议司法确认制度。依法管理涉及国家安全的知识产权对外转让，加强事关国家安全的关键核心技术保护。完善跨境司法协作安排，形成高效的国际知识产权风险预警和应急机制，建设知识产权涉外风险防控体系。[①]

（三）进一步提高知识产权质量

党的十八大以来，以习近平同志为核心的党中央高度重视知识产权保护工作，推动了一系列改革，出台了《知识产权强国建设纲要（2021—2035年）》等一系列顶层设计规划、政策举措，广东省相继出台了《广东省知识产权保护条例》《广东省知识产权保护和运用"十四五"规划》，实行严格的知识产权保护制度，引领大湾区知识产权事业不断取得新成就、知识产权数量领先全国，奋力建设知识产权创造湾区。创新完善市场导向的、以市场指标为基础的知识产权扶持机制，强化知识产权政策的质量导向，推动增数量与提质量同步发展，是大湾区未来知识产权工作的重点。一是引导在使用中保护。完善畅通知识产权

---

① 《习近平在中央政治局第二十五次集体学习时强调 全面加强知识产权保护工作 激发创新活力推动构建新发展格局》，人民网，2020年12月1日，http://politics.people.com.cn/n1/2020/1201/c1024-31951378.html。

转化市场机制，鼓励市场主体和人才用好知识产权这一战略性资源，采用产权质押等市场运作模式，发挥知识产权在创新创业投资、科技金融等方面作用，激发市场主体创造和运用高质量知识产权的活力。二是规范知识产权市场秩序，制定严格的知识产权审查授权、价值评估标准，依法遏制非正常专利申请、恶意抢注商标、恶意知识产权诉讼、专利代理违法等行为。加大对群众反映强烈、社会舆论关注、侵权假冒多发的重点领域和区域的行政执法力度，从重处罚重复、恶意侵权行为。三是探索新领域、新业态以及传统文化、传统知识等领域的知识产权保护方式方法，加大对大数据、人工智能、基因技术、互联网、中医药等领域的知识产权保护力度。

（四）搭建大湾区综合性知识产权纠纷解决服务平台

建设和布局一批知识产权保护中心、快速维权中心，加快粤港澳大湾区知识产权国际合作中心建设，支持优势产业集聚区申建知识产权保护中心和快速维权中心。培育壮大知识产权交易市场、知识产权鉴定和评估中介机构、专业化知识产权调解社会组织等，规范发展专利代理等知识产权服务业。

四 加强人才诚信体系建设

（一）加强信用服务体系和平台建设

以用人单位、人才、第三方机构为重点，以金融、工商、税收、劳动、社保、交通、学术诚信等信用信息为主体内容，以政务、商务、社会、司法四大领域信息互联共享为基础，强化覆盖人才工作全领域的政务诚信、商务诚信和个人诚信的信用记录形成、归集、公示、使用服务体系和平台建设。在广东改进扩容社会一体化信用档案公共服务平台——中国人才信用网，使其功能从目前的信息流通、查询、维护向人才工作全流程、全领域延伸，与政府、企业合力搭建多层次人才信用服务体系。加快信用中介市场培育和人才中介诚信体系建设，并通过制度安排，在机关事业单位人才招聘方面，以政府采购等方式使用人才征信产品,引导市场、社会扩大人才征信产品供给和需求,形成政府、社会、企业、机构和人才合力共建共用的人才信用服务体系。

(二) 建立健全信用评价制度

加强诚信教育,规范信用信息应用。完善严重失信行为记录信息系统,建立教育培训机构、用人单位、人才资源服务机构和人才的信用评价制度,将信用评价与机构、单位人才工作业绩考评、人才激励挂钩,对违背职业诚信和道德失范的机构、人员实行"黑名单"制度和"一票否决"等惩罚措施。

参考文献

北大汇丰智库：《2021年粤港澳大湾区经济分析报告》。

薄贵利、郑雪峰：《论人才高地建设战略》，《中国行政管理》2017年第11期。

陈凯华、郭锐、裴瑞敏：《我国科技人才政策十年发展与面向高水平科技自立自强的优化路》，《中国科学院院刊》2022年第5期。

程耿东：《世界科技、经济中心的转移及留给我们的思考》，《科学中国人》1999年第1期。

程贤文、宋斌：《美国崛起的国家人才战略》，《国际人才交流》2007年第3期。

付凌晖：《我国产业结构高级化与经济增长关系的实证研究》，《统计研究》2010年第8期。

干春晖、郑若谷、余典范：《中国产业结构变迁对经济增长和波动的影响》，《经济研究》2011年第5期。

G7、FT中文网：《中国七大城市群融合发展报告——从公路货运大数据看中国七大城市群融合发展》，2021。

高永强：《论人才高地建设的理论基础与现实路径选择》，《东方企业文化》2014年第13期。

高子平主编《国际人才吸引力指数报告（2017）》，上海社会科学院出版社，2018。

高子平主编《国际人才吸引力指数报告（2019）：全球大变局的视野》，上海社会科学院出版社，2020。

古恒宇、沈体雁：《中国高学历人才的空间演化特征及驱动因素》，《地理学报》2021年第2期。

桂昭明、王辉耀：《中国区域人才竞争力报告 No.1》，社会科学文献出版社，2013。

郭建新：《世界科学中心转移的文化因素分析》，《咸阳师范学院学报》2018年第4期。

韩毅：《美国工业现代化的历史进程（1607～1988）》，经济科学出版社，2007。

何勇、姜乾之、李凌：《未来30年全球城市人才流动与集聚的趋势预测》，《中国人力资源开发》2015年第1期。

侯建东：《中国人才学史（1979—2015）》，同济大学出版社，2017。

黄迪：《雅各布·布克哈特：文艺复兴为什么首先出现在意大利及其负面影响》，《陶瓷研究》2021年第4期。

〔美〕加里·杰里菲等：《全球价值链和国际发展：理论框架、研究发现和政策分析》，曹文、李可译，上海人民出版社，2018。

蓝志勇、刘洋：《美国人才战略的回顾及启示》，《国家行政学院学报》2017年第1期。

李海峥、梁赟玲、Barbara Fraumeni、刘智强、王小军：《中国人力资本测度与指数构建》，《经济研究》2010年第8期。

李建军、王添：《汇聚高端创新人才建设国家科技创新中心的历史经验》，《山东科技大学学报》（社会科学版）2018年第5期。

李昆明主编《大国策：通向大国之路的中国人才发展战略》，华文出版社，2009。

李楠、刘晓琪、时芸婷：《粤港澳大湾区人才高地建设中的问题及对策建议》，《广东经济》2021年第4期。

李学明：《新发展格局下我国人才流动的发展趋势》，《中国人事科学》

2021年第9期。

李亚员、王瑞雪、李娜：《创新人才研究：三十多年学术史的梳理与前瞻》，《高校教育管理》2018年第3期。

刘国强：《发挥新型政党制度作用 推进国家治理现代化》，《山东省社会主义学院学报》2020年第5期。

刘继龙、刘璐、马孝义、付强、王海江、张振华、张玲玲、虞鹏：《不同尺度不同土层土壤盐分的空间变异性研究》，《应用基础与工程科学学报》2018年第2期。

刘景华：《外来移民和外国商人：英国崛起的外来因素》，《历史研究》2010年第1期。

刘伟、李绍荣：《产业结构与经济增长》，《中国工业经济》2002年第5期。

刘永子：《建设粤港澳大湾区高水平人才高地的经验借鉴——基于〈2021年全球人才竞争力指数〉分析》，《广东科技》2022年第7期。

柳宇轩：《建设高水平人才高地》，《中国新时代》2022年第4期。

陆铭：《空间的力量——地理、政治与城市发展》，上海格致出版社、上海人民出版社，2013。

吕有勇：《世界科学中心转移轨迹的启迪：科技创新与人才团队培育问题浅析》，《中国基础科学》2014年第4期。

牛冲槐、张敏、张洪潮、李刚：《人才聚集效应研究》，《山西高等学校社会科学学报》2006年第2期。

潘教峰、刘益东、陈光华、张秋菊：《世界科技中心转移的钻石模型——基于经济繁荣、思想解放、教育兴盛、政府支持、科技革命的历史分析与前瞻》，《中国科学院院刊》2019年第1期。

秦剑军：《美国的人才强国之路及其启示》，《三峡大学学报》（人文社会科学版）2014年第5期。

秦琳、姜晓燕、张永军：《国际比较视野下我国参与全球战略科技人才竞争的形势、问题与对策》，《国家教育行政学院学报》2022年第

8期。

《人才开发》评论部：《人才高地——一个流动的概念》，《人才开发》1999年第9期。

〔美〕R. K. 默顿：《十七世纪英国的科学、技术与社会》，范岱年、吴忠、蒋效东译，四川人民出版社，1986。

申明浩主编《粤港澳大湾区协同发展报告（2021）》，社会科学文献出版社，2021。

申卫峰：《旧金山湾区：科技硅谷是怎样炼成的》，《深圳特区报》2021年11月3日。

沈之兴：《尊重知识、尊重人才与意大利文艺复兴》，《暨南学报》（哲学社会科学）1992年第4期。

宋荣：《19世纪科学中心在德国形成的原因初探》，《求实》2002年第S2期。

孙锐：《新时代人才工作新在哪儿》，《人民论坛》2021年第30期。

孙锐：《新时代人才强国战略的内在逻辑、核心构架与战略举措》，《人民论坛·学术前沿》2021年第24期。

谭建军：《基于产业周期角度产业集聚和人力资本的探究》，《产业与科技论坛》2010年第2期。

唐贵瑶、张淑洁：《加强新时代科技创新人才队伍建设》，《中国人才》2022年第11期。

〔美〕梯利著，伍德增补《西方哲学史》（增补修订版），葛力译，商务印书馆，1995。

田轩：《创新的资本逻辑》，北京大学出版社，2018。

万晓琼、王少龙：《数字经济对粤港澳大湾区高质量发展的驱动》，《武汉大学学报》（哲学社会科学版）2022年第3期。

汪怿：《高水平人才高地建设：基本内涵、核心角色与发展对策》，《中国党政干部论坛》2021年第12期。

王昌林、姜江、盛朝讯、韩祺：《大国崛起与科技创新——英国、德国、美国和日本的经验与启示》，《全球化》2015 年第 9 期。

王辉耀主编《中国区域国际人才竞争力报告（2017）》，社会科学文献出版社，2017。

王会昌、王云海、余意峰：《长江流域人才地理》，湖北教育出版社，2005。

王凯旋、蔡剑兴：《人才高地建设的现状与未来》，《中国人才》2009 年第 10 期。

王磊、何思学：《世界三大湾区人才发展对粤港澳大湾区人才战略高地建设的启示》，《人才资源开发》2019 年第 5 期。

王培君：《我国人才高地建设的理论创新与路径选择》，《江海学刊》2011 年第 6 期。

王通讯：《论"人才资源高地"》，《党建与人才》1997 年第 3 期。

王通讯：《人才高地建设的理论与途径》，《中国人才》2008 年第 3 期。

王通讯：《世界人才高地观察报告》，《中国人才》2013 年第 5 期。

王先国：《从世界科学中心的转移看尊重知识尊重人才的战略意义》，《南昌航空工业学院学报》（社会科学版）2000 年第 1 期。

王迎军、曾志敏、张龙鹏、胡燕娟：《中长期视角下粤港澳大湾区的全球创新与产业高地战略规划研究》，《中国工程科学》2021 年第 6 期。

王志乐：《用系统论方法对十九世纪后半期德国经济迅速发展原因的再探讨》，《世界历史》1984 年第 3 期。

王子丹、袁永、邱丹逸、胡海鹏、廖晓东：《人才高地形成发展特点与国际经验研究》，《特区经济》2018 年第 12 期。

卫灵：《传承和弘扬中华优秀传统文化》，《红旗文稿》2022 年第 5 期。

魏红英、李亚军：《粤港澳大湾区：率先形成人才一体化体制机制优势》，《深圳特区报》2021 年 10 月 12 日。

吴文武、朱雷、李泽霞：《科技自立自强的人才支撑研究：历史逻辑与治理创新》，《中国人事科学》2022 年第 12 期。

习近平：《弘扬主旋律 传播正能量》，《党建》2013 年第 11 期。

夏怡然、张翕、周小刚：《空间的力量：在集聚中积累的人力资本》，上海人民出版社，2020。

萧鸣政：《人才评价与开发：行政管理的基点》，北京大学出版社，2014。

萧鸣政、应验、张满：《人才高地建设的标准与路径——基于概念、特征、结构与要素的分析》，《中国行政管理》2022年第5期。

肖昕茹：《人才地理学研究综述》，《人才开发》2008年第8期。

徐海军：《科技传播与世界科学中心转移》，《云南科技管理》2006年第2期。

许慧玲：《实施人才发展战略与构筑人才高地》，《南京社会科学》2002年第1期。

许晓琪：《简析近代欧洲哲学与科技中心的转移》，《边疆经济与文化》2011年第5期。

杨静、赵俊杰：《四大湾区科技创新发展情况比较及其对粤港澳大湾区建设的启示》，《科技管理研究》2021年第10期。

叶玉瑶、王景诗、吴康敏、杜志威、王洋、何淑仪、刘郑清：《粤港澳大湾区建设国际科技创新中心的战略思考》，《热带地理》2020年第1期。

叶忠海：《人才地理学》，上海科技教育出版社，2000。

叶忠海：《人才学与人才资源开发研究》，党建读物出版社，2015。

叶忠海主编《人才资源优化策略》，上海人民出版社，1996。

叶忠海主编《新编人才学通论》，党建读物出版社，2013。

于黎明、陈辉、王乐梅、张巍：《法国工程师学历教育解读——基于工业革命和社会变革分析》，《北京航空航天大学学报》（社会科学版）2013年第2期。

于少青、刘霞：《包容、活力、开放与幸福中国——多元思想的春秋战国时期对我国建设文化强国的启示》，《山东行政学院学报》2013年第5期。

〔美〕约翰·S. 戈登著，祁斌编译，《伟大的博弈：华尔街金融帝国的崛起（1653－2019 年）》（第三版），中信出版集团，2019。

臧乃康：《论市场经济过程中的政治稳定与政治发展》，《理论与改革》1999 年第 3 期。

张海滨：《构建福建高校人才高地》，《发展研究》2009 年第 8 期。

张瑾：《20 世纪上半叶美国科技人才资源与人才环境管窥》，《湖南工业大学学报》（社会科学版）2021 年第 5 期。

张赛赛、梁一新、关兵：《未来十年全球经济五大发展趋势展望》，《数字经济》2021 年第 3 期。

张炜、景维民、王玉婧：《什么决定了一线城市对人才的吸引力？——基于随机森林法对影响要素的检验分析》，《科技管理研究》2017 年第 22 期。

张文彦、支继军、张继光主编《自然科学大事典》，科学技术文献出版社，1992。

张文忠：《经济区位论》，商务印书馆，2022。

张颖莉：《粤港澳大湾区人才集聚与空间分布格局研究》，《探求》2020 年第 4 期。

张云龙、马淑欣：《论科技发展与人文精神的内在勾连——基于世界科学中心转移的视角》，《自然辩证法研究》2022 年第 2 期。

赵明仁、柏思琪、王晓芳：《粤港澳大湾区高水平人才高地制度体系建构研究》，《杭州师范大学学报》（社会科学版）2022 年第 3 期。

赵生龙、李继军：《西安构建西部人才高地的构想及对策》，《西安建筑科技大学学报》（社会科学版）2005 年第 4 期。

赵兴太、王国领主编《世界科学活动中心转移与 21 世纪的中国科技》，河南人民出版社，2007。

中华人民共和国科学技术部编《中国科技人才发展报告（2020）》，科学技术文献出版社，2021。

周庆元：《产业集群与人才集聚相互驱动和耦合发展研究》，河海大学出版社，2019。

D. J. Bowersox, D. J. Closs, and M. B. Copper, *Supply Chain Logistics Management (New York: McGraw-Hill Companies, Inc.*, 2002).

Bruno L. and Felipe M., eds., *The Global Talent Competitiveness Index 2021: Talent Competitiveness in Times of COVID* (Fontainebleau: INSEAD, 2021).

C. M. Cipolla, "The Decline of Italy: The Case of a Fully Matured Economy," *The Economic History Review* 5 (1952).

E. I. Glaeser, G. Ponzetto, and K. Tobio, "Cities, Skills and Regional Change," *Regional Studies* 48 (2014).

A. O. Hirschman, *The Strategy of Economic Development* (New Haven: Yale University Press, 1958).

L. Anselin, "Local Indicators of Spatial Association—LISA," *Geographical Analysis* 27 (1995).

P. D. Allison, "Measures of Inequality," *American Sociological Review* 43 (1978).

M. E. Porter, "Clusters and the New Economics of Competition," *Harvard Business Review* 76 (1998).

J. Roback, "Wages, Rents, and the Quality of Life," *Journal of Political Economy* 90 (1982).

后 记

粤港澳大湾区高水平人才高地建设是习近平总书记为加快建设世界重要人才中心和创新高地，亲自谋划、亲自部署、亲自推动的重要战略布局。2022年伊始，广东省社会科学院党组以高度的政治敏锐性和政治责任感，将粤港澳大湾区高水平人才高地建设纳入年度重点课题，要求课题组以习近平新时代中国特色社会主义思想为指导，深入贯彻落实习近平总书记关于人才强国建设的重要论述，以高质量学术成果服务粤港澳大湾区高水平人才高地建设。课题组刻苦钻研，按照研究计划推进，如期完成书稿撰写。但课题组深知，粤港澳大湾区高水平人才高地建设涉及一个国家、两种制度和3个关税区的11个城市，涵盖与人才发展相关的经济、社会、文化等方方面面，涉及学科多，研究空间广，内容庞杂。本书只是管中窥豹，所论所见仅为初步探究所得，期待方家指正。

本书是集体智慧的结晶。承接任务后，采取开放搞研究的思路，以省人才发展研究中心人员为主体，吸纳省人口发展研究院科研骨干的科研攻关团队，第一时间组织召开了来自经济研究所、企业研究所、国际经济研究所等的多学科科研人员参加的务虚研讨会，围绕研究思路、研究重点、研究方法，课题组先后召开了7次专题讨论会。课题组以高度政治责任感，发扬团结合作、集体攻关的优秀传统，各展所长，精诚合作，深入研究，全力推进。各章撰稿分工如下：第一章，马少华；第二章，周仲高；第三章，徐渊；第四章，余德淦；第五章，郭显超；第六章，游霭琼。游霭琼、周仲高进行了研究思路设计，游霭琼负责统稿、编辑和具体组织协调等工作，郭跃文就全书的观点、判断、表述、数据等进行了审改把关。赵细康对课题研究思路给予指导。科研处同志为保障课题顺利进行，给予全方位支持。

衷心感谢社会科学文献出版社特别是韩莹莹等编辑对本书出版的大力支持！

此外，自《粤港澳大湾区发展规划纲要》实施以来，学术界围绕粤港澳大湾区人才高地建设形成了丰硕的研究成果，课题组在撰写本书过程中，充分学习借鉴了前人成果，在此一并表示感谢。

广东省社会科学院省人才发展研究中心课题组
2023年8月3日

图书在版编目(CIP)数据

粤港澳大湾区高水平人才高地建设研究 / 郭跃文，游霭琼，周仲高等著. -- 北京：社会科学文献出版社，2023.12

ISBN 978 - 7 - 5228 - 2474 - 1

Ⅰ.①粤… Ⅱ.①郭… ②游… ③周… Ⅲ.①人才培养 - 研究 - 广东、香港、澳门 Ⅳ.①C964.2

中国国家版本馆 CIP 数据核字 (2023) 第 234997 号

粤港澳大湾区高水平人才高地建设研究

著　　者 / 郭跃文　游霭琼　周仲高　等

出 版 人 / 冀祥德
组稿编辑 / 宋月华
责任编辑 / 韩莹莹
文稿编辑 / 陈彩伊
责任印制 / 王京美

出　　版 / 社会科学文献出版社・人文分社 (010) 59367215
　　　　　 地址：北京市北三环中路甲 29 号院华龙大厦　邮编：100029
　　　　　 网址：www.ssap.com.cn

发　　行 / 社会科学文献出版社 (010) 59367028
印　　装 / 北京联兴盛业印刷股份有限公司

规　　格 / 开　本：787mm × 1092mm　1/16
　　　　　 印　张：16.5　字　数：237 千字
版　　次 / 2023 年 12 月第 1 版　2023 年 12 月第 1 次印刷
书　　号 / ISBN 978 - 7 - 5228 - 2474 - 1
定　　价 / 148.00 元

读者服务电话：4008918866

版权所有 翻印必究